中国财富管理宝典

邵　宇　冯玉明／著

文匯出版社

图书在版编目（CIP）数据

中国财富管理宝典 / 邵宇，冯玉明著. —上海：文汇出版社，2014.8

ISBN 978-7-5496-1188-1

Ⅰ. ①中… Ⅱ. ①邵… ②冯…Ⅲ. ①投资管理—中国 Ⅳ. ①F832.48

中国版本图书馆CIP数据核字（2014）第102650号

中国财富管理宝典

编　　者 / 邵　宇　冯玉明
责任编辑 / 乐渭琦
装帧设计 / 多多设计

特别策划 / 梁宇锋
出 版 人 / 桂国强

出版发行 / 文匯出版社
上海市威海路755号
（邮政编码200041）
经　　销 / 全国新华书店
照　　排 / 上海歆乐文化传播有限公司
印刷装订 / 上海新文印刷厂
版　　次 / 2014年8月第1版
印　　次 / 2014年8月第1次印刷
开　　本 / 700×1000　1/16
字　　数 / 250千
印　　张 / 17.75（插页5）

书　　号 / ISBN 978－7－5496－1188－1
定　　价 / 45.00元

如何保卫你的财富，如何不被印钞机打败

过去的20年中，中国平均每年的广义货币供应增速高达22%，

前　言

试想因为出色的业绩，上司决定奖励给你和家人飞往夏威夷的头等舱往返机票。不做任何功课，和家人背上行囊飞往海岛？你一定不会这么莽撞。你要和家人好好规划一下这次令人期待的旅行。那么，是找一家旅行社，给他们一笔佣金，让专业导游帮你安排好旅行中的一切，还是做一次一生难忘的自助游？大多数投资者发现自己处在一个非常类似的情况中，这张“头等舱机票”可能是祖父留给你的一笔遗产，也可能是自己辛苦大半生的积蓄。这些投资者中，有很多人不做任何功课，背上行囊，就踏入这片处处荆棘的丛林，直到他们“遍体鳞伤”的时候，才发现金融市场的险恶远远超出了最初的想象。有些投资者发觉势头不对，便开始寻找专业人士的帮忙。在投资领域，这些专业人士被称为“理财经理”，然而在大多数情况下，理财经理向你推荐的理财产品，很可能只是为了完成他们的销售指标，只有极少数的理财经理会站在你的立场上思考问题。现在，无论是继续接受专业人士的指导，还是做一次“深度自助游”，你首先要做个深呼吸，捧起这本《中国财富管理宝典》。在投资之旅中，你将路过一系列的地标，正如书中的每一个章节，你必须认真阅读它们。

本书专为精明的投资人及专业投资顾问撰写，会以生动的语言

和详实的数据帮助你认识：

1. 财富配置基本原理

2. 纷繁复杂抑或新奇的金融产品

3. 金融产品市场的最新发展状况

过去10年，中国资本市场目睹了股市的繁荣和萧条、信托的兴起和成熟。金融机构已经看到单一业务的弊端，混业经营的序幕正在徐徐拉开，互联网技术革命又为金融创新带来了无限生机。在当前“放松管制、加强监管”的新形势下，本书也将紧跟时代，更加本土化，使你在投资时做出更明智的决策。

本书主要编撰人员介绍：

邵宇，东方证券首席经济学家、首席策略分析师和固定收益团队负责人、金融学博士、牛津大学John SWIRE访问学者、复旦大学金融研究院研究员、南京大学工程管理学院兼职教授。曾任职上海宝山区发改委副主任、复旦大学国际金融系副系主任、CFA项目主任、西南证券研发中心总经理，宏源证券研究所首席分析师。代表作品包括《穿越镀金时代》、《危机三部曲》、《微观金融学及其数学基础》、《金融创新与体系设计》、《证券投资分析：来自报表和市场的见解》。

冯玉明，东方证券机构业务总部产品研究总监，上海交通大学管理学博士。曾任职东方证券研究所，从事宏观经济及固定收益市场研究。

另外，东方证券机构业务总部资深研究员袁方、章鑫、章合顺，复旦大学金融硕士丛林、傅伟、江巍，参与了本书部分章节的编撰，为本书成稿付出了极大的努力。

研究机构介绍：

东方证券研究所目前有一支由150多名员工组成的队伍，包括研究团队、销售团队、QFII团队和中后台支持团队。整个团队在专业化、国际化、稳定的管理等要求下，通过严格的内部培养和团队建设，以及积极向上的企业文化熏陶，打造出具有持续竞争力的核心组织能力，锤炼成了一支高效、专业、稳定的队伍。

东方证券研究所近年来的快速发展，也得到了市场的高度认同，在各大媒体举办的“卖方分析师评选”中，研究所屡获大奖。2010年，在《金融时报》与Starmine举办的全球分析师评选中，东方证券成为唯一一家上榜的内资券商，研究员效率排名亚洲第一。在2010、2011年《新财富》最佳分析师评选中，东方证券研究所被评为“最佳销售服务团队”，多位分析师及营销经理上榜。

目　录

第二部分　中国理财大超市——传统理财市场

第四部分　中国理财大超市——新型理财市场

第五部分　理财新渠道

引　言　中国人的财富分布

“善为国者，藏之于民”

——《三国志魏书赵俨传》

在任何一个以市场配置资源为主的经济体中，居民部门都是财富创造、分配和使用的主体，他们与宏观经济中的其他部门有着紧密的联系，其资产负债的存量调整，在很大程度上决定了资源配置的方向；同时，居民部门的净资产又是宏观经济的一道重要“护城河”，特别是在经济危机时期表现得尤为明显。那么中国居民的财富配置是什么样的呢？

一、居民资产负债表构成要素

从居民持有资产的种类来看，居民资产主要包括金融资产和实物资产；从居民持有资产的债权或股权对象来看，居民资产主要包括对央行资产、对商业金融机构资产、对企业资产、对政府资产以及自行持有资产，而居民负债不管依何种口径划分，均为居民从商业银行获得的贷款。

图1：基于资产种类的居民资产构成图

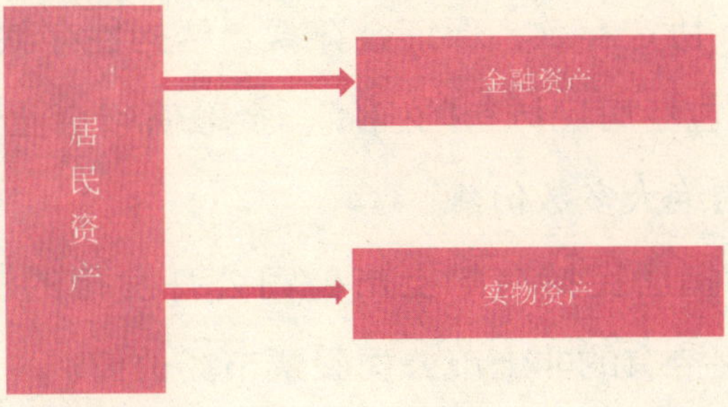

数据来源：东方证券研究所

图2：基于债权对象的居民资产构成图

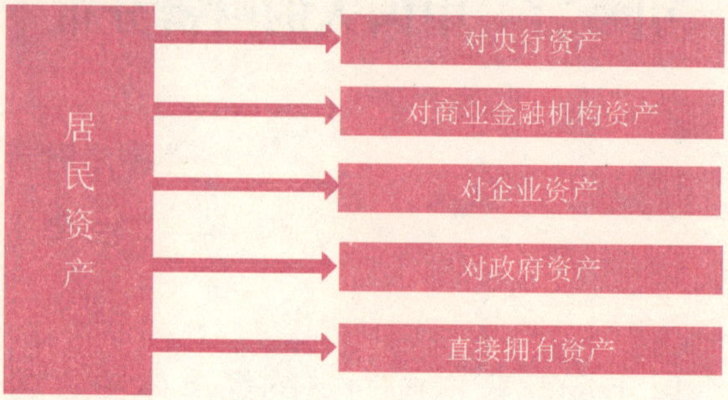

数据来源：东方证券研究所

1. 基于资产种类的居民资产构成要素分项说明

根据居民资产流动性从强到弱划分，居民金融资产可分为通货、活期及临时存款、定期及其他存款、债券、股票、基金、黄金、住房公积金，以及养老保险个人部分余额、保险公司储蓄份额和私营企业、个体工商户及专业合作社股本。

1）通货：是指居民持有的央行发行的流通中现钞。流通中的通货持有者主要有四个方面：居民、商业银行、企业和政府，其中居民为流通中通货的主要持有者。

2）活期及临时存款：包括居民活期存款及其他用于临时性资金需求的存款。

3）定期及其他存款：包括定期存款、通知存款、定活两便存款、协议存款、协定存款、保证金存款、结构性存款。

4）债券：包括居民持有的国债、金融债和企业债，三者中，居民持有的国债占绝大多数份额。

5）股票：指居民持有的上市公司公开发行的流通股的市场价值，不包括居民持有的非上市公司股票市场价值。

6）基金：公开发行的基金由居民所持有部分的市场份额，不包括居民持有的私募基金份额。

7）银行理财及信托产品：指银行理财及信托产品资产总额中由居民持有的那一部分，不包括机构投资者持有的那部分金额。

8）券商资管及专户理财：指券商资产管理产品和基金专户理财中居民持有的部分。

9）黄金：主要指黄金饰品及实物黄金。

10）住房公积金余额：住房公积金余额指公积金管理部门统计的公积金账户余额，它等于个人历年缴纳的养老保险金总额加上公积金经营的收益减去对个人住房贷款的余额。对居民的住房贷款必须从总额中扣除，这是因为这部分贷款相当于一部分居民对另一部分居民的贷款，当以居民总体为基础统计居民资产时，这部分金额必须扣除。

11）社会保险基金：指社保基金累计结余，包括基本养老保险累计结余、失业保险累计结余、城镇基本医疗保险累计结余、工伤保险累计结余、生育保险累计结余。

12）保险公司储蓄份额：指保险公司应当支付给居民的应付赔偿款以及个人因参保而在保险公司拥有的储蓄份额，它主要包括保险公司资产负债表负债部分的“应付赔付款”、“应付保单红利”、“寿险责任准备金”、“长期健康险责任准备金”、“保户储金及投资款”五个项目期末余额，最主要的为“保户储金及投资款”部分。

13）私营企业、个体工商户及专业合作社股本：民营经济股本包括私营企业股本、个体工商户注册资金及农民专业合作社出资额三个部分。由于私营经济没有现成的统计资料，其股权的市场价格由于缺少交易更是难以确定，故本文用民营经济注册资本金总额数据来近似代替民营经济股本价值。

图3：按流动性划分居民持有金融资产组成部分

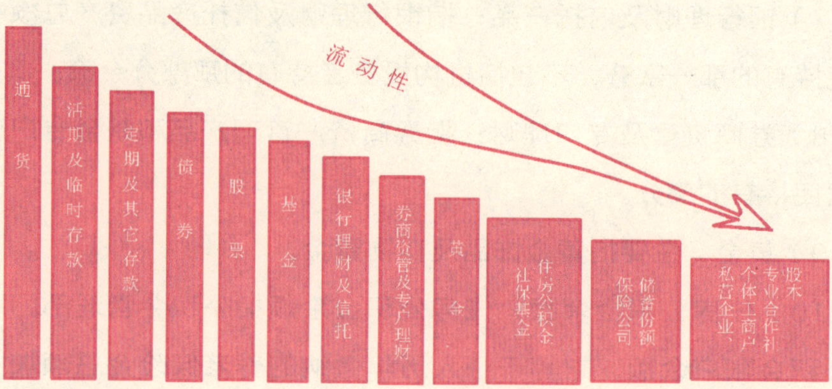

数据来源：东方证券研究所

实物资产包括城镇住房、农村住房、载客汽车、家庭耐用消费品、农村固定资产及摩托车五个部分。

14）城镇住房：指城镇居民个人住房。由于统计数据缺失，不包括城镇商业地产中由居民持有的部分。

15）农村住房：指农村居民个人住房。

16）载客汽车：载客汽车分为大型车、中型车，小汽车和微型轿车四个门类进行估计，小汽车即我们通常所说的家庭用小轿车。

17）家庭耐用消费品：包括洗衣机、电冰箱、彩电、空调、相机、手机、计算机七大类

18）农村固定资产及摩托车：农村固定资产包括大、中、小型拖拉机及其配套农具、农用排灌柴油机、农用汽车、役畜四大类，摩托车则包括城镇和乡村摩托车。

居民负债主要指银行贷款，它分为短期贷款和中长期贷款。

19）短期贷款：指期限为一年及以下的居民从商业银行获得的贷款。

20）中、长期贷款：指期限为一年以上的居民从商业银行获得的贷款。

2. 基于居民持有资产债权对象的居民资产构成要素分项说明

1）对央行资产：主要指居民持有的由央行发行的流通中通货。

2）对商业金融机构资产：主要指居民持有的商业银行存款、基金、保险公司储蓄份额、银行理财、信托产品、券商资管产品、基金专户理财产品。

3）对企业资产：包括居民持有的上市公司股票，以及持有的私营企业、个体工商户及专业合作社股本。

4）对政府资产：包括居民持有的国债和住房公积金及社保基金。住房公积金余额部分从理论上来讲政府只是代为管理，并不存在对居民的负债，但是考虑到当前住房公积金部分金额已经被政府用来进行廉租房建设，养老保险账户普遍存在空账现象，本文将这部分金额也计入到对政府资产部分。

5）自有资产：指居民自行持有的资产，包括住房、汽车、家庭耐用品、农村固定资产及摩托车、黄金。

6）居民负债：主要是居民部分对金融机构的负债部分。

二、居民资产负债表总体状况

下面两表分别展示了基于居民持有资产的细分种类及基于居民持有资产的债权对象而编制的2004~2012年中国居民资产负债表（表1、表2）。

表1：基于持有资产构成的居民资产负债表（年，10亿元）

	2004	2005	2006	2007	2008	2009	2010	2011	2012
一、资产	71,092	85,775	99,861	126,834	135,164	172,910	199,783	229,625	263,158
(一)金融资产	22,475	27,180	33,273	43,779	48,499	61,976	75,935	89,885	106,089
其中:通货	1,782	1,995	2,247	2,521	2,840	3,174	3,704	4,212	4,537
活期及临时存款	4,142	4,888	5,849	6,746	7,834	9,992	12,434	13,758	15,827
定期及其它存款	7,814	9,440	10,573	10,829	14,367	16,473	18,404	21,047	24,792
债券	49	46	47	34	90	131	166	224	304
股票	821	743	1,437	5,026	2,052	4,538	5,620	4,379	4,600
基金	200	250	700	2,928	1,659	2,201	2,060	1,610	1,814
银行理财	30	45	70	192	267	379	775	1,530	2,368
信托产品	0	0	160	424	656	1,360	2,240	3,672	5,680
券商资管及专户理财	0	0	0	0	83	140	197	375	1,857
黄金	245	301	399	557	609	863	1,214	1,507	1,827
住房公积金余额	489	626	787	961	1,212	1,455	1,748	2,100	2,523
社会保险基金	449	607	826	1,124	1,518	1,901	2,299	2,900	3,580
保险公司储蓄份额	1,136	1,474	1,825	2,181	2,584	3,019	3,735	4,441	5,280
私营企业、个体工商户及专业合作社股本	5,319	6,765	8,353	10,258	12,730	16,350	21,340	28,130	31,100
(二)实物资产	48,617	58,595	66,588	83,055	86,665	110,934	123,847	139,741	157,070
其中:城镇住房	37,374	45,896	51,817	66,527	68,285	90,037	100,005	112,618	126,500
农村住房	6,554	7,404	8,649	9,403	10,295	11,489	12,826	14,125	15,721
家用汽车	2,344	2,784	3,429	4,241	4,949	6,033	7,476	8,999	10,625
家庭耐用品	1,234	1,374	1,483	1,612	1,741	1,880	2,009	2,220	2,340
农村固定资产及摩托车	1,110	1,138	1,210	1,272	1,394	1,495	1,532	1,780	1,883
二、负债	2,943	3,297	3,964	5,068	5,708	8,182	11,259	13,607	16,138
其中:短期贷款	1,004	1,108	1,342	1,591	1,871	2,595	3,438	4,381	5,567
中长期贷款	1,939	2,190	2,621	3,476	3,837	5,587	7,821	9,227	10,571
三、净资产	68,149	82,478	95,897	121,767	129,456	164,728	188,524	216,018	247,020

数据来源：东方证券研究所

表2：基于债权对象的中国居民资产负债表（年，10亿元）

	2004	2005	2006	2007	2008	2009	2010	2011	2012
一、资产	71,092	85,775	99,861	126,834	135,164	172,910	199,783	229,625	263,158
其中:对央行资产	1,782	1,995	2,247	2,521	2,840	3,174	3,704	4,212	4,537
对商业金融机构资产	13,321	16,097	19,178	23,300	27,449	33,564	39,845	46,432	57,618
对企业资产	6,140	7,508	9,790	15,284	14,782	20,888	26,960	32,509	35,700
对政府资产	987	1,279	1,659	2,118	2,819	3,487	4,212	5,224	6,407
自行持有资产	48,862	58,896	66,987	83,612	87,274	111,797	125,062	141,248	158,897
二、负债	2,943	3,297	3,964	5,068	5,708	8,182	11,259	13,607	16,138
其中:对商业银行负债	2,943	3,297	3,964	5,068	5,708	8,182	11,259	13,607	16,138
三、净资产	68,149	82,478	95,897	121,767	129,456	164,728	188,524	216,018	247,020

数据来源：东方证券研究所（对企业资产：股票、私营企业、个体工商户及专业合作社股本；对政府资产：债券（国债）、社保基金、住房公积金；对金融机构资产：活期存款、定期存款、银行理财及信托产品、保险公司储蓄份额；自持资产：黄金、城镇住房、农村住房、家用汽车、家庭耐用品、农村固定资产及摩托车；对央行资产：通货。）

1. 居民资产负债表总体分析

至2012年底，中国居民总资产为263.16万亿元，其中金融资产

106.09万亿元，实物资产157.07万亿元；总负债为16.14万亿元；净资产为247.02万亿元。

中国居民资产负债表总体特征如下：

1）负债率极低，有缓慢上升趋势。至2012年底，居民部门的资产负债率仅为6.13%（图4），如此低的资产负债率在全球范围内都是不多见的（在后文国际比较中将展开分析）。以我们在此之前提出的宏观经济六部门模型中，若将外部经济体省略，简化为五部门的封闭经济体模型，通过五部门的资产负债表勾稽关系可以明显看出实体经济的资产负债表循环源动力，取决于居民部门和政府部门的净资产（图6）。仅从居民部门来讲，其极低的资产负债率和足够量级且流动性极好的净资产，无论是从投资还是消费的角度，对于未来经济增长都提供了充足的储备。

图4：居民部门资产负债率（年，%）

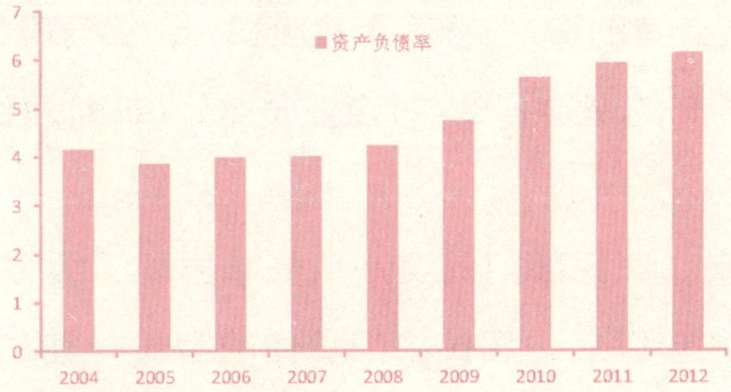

资料来源：东方证券研究所

图5：居民部门资产、负债、净资产增长率（年，%）

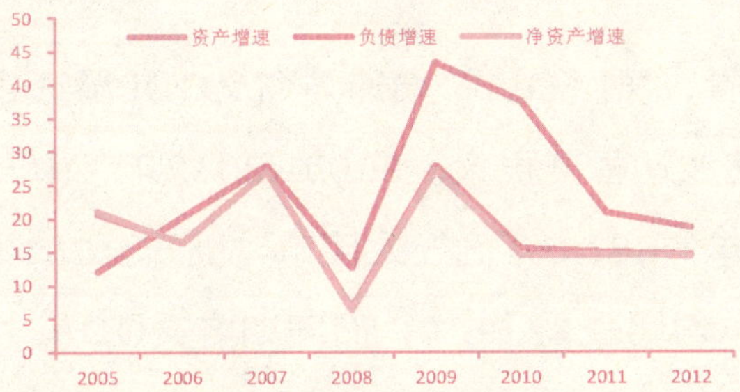

资料来源：东方证券研究所

图6：宏观分部门资产负债表勾稽关系图

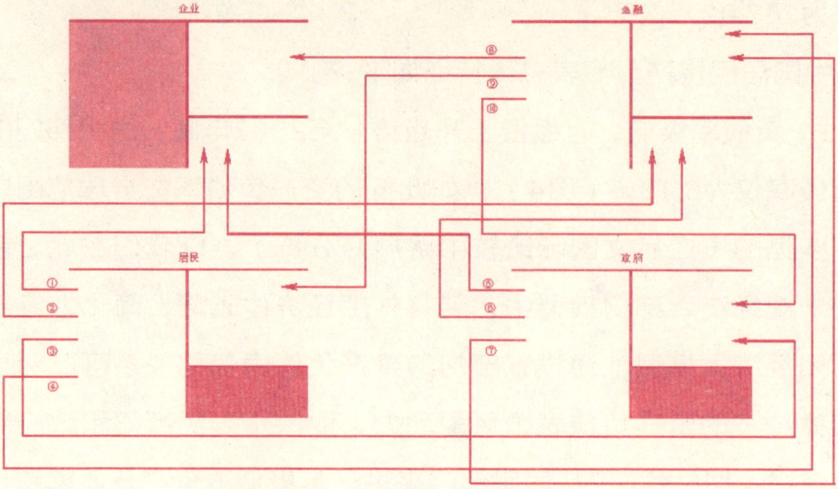

数据来源：东方证券研究所

在图6中，各部门的资产分别对应其他部门的负债，其中居民部门持有的资产：① 企业股权；② 银行股权；③ 政府债券；④ 居民存款、政府部门持有的资产；⑤ 企业股权；⑥ 银行股权；⑦ 政府存款、金融部门持有的资产；⑧ 对企业贷款；⑨ 对居民贷款；⑩ 对政府贷款。

2009年以来，居民部门的资产负债率出现了缓慢上升的趋势，主要是由于2006年以后，居民部门负债的增长一直高于资产和净资产的增长速度，但由于其负债总体基数较低，对净资产增速并未形成明显的负面影响，总资产和净资产的增速仍保持了高度的一致性（图5）。

2）从长期看，居民净资产增速与名义GDP增速趋势保持一致，居民净资产增速波动幅度更大。2004~2012年，中国居民持有净资产总额由2004年的68.15万亿元人民币，上升至2012年的247.02万亿元人民币，年均增长17.65%，而同期名义GDP，则由2004年的16.00万亿，上升到2012年的51.89万亿元，年均增长15.94%。居民净资产增速，高于名义GDP增速1.71个百分点。从长期看，居民净资产增速与名义GDP增速趋势保持一致，居民净资产与名义GDP的比值也基本稳定在4.6左右（图7）。

从年增速看，居民净资产增速的波动幅度大于同期名义GDP增速。2005年至2012年，名义GDP增速波动的上限为22.88%，下限为8.55%，而同期居民净资产增速波动的上限为27.25%，下限为6.31%（图8）。

图7：居民净资产与名义GDP存量（年，万亿元，%）

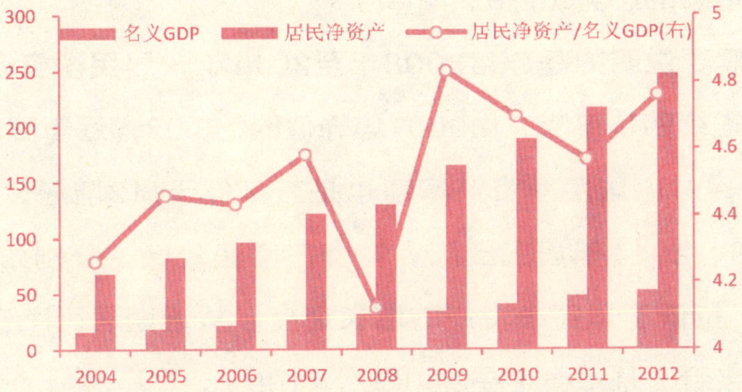

资料来源：CEIC，东方证券研究所

图8：居民净资产与名义GDP增速（年，%）

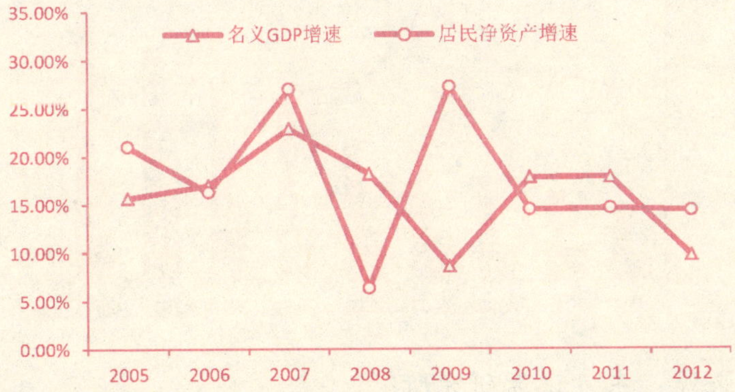

资料来源：CEIC，东方证券研究所

3）居民净资产增速与M2增速趋同，近期存量比值保持稳定。

2005~2011年，除2008年外（资产价格下跌较快，当年金融资产增速为10.78%，实物资产增速仅为4.35%），其他年份中国居民持有净资产增速变动方向，均与同期M2增速变动方向保持一致，并且随着时间推移，中国居民持有净资产增幅变动，与M2增幅变动之间的趋同状况，存在加强的态势。2009年至2011年，中国M2增幅由27.68%下降到19.72%再到13.61%，同期中国居民净资产增速则从27.68%下降到14.58%，2012年居民净资产增速和M2增速分别为14.35%、13.83%，中国居民净资产增速与同期M2增速之间的相关性存在着增强的态势（图9、图10）。

同时需要说明的是，自2008年至2011年，居民净资产与M2存量的比值连续四年下降，由2007年峰值时的3.02，逐年回落至2011年的2.54，对应居民净资产增速也是三年低于M2增速，这主要是由于2008、2011年居民部门实物资产增速较低，分别为4.35%、11.64%，拉低了居民净资产的增长速度。从近期居民净资产与M2存量之比来看，基本稳定在2.60左右（图9）。

图9：居民净资产与M2存量（年，万亿元，%）

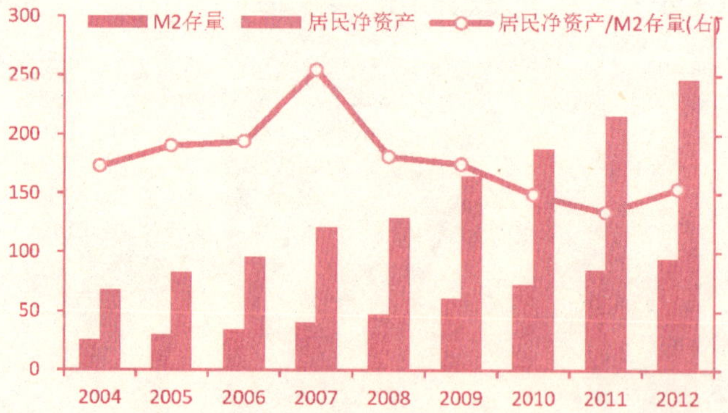

资料来源：东方证券研究所

图10：居民净资产与M2存量增速（年，%）

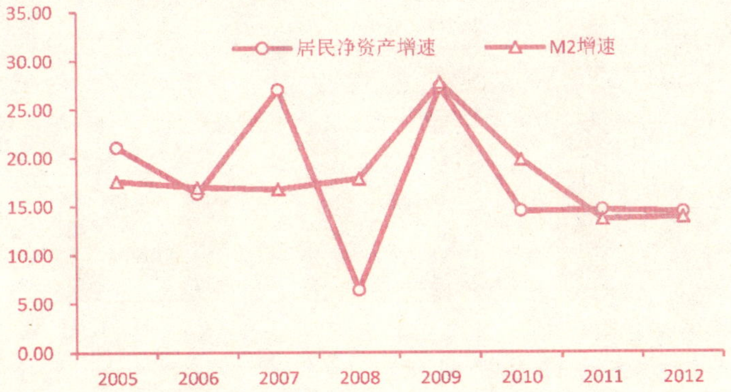

资料来源：东方证券研究所

2. 居民资产负债表结构特征

1）从居民持有分部门资产来看，对企业资产的增速较快。2004~2012年，居民对企业资产由2004年的6.14万亿元人民币，上升至2012年的35.70万亿元人民币，年均增长25.79%，略低于于对政府机构持有资产年均26.40%的增长速度，更是远高于第三位对金融机构持有资产的20.11%的增长速度（图11）。值得注意的是，2010~2012年居民对企业资产增速分别为29.07%、20.58%、9.82%（图12），连续三年回落，说明居民对企业投资意愿逐年下降，但由于前几年增速很高，2005~2012年居民对企业资产增速仍居第二位。增速居第一位的是居民对政府资产，主要是由于社保基金和住房公积金基数较低且增速较快，预计随着社会保障制度的进一步完善，这一部分资产将保持持续快速增长格局。

图11：居民按债权对象划分资产类别年均增速（年，%）

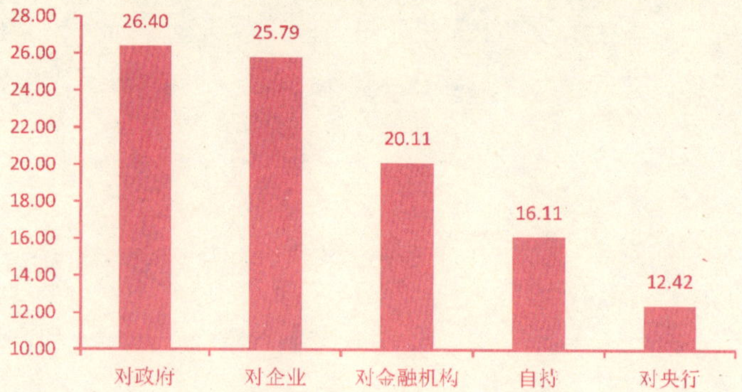

资料来源：东方证券研究所，

图12：居民对企业资产总额及同比增速（年，10亿元，%）

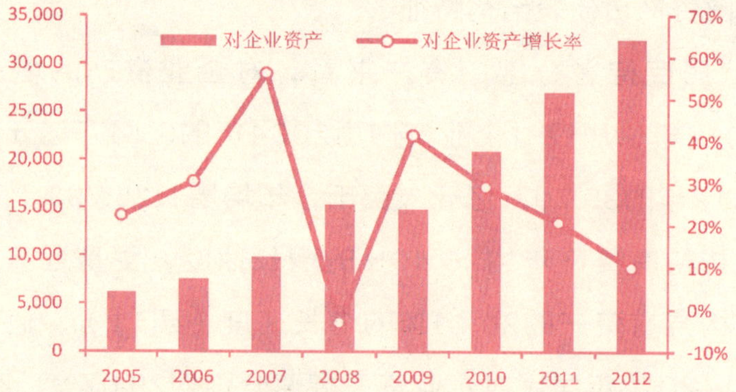

资料来源：东方证券研究所

2）从资产结构大类来看，居民实物资产在居民总资产中的占比存在下降趋势。2004~2012年，中国居民实物资产占总资产比例从68.39%下降到59.69%，下降了8.70个百分点，中国居民实物资产在总资产中的占比保持着持续小幅度下降的态势（图13）。居民金融资产由2004年的22.48万亿元人民币，增长至2012年的106.09万亿元人民币，年均增长21.41%，实物资产由2004年的48.62万亿元人民币，上升至2012年的157.07万亿元人民币，年均增长15.79%。尽管同期中国房屋价格持续上涨，但居民金融资产年均增长速度仍然高于同期实物资产年均增长速度，除2005年和2009年以外，其他年份金融资产增速均高于实物资产增速，在2010年至2012年中表现的尤为明显（图14），导致居民实物资产在总资产中的占比逐渐下降。

图13：居民实物资产与金融资产占比（年，%）

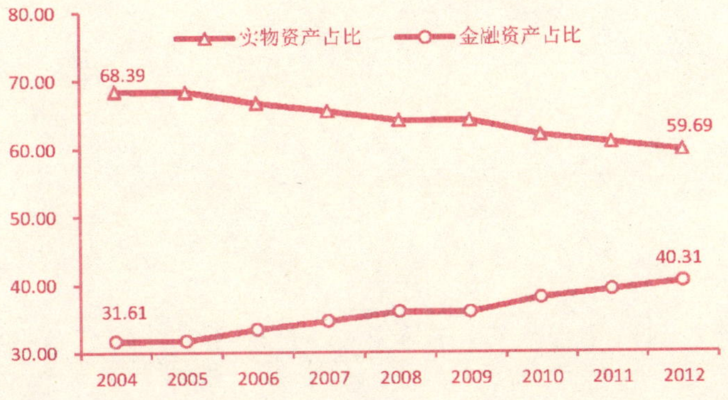

资料来源：东方证券研究所

图14：居民实物资产增速与金融资产增速（年，%）

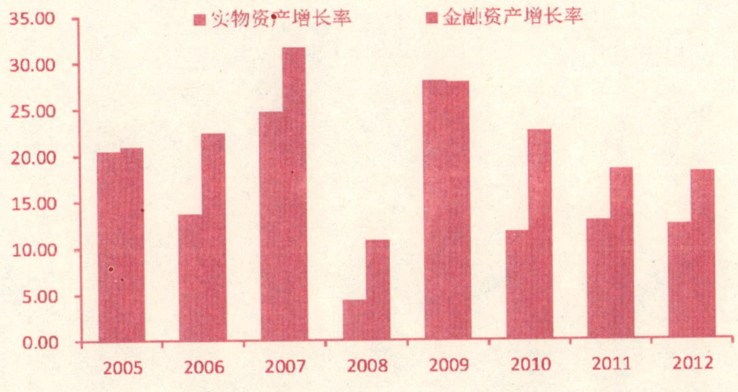

资料来源：东方证券研究所

从居民实物资产增速、金融资产增速和M2增速对比来看，2009年以来两者均与M2增长趋势保持了一致，而实物资产的增速均低于M2增速。2009年金融资产增速与M2增速大致持平，2010年至2012年，金融资产增速均高于M2增速（图15、图16）。2007年至

2008年美国次贷危机期间，实物资产增速和金融资产增速均出现了大幅波动，实物资产波动幅度更大，而同期M2增速并未发生明显变化，说明输入型的边际价格冲击对存量调整影响较大（图15、图16）。

图15：居民实物资产增速与M2增速（年，%）

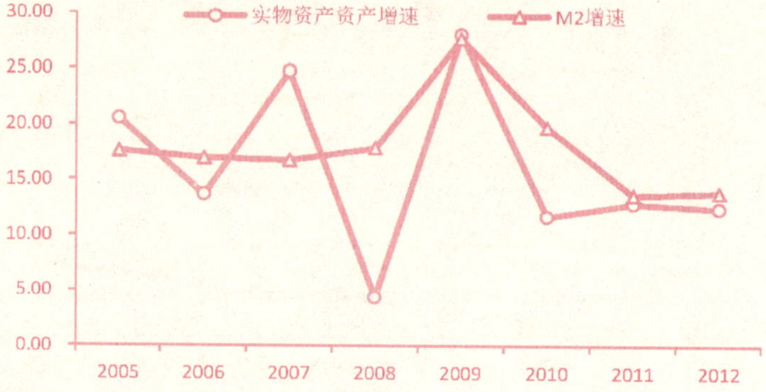

资料来源：东方证券研究所

图16：居民金融资产增速与M2增速（年，%）

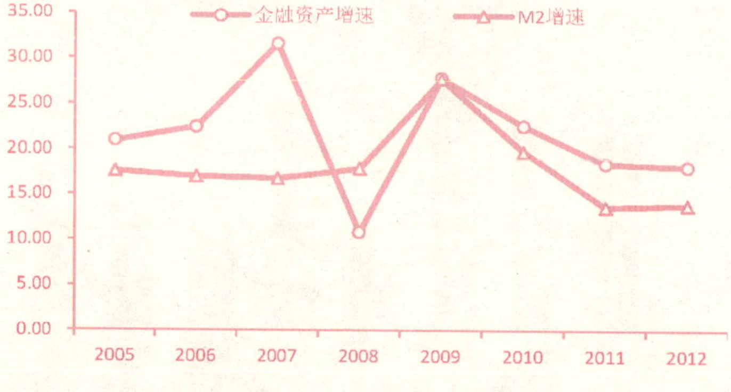

资料来源：东方证券研究所

3）从资产结构细分类别看，居民持有资产的集中程度较高。其中，个人持有的住房资产（包括城镇住房和农村住房）、银行存款（包括活期和定期存款及其他存款）、对私营企业、个体工商户和专业合作社股本投资，以及占居民持有资产总额的绝大多数比例。2004年至2012年，以上几类资产一直占居民持有资产总额的80%以上。其中，居民持有的住房资产占居民持有全部资产总额的比例存在下降趋势，从2004年的61.79%下降到2012年的55.20%，总体一直保持在55%以上；商业银行存款总额占居民资产总额的比例，总体来讲略有下降，从2004年的16.82%左右，下降到2012年的15.16%左右；居民持有的私营企业、个体工商户及专业合作社股本占居民全部资产的比例则持续上升，由2004年的7.48%上升至2012年的12.25%。

图17：居民主要资产类别构成（年，10亿元）

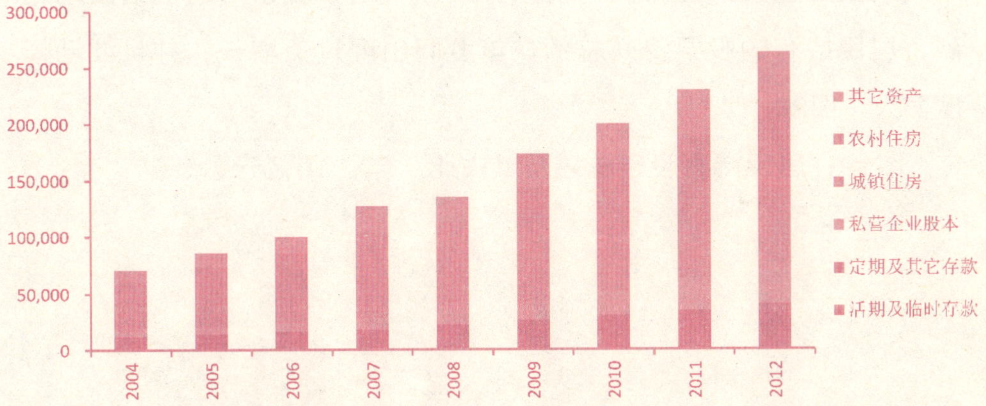

数据来源：东方证券研究所

图18：居民主要资产类别占比构成（年，%）

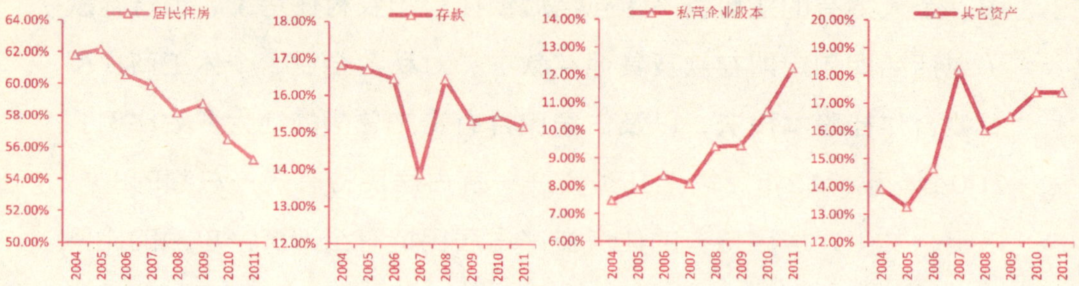

数据来源：东方证券研究所

居民直接持有上市公司股权及债券资产占比较小。2004~2012年，居民直接持有上市公司股票市场价值占居民持有资产总额的比例不高，一直保持在4%以下，由于股票市场持续低迷，至2012年这一比例更是由2007年高峰时的3.96%降低到1.75%（图19）。从居民持有上市公司股票价值总额占居民资产总额比例这个角度来看，未来居民配置股票空间仍然很大。此外，由于股票市场价格波动剧烈，居民持有的股票资产总额在年度间出现过负增长，并且波动幅度很大（图20）。

图19：居民持有股票总量及其占比（年，10亿元，%）

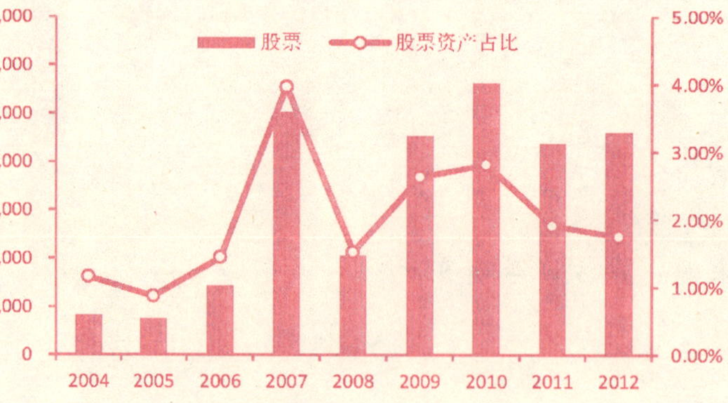

资料来源：东方证券研究所

图20：居民持有股票总量年度增长率（年，%）

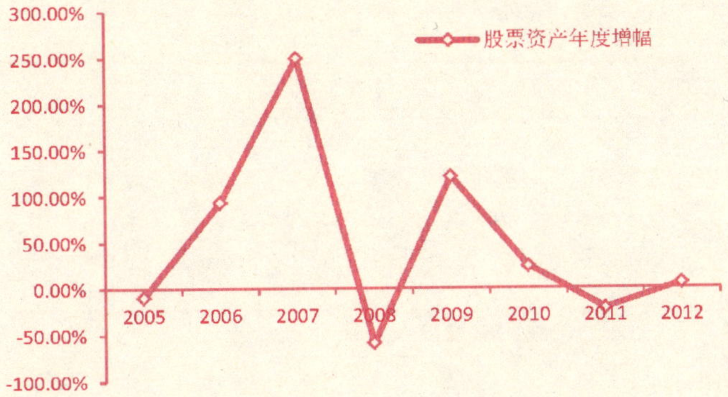

资料来源：东方证券研究所

居民配置的债权资产占比则更少。2004~2012年，居民持有债券（全部为国债）占居民持有资产总额的比例在最高年份还不到1.16‰，这与中国巨额的债券存量形成鲜明对比（图21）。至2012年底，中央登记结算公司托管的债券总量为26.24万亿元人民币，而同期中国居民对债券的持有量仅为3040亿元，占同期托管债券存量的比例仅为1.16%。美国次贷危机期间，居民配置股票和债券资产的替代效应明显，2007年股票资产增速大幅上升至249.67%，债券资产增速下降至-27.84%；2008年股票资产增速下滑至-59.17%，债券资产增速大幅上升至166.47%（图20、图22）。

图21：居民持有债券总量及其占比（年，10亿元，%）

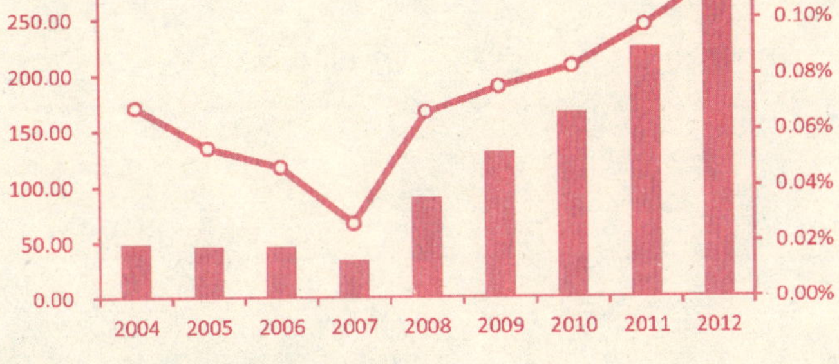

资料来源：东方证券研究所

图22：居民持有债券总量年度增长率（年，%）

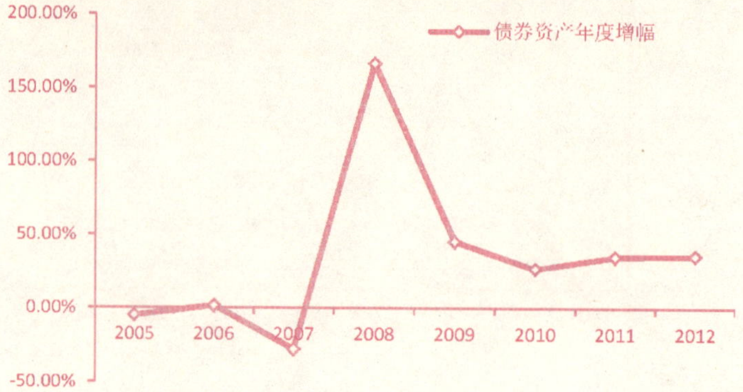

资料来源：东方证券研究所

4）从资产结构细分各类增速来看，各项金融资产表现出了明显的优势。居民持有的各类资产中，超过2005~2012年总资产平均增速17.77%的各项有：银行理财及、基金、黄金、社保基金、债券、私营企业股本、股票、住房公积金、保险公司储蓄份额、家用汽车、活期存款，分别达到72.68%、31.76%、29.62%、28.55%、25.79%、24.70%、24.04%、22.75%、21.18%、20.79%、18.24%，除家用汽车外，其余均为金融资产，而城镇住房、定期存款、通货、农村住房、家庭耐用品、农村固定资产部分均低于总资产的平均增速，分别为16.46%、15.53%、12.39%、11.56%、8.33%、6.83%（图24）。

图23：居民各类资产年均增速（%）

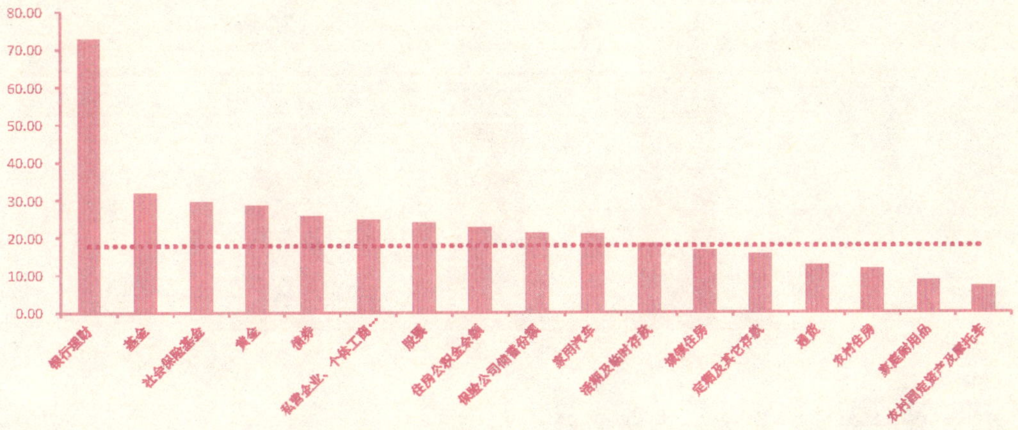

数据来源：东方证券研究所

图24：居民金融资产各项占比（年，%）

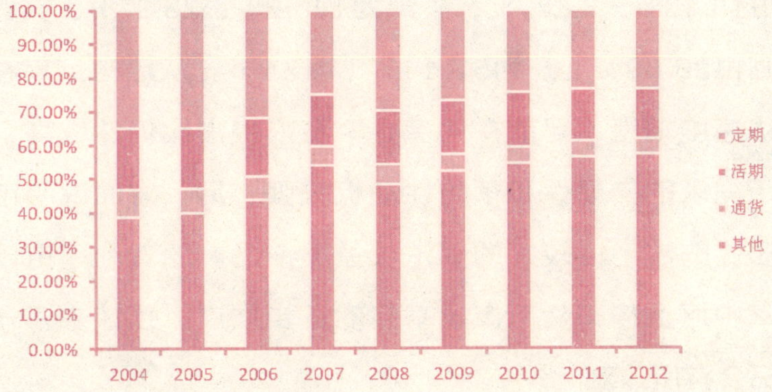

资料来源：东方证券研究所

图25：居民总资产、总负债增速与M2增速（年，%）

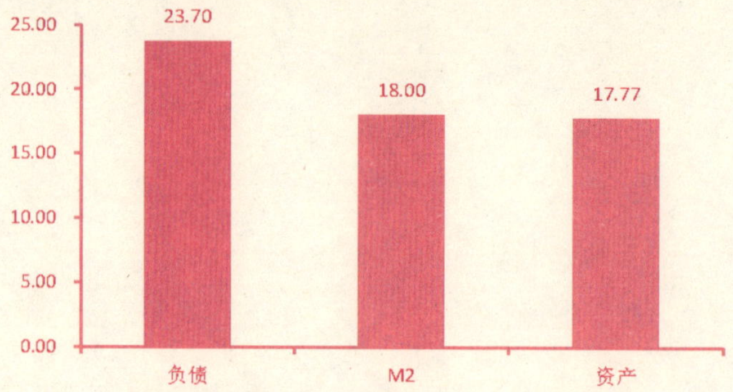

资料来源：东方证券研究所

从一个长周期的居民金融资产的大类配置来看，由现金和存款向其他金融资产转移的趋势，表现得尤为明显，现金占金融资产之比由2004年的7.93%下降为2012年4.28%，同期活期存款和定期存款分别由18.43%、34.77%，下降为14.92%、23.37%，其他金融资产占比则由38.88%上升为57.44%（图24）。从结构上来看，活期存款转移速度较慢，目前在居民金融资产中占比仍然较高，一方面居民货币需求的交易性和预防性动机较强，另一方面说明市场缺乏提供给居民的流动性较好的固定收益类产品。随着利率市场化导致市场利率中枢上移和货币市场基金的逐步推广，预计未来一段时间这种情况会有所改观。

居民负债总额增长较快，年均增幅超过同期居民总资产和M2增长幅度。2004~2012年，居民负债总额由2004年的2.94万亿元人民币，增长至2012年的16.14万亿元人民币，年均增长23.70%，同期M2和居民总资产的增速分别为18.00%、17.77%（图25）。这主要是由于居民负债基数较低，且近几年负债增速较快造成的，居民总体资产负债率仍然维持在较低水平。

三、对居民资产负债表状况的评价

为对中国居民资产负债表结构的合理性做出一个合理评价，有必要先对世界上其他国家居民资产负债表结构特征进行大致了解，限于资料的可得性，我们选取2000年19个国家资产负债表结构作为比较对象。

1. 其他国家居民资产负债表结构

表3：20国居民资产负债表结构（单位：%）

	占总资产比例				占金融资产比例		
	金融资产	非金融资产	住房	负债	流动资产	股权	其它金融资产
澳大利亚	41	59	20	17	22	20	58
加拿大	57	43	20	18	25	32	43
中国台湾	59	41	20	10	39	32	29
捷克	34	66	na	9	60	24	16
丹麦	55	45	24	30	21	31	48
芬兰	41	59	48	13	33	45	22
法国	40	60	29	11	33	32	35
德国	40	60	42	16	34	37	29
意大利	42	58	50	3	23	55	21
日本	50	50	Na	14	53	16	31
荷兰	54	46	38	16	19	24	57
新西兰	32	68	59	20	35	40	25
波兰	20	80	62	3	59	25	17
葡萄牙	49	51	39	19	47	38	15
新加坡	45	55	47	18	44	21	35
南非	65	35	16	15	21	19	60
西班牙	31	69	60	10	40	43	17
英国	53	47	35	13	20	24	55
美国	67	33	26	15	13	51	36
中国（2012年）	40	60	54	6	43	34	24

数据来源：Estimating the Level and Distribution of Global Household Wealth，Davies, James B.等，United Nations University research paper No.2007/77,东方证券研究所。

1）资产负债表构成分布较为分散。19个样本国家中，金融资产在居民总资产中占比的下限为20%，上限为67%，大多数都集中在40%至60%的区间范围内，住房在居民总资产中所占比例的下限为16%，上限为62%，大部分都集中在20%至50%的区间内，负债占比上限为30%，下限为3%，大部分集中的10%至20%的区间。

表4：19国居民资产负债表各构成部分占总资产比例（单位：%）

	最大值	最小值	均值	方差
金融资产占比	67	20	46	11.12
非金融资产占比	80	33	54	11.9
住房占比	16	62	37	14.8
负债占比	30	3	14	5.7
流动资产占比	26	8.71	15	5.17
股权占比	34	5	15	6.44

数据来源：东方证券研究所

2）资产负债表构成与经济发展水平之间，并未显示出系统性结构特征。为进一步分析居民金融资产占比变化规律，我们用19个样本国家居民金融资产在总资产中的占比，对各样本国家人均GDP数据做散点图，从图可见，尽管总体上来讲，随着人均GDP的增加，居民持有金融资产的比例也倾向于增长，但是这种相关性并不是十分的显著。样本国家居民人均GDP在18000美元至26000美元区间时，这种对应关系最为显著。在其他区间段，这种关系并不显著，有时甚至呈反向变化。另外，随着人均GDP上升，居民住房资产在总资产中的占比总体上呈现出下降的趋势，但是这种相关性同样表现得并不显著。从散点图上可以看出，各国居民住房资产占比随人均国内生产总值的变化而分布得更加分散。

图26：19国人均GDP与金融资产占比关系散点图（%，美元）

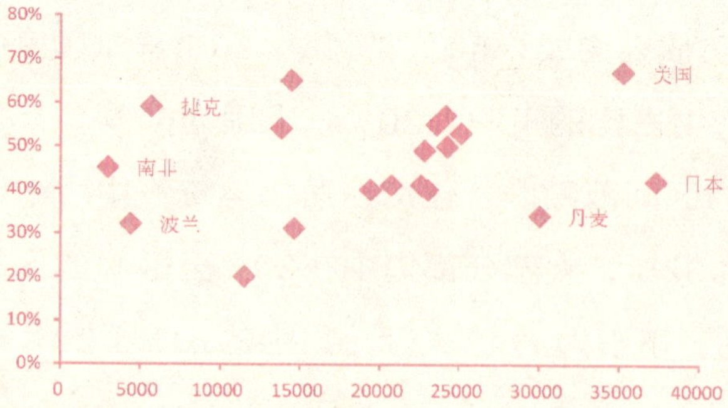

资料来源：IMF，东方证券研究所

图27：19国人均GDP与住房资产占比关系散点图（%，美元）

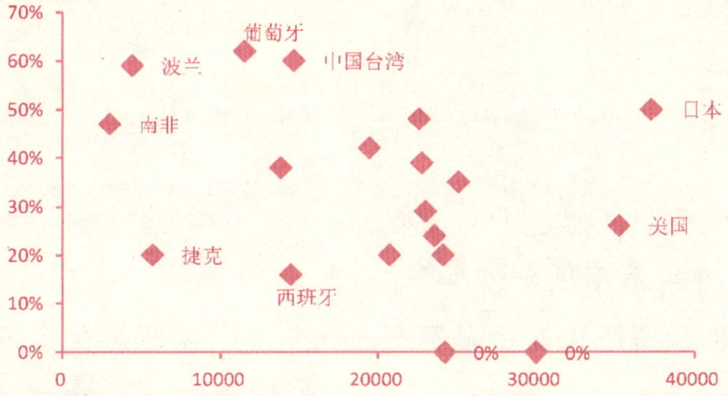

资料来源：IMF,东方证券研究所,两个国家这个比例在图上表现为零，数据缺失。

对资产负债表构成的其他分项占比，随居民人均收入变动的情况描散点图，我们发现了同样的现象，各国流动资产、股权在总资产中占比均与各国人均GDP之间，并不存在显著的相关性关系。这说明在居民资产负债表构成方面，各国构成要素占比仅仅只是由各国特定的经济结构特征及居民独特的消费结构、消费偏好所决定，而与经济发展水平之间并不存在显著的相关性。

2. 基于国际比较的居民资产负债表结构评价

为了进行国际比较，需要对中国资产负债表结构进行了调整，按照金融资产、非金融资产、负债、流动资产、股权及其他资产进行了重新编制。其中，金融资产和上文列出的金融资产完全对应，非金融资产则为上文列出的实物资产。住房包括城镇住房和农村住房，流动资产包括通货、活期及临时存款、定期及其他存款，股权资产包括居民持有的上市公司股权和持有的私营企业、个体工商户及专业合作社股本。

表5：中国居民资产负债表各构成部分分布（单位：10亿元）

	2004	2005	2006	2007	2008	2009	2010	2011	2012
资产总额	71,092	85,775	99,861	126,834	135,164	172,910	199,783	229,625	263,158
金融资产	22,475	27,180	33,273	43,779	48,499	61,976	75,935	89,885	106,089
非金融资产	48,617	58,595	66,588	83,055	86,665	110,934	123,847	139,741	157,070
住房	43,929	53,299	60,466	75,930	78,580	101,526	112,831	126,743	142,222
负债	2,943	3,297	3,964	5,068	5,708	8,182	11,259	13,607	16,138
流动资产	13,737	16,322	18,670	20,096	25,041	29,640	34,542	39,017	45,156
股权	6,140	7,508	9,790	15,284	14,782	20,888	26,960	32,509	35,700
其它资产	4,343	5,348	6,972	10,457	11,053	12,674	14,192	17,750	23,943

数据来源：东方证券研究所

1）从金融资产和非金融资产占比来看，中国居民资产结构位于样本国家中列。2004年至2011年，中国居民非金融资产在居民全部资产中的占比在60%以上，从2004年的68.39%下降到2012年的59.69%而2000年样本19国非金融资产占比平均数为54%，占比最高为80%，最低为33%，中国居民金融资产和非金融资产的占比结构均处于样本国家的中间位置。

表6：中国居民资产负债表各构成部分占（单位：%）

	2004	2005	2006	2007	2008	2009	2010	2011	2012	2000年样本19国平均值
资产总额	100	100	100	100	100	100	100	100	100	100
金融资产	31	31	33	34	35	35	37	38	39	46
非金融资产	69	69	67	66	65	65	63	62	61	54
住房	62	62	61	60	59	59	57	56	55	37
负债	4	4	4	4	4	5	6	6	6	14
流动资产	19	19	19	16	19	17	17	17	17	15
股权	9	9	10	12	11	12	14	14	14	15
其它资产	6	6	6	8	8	7	6	7	8	19

数据来源：东方证券研究所

2）中国居民住房资产占比较高，并且居民负债水平相对较低。2004年至2012年，尽管中国居民住房资产在总资产中的占比不断下降，但是与样本19国均值相比，中国居民住房资产在总资产中的占比仍然偏高，2012年这一比例仍然达到54.04%，远高于2000年样本19国的均值37%的水平。同期，尽管中国居民负债水平占总资产的比例不断上升，2012年这一比例达到6.13%，但是远低于2000年样本19国14%的平均水平。

3）中国居民持有流动资产占总资产比例较高，显示出中国居民较高的流动性偏好倾向。2012年中国居民持有的流动性资产占居民持有总资产的比例为17.16%，2000年样本19国这一比例的均值为15%，中国居民持有流动性资产的比例高于样本19国的这一比例的均值。这一点与日本和中国台湾的情况较为相似。

4）中国居民持有股权资产占总资产的比例与样本国家这一比例的均值基本持平。仅仅只是看居民持有上市公司股票的金额，中国居民持有股权资产占总资产的比例不到2%，但是加上中国居民持有的私营企业、个体工商户及专业合作社股本后，这一比例升至13.57%，尽管和美国2000年持有股权资产占总资产34%的较高比例存在一定差异，但是中国居民持有股票资产占总资产的比例与2000年样本19国15%的平均水平基本持平。

图28：中国居民资产负债表各构成部分占比情况图（年，%）

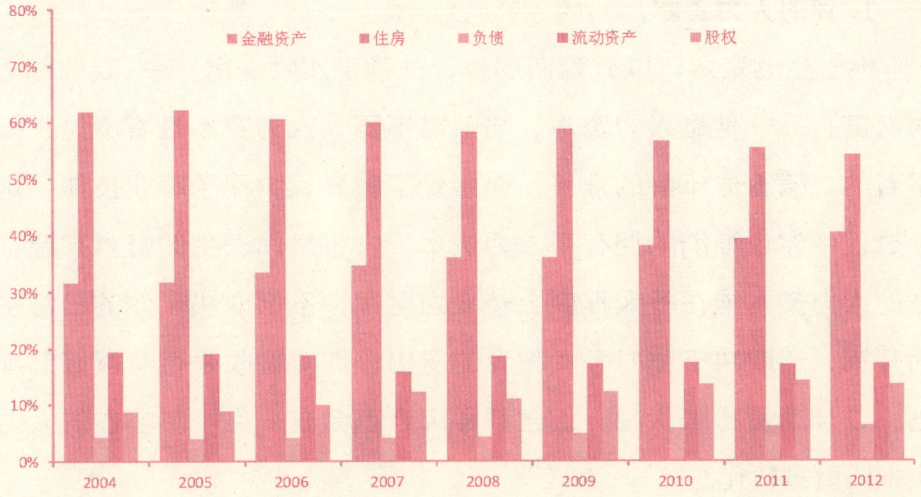

数据来源：东方证券研究所

第一章　了解你自己

“一生能够积攒多少财富，不取决于你能够赚多少钱，而取决于你如何投资理财。”

——巴菲特

面对变幻莫测的金融市场，你会频繁买卖，还是冷静应对？你是否在一次惨痛的投资教训之后蹑手蹑脚?你喜欢凭借感觉还是分析报表来选择股票？投资前你要做的第一件事，就是“了解你自己”。

1. 你的人力资本

你一生的资本可以分为两部分，一种是实物财富 —— 我们称之为财富；另一种是人力资本，与财富不同，人力资本是看不见、摸不着的。随着你年龄的推移，你接受了教育，学习了职业技能，这一过程中你也渐渐的拥有了人力资本，它将是你一生的财富来源。你的人力资本能在多大程度上转变为财富，不但取决于你的日常生活开销，还取决于你对子女教育的支出，你对税收是否有很好的规划，以及通货膨胀状况。上述种种因素都会在一生中影响你的人力资本向财富转化。

当你只有30岁时，你的人力资本远远超过你的财富；随着你的年龄的增长，你的收入、储蓄、投资不断增加，而人力资本却随年龄不断消耗；当你65岁退休时，大多数人的人力资本下降为零，而此时的财富也达到了顶峰。退休以后，就是你不断消耗累计财富的过程。如果你不需要给子女留下遗产，最好的结果就是“人死了，钱也花完了”。

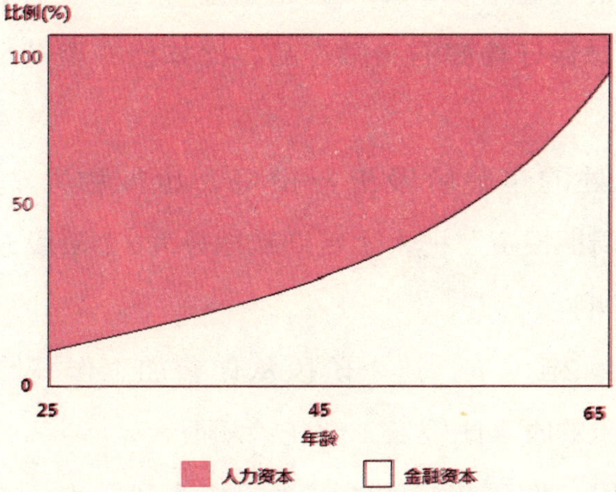

在我们一生的投资中，人力资本常常被忽视，一次对美国家庭的财富调查中，理财专家通过模型计算发现，财富仅占到人力资本的23%。由此可见，人力资本在你的财富配置中是多么的重要。因为它可以帮助你做出投资决策，包括你打算承担多大风险，以及在人生的各个阶段如何配置资产。

你的职业会在一定程度上影响你的人力资本。如果你是一位教授或医生，抑或是一位自由作家，你的人力资本更类似于债券。既然你已经“拥有”了这么多债券，将你手头的闲余资金买些股票类产品将是个不错的选择。而对于一位在夕阳产业工作的工程师，安全的债券类金融产品将是你更好的选择。如果你是一位证券经纪人或上市公司CEO，你的人力资本已经与整个股市周期息息相关，这时债券型基金和另类投资产品对你来说，可能是个不错的选择。

另外，你所处的年龄阶段也会影响你的人力资本。在家庭组建初期和事业发展早期，你还有更多的机会去犯错误，即使经历了一次巨大的投资挫折，你仍然有机会恢复元气，记住“年轻就是经得住折腾”。在配置财富时，成长型股票也就成了这些年轻人的不二之选；随着年龄的增长，你变得不像年轻时那么耐折腾了，你也应该逐渐转向投资价值型股票和债券型基金；尤其接近退休的时候，你应当更多考虑保守稳健的金融产品，比如债券型基金和货币市场基金。

根据你所处的年龄阶段进行投资，也被称为“生命周期投资”，“生命周期投资”把人生更细致地分为6个阶段：

（1）单身期

一般会持续2到5年，这个阶段从你参加工作开始，到结婚结束。在这个阶段的收入比较低，但花销却很大。

在这个阶段，你可将资本的60%投资于风险大、长期报酬较高的股票、股票型基金或外汇、期货等金融品种；30%选择定期储蓄、债券或债券型基金等较安全的投资工具；10%以活期储蓄的形式保证其流动性，以备不时之需。

（2）家庭形成期

一般会持续1至5年，这个阶段从你结婚开始，到小孩出生结束。此阶段的理财重点应放在合理安排家庭建设的支出。

在这个阶段，你可将资本的50%投资于股票或成长型基金，35%投资于债券和保险，15%留作活期储蓄。保险可选择缴费少的定期险、意外保险、健康保险等。

（3）家庭成长期

一般会持续9至12年，这个阶段从你的小孩出生开始，到他上大学结束。该时期的最大开支是子女教育、保健医疗费等。

在这个阶段，你可以考虑将可投资资本的30%投资于房产，以获得稳定的长期回报；40%投资于股票、外汇或者期货；20%投资于银行定期存款或债券及保险；10%留作活期储蓄，作为家庭紧急备用金。

（4）子女大学教育期

一般会持续4至7年，这个阶段从你的孩子上大学开始。该阶段应把子女的教育费用和生活费用作为理财重点。

在这个阶段，你可以将家庭可投资资本的40%用于股票或成长型基金的投资，但要注意严格控制风险；40%用于银行存款或国债，以应付子女的教育费用；10%用于保险；10%用于家庭紧急备用金。

（5）家庭成熟期

一般会持续15年左右，这个阶段从你的孩子参加工作，你也到了该退休的年龄。在该阶段，理财重点应是扩大投资。

在这个阶段，你可以将资产的50%用于股票或同类基金；40%用于定期存款、债券及保险；10%用于活期储蓄。但随着退休年龄逐渐接近，应逐渐制定合适的养老计划。

（6）退休期

这个阶段从你退休后开始，并一直持续下去。这个阶段的理财原则是保护身体，精神第一，财富第二。

在这个阶段，你可以将资产的10%用于股票或股票型基金；50%投资于定期储蓄或债券；40%进行活期储蓄。对于资产较多的老年投资者，此时可采用合法节税手段，把财产有效地交给下一代。

在上面提到的生命周期投资中，有一个非常重要且常常被人们忽视的金融产品，它就是人寿保险和年金保险。一个处于事业上升期的中年人的离去，会给家庭带来无尽的痛苦，剩余的人力资本无法转化为财富，也给家人带来了财务负担，购买人寿保险的目的是保护人力资本、应对死亡风险。

你还要知道，长寿也是有风险的。理财规划师在进行财富配置时，通常预计大多数人活到80岁。而据统计，每100人中有81人寿命超过了预期寿命80岁；每100对夫妻，有91对夫妻两人至少有一人超过了预期的80岁。购买年金保险就是为了应对这种长寿带来的风险，年金保证在你退休后的每月收益，保险公司都会支付给你一笔钱供你消费。

2、给自己归个类

投资可以实现财富增值，但并不是说无论财富如何配置都能增值，从一开始的时候，你就需要知道“你是谁”。“你是谁”不是你觉得自己是谁，也不是你想成为谁，而是当前你真正是谁。我们对自己的判断经常是不准确的，这样的判断也会给财富配置带来很大的影响。你可能高估你的风险承受能力，在意料之外的市场波动下，做出错误的决策；你可能高估你的投资水平，把运气所得归结为自己的智慧。这些都会让你误入歧途，自以为是，给财富带来巨大的损失。

了解并认清自己是件非常困难的事情，但你值得为此付出努力。

你获得财产的方式是你首先要考虑的问题，因为他决定了你的风险承受能力。如果你是一位白手起家的成功企业家，这意味着你有足够的知识和经验承担风险。如果你只是获得了一笔遗赠的财富，亦或是作为一名普通白领，挣着丰厚抑或微薄的工资，作为这两类人的你，很可能没有足够的风险决策经验，甚至不了解风险决策可能造成的最坏结果。因此，相比于企业家，你的风险承受能力相对较低。

你还需要知道你有多少财富，这也是一个需要仔细考虑的问题。你也许坐拥亿万财富，但是挥金如土；你也许并不富有，但是节俭有度。因此，度量财产的关键不是绝对规模，而是你的财产水平的相对规模。一般而言，你的财富相对规模越大，那么你的风险承受能力越高。

了解自己是一个永无止境的过程。你需要时不时地把自己对自己的印象与别人对自己的印象作比较。资本市场会波动，科技会进步，国家政策会改变，但人们在投资时的心理反应却从未变化。

过去，“人是理性的”一直作为财富配置中的一个重要假设前提。然而，随着人在投资中非理性的面纱被揭开，无论是初出茅庐的毛头小子，还是经验丰富的投资经理，非理性行为成为投资中不得不面对的问题。

近几十年来，对投资者心理特征的分析从未间断过，性格特征、价值观都被用来对投资者分类，因为投资者的过往经历和经验，都会在他的资产配置过程中发挥巨大作用。

你需要将自己归为某一类投资者，下面将介绍三种分类方法，这里你可以直接阅读第三种分类，当然建议你先了解一下前两种分类，因为他可以帮助你深刻理解第三种分类。

（1）一维分类法

首先，我们看一种对投资者类型最简单的划分方法。

如果你的财富是“被动”创造的，你可能从外祖父那里继承了一笔财富，那么你可以被划分为一位“被动投资者”。有的被动投资者相当富有，比如企业高管、律师、注册会计师、医生、政治家、银行家和记者。

另一种投资者是“积极的投资者”，他们奋战在财富创造的最前线，他们可能是一群经营着自己帝国的企业家。积极的投资者更愿意冒风险投资他们的财富，希望能自己决定投资方向；但是，当他们感觉到对经营局势缺乏掌控时，又会变得谨慎行事，甚至可以称他们是一群“投机家”。他们认为通过自己所掌握的信息，对自己所面临或将要面临的风险有充分的认识，“积极的投资者”就是这样一群人。

（2）两维分类法

上面的这种分类只考虑了风险这一维度，下面我们引入一种从两个维度将投资者分为四类的方法。

这两个维度都是从投资心理行为的角度分析的，其中一个维度是“自信—焦虑”，另一个维度是“理性—冲动”，在这两个维度下，你可以将自己划为下图中的四类投资者之一。

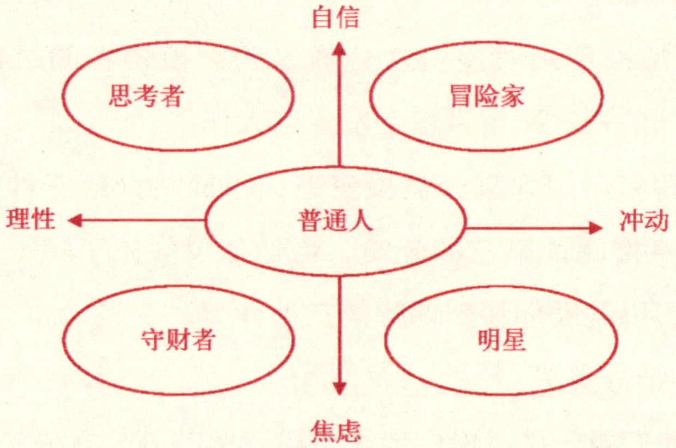

如果你喜欢持有品种单一的投资组合，那么你属于自信与感性并存的“冒险家”群体。你甚至不愿意听从他人多元化投资的建议，如何说服你也是经常令投资顾问们头疼的事情。

或许你也会像冒险家们一样，表现出感性的一面，但并不像他们那么过分自信，那么你属于“明星”群体。也许明星都有这种气质吧。对投资顾问来说，说服你并不是那么难的一件事。

如果你平时个性独立自信，每当做出决定的时候都会深思熟虑，那么“思考者”无疑是最适合你的类型，对于投资顾问的建议，你也会深思熟虑之后再做出自己的决定。

如果你已步入中年，随着你财富的积累，你对事物看得更加谨慎，那么你被划为“守财者”一类。你对于多元投资的建议一般会欣然接受，但你也时常会错过一些激进的投资机会。

如你在两个维度中，你发现自己始终处于中间的那个状态，那么你属于“普通人”。你往往能很好地平衡风险和收益，并使你的财富得到稳定增长。

请记住一点，永远不要认为自己一辈子只固定在一种类型上，因为阅历和经济状况都会使你变得不同。

（3）投资者行为分类法

最后，为你介绍一种财富管理中最前沿的投资者分类：投资者行为分类法。这种分类方法不像前两种，它可以通过打分体系量化你的投资者类型。

首先，你需要做一个风险承受能力测试。

风险承受能力测试	低	（赞同程度）		高
1. 坐飞机时常常感到紧张。	0	1	2	3
2. 我不喜欢身体接触的运动，如足球。	0	1	2	3
3. 与朋友争论时，我通常首先妥协。	0	1	2	3
4. 我与父母很少联系。	0	1	2	3
5. 我渴望能向他人表达我的感情。	0	1	2	3
6. 我不愿大声说话。	0	1	2	3
7. 我不喜欢与朋友讨论个人问题。	0	1	2	3
8. 我喜欢艺术。	0	1	2	3
9. 我认为我的政治理念属于右派的自由义。	0	1	2	3
10. 我不容易兴奋。	0	1	2	3
11. 我不喜欢在大海中游泳。	0	1	2	3
12. 我很害怕在公众场合发言。	0	1	2	3
13. 如果有一个更大的房子，我不会搬家，因为我觉得麻烦。	0	1	2	3
14. 我有许多异性朋友。	0	1	2	3
15. 我穿着很时尚。	0	1	2	3

第二步是投资行为测试。

投资行为测试	低	（赞同程度）		高
1. 我保存我的所有邮件，从来不删除。	0	1	2	3
2. 我在学校最喜欢的科目是数学。	0	1	2	3
3.我宁愿坐在电视机前，也不愿去收拾我的壁橱。	0	1	2	3
4. 我更喜欢一个人独立工作，而不是在一个团队里工作。	0	1	2	3
5. 我认为我是一个个性独立的人。	0	1	2	3
6. 当和朋友出去吃饭或看电影时，我通常会组织这次活动。	0	1	2	3
7. 我非常讨厌工作不努力的人。	0	1	2	3
8. 我不喜欢在一件事未完成前就去做其他事。	0	1	2	3
9. 我一般开车速度非常快。	0	1	2	3
10. 我喜欢竞技体育。	0	1	2	3
11. 我很少为自己的财务烦恼。	0	1	2	3
12. 我喜欢看恐怖电影。	0	1	2	3
13. 我总是渴望结识新朋友。	0	1	2	3
14.等待电梯时，我常常感到不耐烦。	0	1	2	3
15. 朋友们认为我是一个“急性子”。	0	1	2	3

测试完成后，分别计算一下你在两次测试中的得分，根据自己的得分，在风险承受能力和投资行为两个维度下，你可以将自己归为以下四类：

风险承受能力 \ 投资行为	（0分）思考为主（24分）	（25分）感觉为主（45分）
（0分）低（24分）	有计划的人	谨慎的人
（25分）高（45分）	个人主义者	冲动的人

“谨慎的人”是这么一类：他们强烈渴望财产安全，最厌恶风险；喜欢投资安全高的投资工具，比如债券型基金或者货币基金，即使投资股票，换手率也很低。

“有计划的人”是这么一类：他们对市场、行业、可投资的公司进行研究，对投资很少感情用事，投资决策常常是保守的。由于这些投资者对自己的有计划的投资过程很自信，因而难以给他们建议。

“个人主义者”是这么一类：他们也像有计划的人一样做研究，对自己的能力很有自信。他们的自信使得他们常常质疑分析师的投资建议。尽管他们分析得很认真，但是在做出独立的投资决策时绝不迟疑，比有计划的人更偏好风险。

“冲动的人”是这么一类：他们喜欢投资近期的热门行业，因为追求热门投资，使得他们的换手率非常高，并因此造成高额的交易成本，这些交易成本会对组合业绩产生负面影响；并且，他们投资决策中不太重视风险。

你将自己分类之后，就可以根据你的分类，决定是否对自己的风险——收益目标进行调整。一般谨慎的人和冲动的投资者可以将自己最初制定的风险目标进行向上调整，其他两类投资者通常将风险目标定位在现有水平就可以。

你也许会奇怪，刚讲完投资者分类，又讲风险调整，讲这些是为了什么？记住，知道你是否需要风险调整非常重要，因为这可以更好地帮助你“量化”投资组合。

还要记住之前的那条建议——永远不要认为你一辈子只属于一类投资者，因为阅历和经济状况都会使你变得不同。

第二章 私人财富管理

在配置你的财富前，需要考虑一些必要问题。每个月你有没有预算开支计划？若退休后你需要多少钱养老，才能使你的生活水平不下降？你是否购买了足够的保险来保护你的家庭免遭不幸事件之苦？然而，对于这些问题的回答，刚刚步入职场的年轻人通常缺少思考，甚至有些成功的企业家亦如此。试想，你连自己所处的境况都没搞清楚，如何能制定一个财富配置计划。因此，你必须拿出时间来思考自己身在何处、去往何方。

正如布置新家前，装饰风格决定了你如何挑选的每一件家具；“财富配置蓝图”就是你财富的“装饰风格”，它反映了你的消费风格和风险态度，决定了股票、债券及另类投资产品的目标比例。

人力资本、生命周期投资、投资者类型，我们在上一章中引入了众多概念，你也许已经被它们搞得眼花缭乱。但是仅靠它们，你还不能实现你的财富最优配置，因为当你在现实资本市场中做投资时，掌握一系列金融、法律、税收知识又显得非常必要。

特别当你是“高净值人群”中的一员时，了解这些知识显得尤为重要。

传统的金融投资理论认为收益是免税的，存续期是无限的，投资者都是厌恶风险的。然而，现实资本市场中的复杂性，甚至让金融学家们也无所适从。因为在现实中，投资者的投资目标是多样化的，投资者的投资组合存续期是有限的，甚至各国的税率结构眼花缭乱到令人咋舌的程度。对有钱人来说，如何理财有时显得比挣钱还要难。

事实上，早在中世纪，盎格鲁撒克逊地区的富人们就发现财富要交给专门的人来打理，信托便是他们对资产托管人的一种法律认可形式。

在信息爆炸式增长、投资品种令人眼花缭乱的今天，私人财富管理日益受到西方投资者的关注，无论你是上市公司的CEO，还是普通公司的小职员，退休、养老都是不可避免的话题。

下面要为读者带来的是老张一家的私人财富管理真实案例[①]。

老张一家的私人财富管理

老张一家是一个来自东部沿海的中产阶级家庭，包含着三代人，老张经营着一个家族企业 —— 海然船厂。

最近，国际航运市场低迷，使老张的船厂销售状况不容乐观。老张一家感觉到重新评估家庭的财务状况很有必要，甚至可以说迫在眉睫。首先，他们要做的是重新审视他们的财富配置情况。

老张一家的首要目标是在投资顾问的帮助下，建立一份“财富配置蓝图”，“蓝图”中会详细陈述老张一家的投资目标和投资约束。之后，投资顾问“小东”会在“财富配置蓝图”的指导下，为老张一家构建投资组合。

记住，财富配置的第一件事 —— 为自己建立一份“财富配置蓝图”，这是“了解你自己”的开始。

小东就职于一家行业内颇具影响力的私人财富管理公司，是一位资深投资顾问，并受老张一家委托，给予他们投资上的建议。建立“财富配置蓝图”前，让我们看看老张家的生活环境。

---

① 本书P38 – P49案例引用改编自The Inger Family Case：James W. Bronson, Matthew H. Scanlan, and Jan R. Squires. Study Session 4: Private Wealth Management, Reading 10: Managing Individual Investor Portfolios, P153 – P190. CFA Program Curriculum 2013, Level III, Volume 2: Behavioral Finance, Individual Investors, and Institutional Investors.

国家环境：

名义国内生产总值，也就是我们常说的GDP，年均增长约7％，通货膨胀在3％左右。

老张一家的个人收入平均被征以25％的税率，预计在未来一段时间，这一税率不会发生变化。如果老张要把房产转移给儿女，还将面临着税率为20％的个人财产转让所得税。

尽管老张一家都参加了养老保险，但由于人口老龄化加速，养老保险缺口日益严重。

老张一家的情况：

小东发现老张一家之前没有建立过“财富配置蓝图”，于是，他决定与老张一家安排第一次约谈，来了解一下他们的情况。

小东在约谈中了解到，老张夫妇已经结婚37年，有一个25岁的女儿和一个30岁的儿子。

老张，59岁，是一位成功的企业家。他在23岁时创办了一家船舶制造公司——海然船厂，并凭借坚韧不拔的毅力和矢志不渝的决心，将公司建设成为一家大型豪华游艇生产企业，产品销往世界各地。但他现在正在考虑为公司找一位继任者，并开始自己的退休生活。老张希望可以在接下来的3个月里将他持有的全部海然船厂股权变现。他也将因此面临55万元的税收，但这部分税收可以通过投资组合进行规避。

老张一家的每位家庭成员均持有海然船厂的一部分股权，船厂出售后的所得将按比例分配给四个家庭成员。老张认为，尽管迄今为止，家里每个人的财务状况都还不错，但出于长远的安全性考虑，他希望小东可以给整个家庭制定一个完备的投资计划。

张太，57岁，出生于一个富裕家庭，同老张结婚以后，一直担任着家庭主妇的角色。张太的父母为她设立了一个家族信托，这个家族信托每年向她支付与通胀指数挂钩的一笔收入，这笔收入目前为7.5万元，并且，这个家族信托将在她死后停止支付。

儿子，未婚，目前担任海然船厂高级副总裁，负责船舶设计。

女儿，一位带着5岁孩子的单身母亲。老张曾试图让女儿也在家族企业中工作，但她一直不愿意，因为她希望成为一位艺术家，并选择了自主创业。

这次约谈中，小东总结了以下财务细节：

收入(每年)	元
老张	500,000
儿子	100,000
张太的家族信托	75,000
女儿	50,000
老张的个人资产	
房产(无房贷，与张太共有)	1,200,000
海然船厂股权	60,000,000
其他公司股票	750,000
固定收益证券	1,000,000
现金 (包括货币市场基金)	1,000,000
黄金	500,000
张太的个人资产	
海然船厂股权	1,200,000
儿子的个人资产	
房产(扣除房贷后净值)	200,000
海然船厂股权	2,400,000
其他公司股票	200,000
现金 (包括货币市场基金)	100,000
女儿个人资产	
海然船厂股权	1,200,000
混合型公募基金	75,000
现金 (包括货币市场基金)	25,000

小东又安排了与老张一家的第二次约谈，通过这次更加深入的交谈，小东进一步了解到以下情况。

老张是一个完美主义者，在生活和工作中都很强势。他已经取得了事业上的成功，现在，更关注自己的财富能否保值。无论是在工作还是在生活中，他一向对风险极为厌恶，而且不愿意借债。海然船厂一直遵循低债务和保守经营的经营法则，并侧重于盈利的稳定性。他一直认为他的这种低风险经营法则最适合海然船厂。在他想卖掉海然船厂之前，他一直抵制其他公司对海然船厂的各种收购。

老张认为他的资产中应持有部分金条，因为他觉得黄金可以在经济萧条时对冲风险，并计划在未来持有约50万元的黄金。老张想在退休后维持他和张太目前的生活水平。事实上，他们夫妇俩正在积极筹备二套房，新家预计耗资约700万元。

老张也希望和外孙多一些相处的时间。因为女儿少不更事，自外孙出生以来，老张一直疏远他的女儿，如今，他希望可以恢复他们的关系。他想为外孙的生活和教育提供资金支持，他计划从明年开始，每年为外孙支付1.5万元，这笔支付将随着通胀率增加。

老张爱好摄影，并计划购买一家名为《视野》的著名摄影杂志约500万元的少数股东权益，并且退休后他还可以作为《视野》杂志的摄影顾问，获得一部分额外收入。最后，老张还有一个愿望，就是将房产转移给他的儿女和孙子。

张太一直作为一位家庭主妇，现在和老张住在他们的二套房里，这所房子离女儿和外孙很近。同时，张太有很强烈的理财意愿。

张太最近对室内装潢产生了浓厚的兴趣，并在两年前独资成立了一家规模不大的室内装潢公司。尽管她的公司目前刚刚实现营收平衡，但令她感到愉快的是，她可以按照自己的想法设计她的二套房。

儿子个性里多少有些赌徒心态。他总是觉得自己想要实现财务自由轻而易举，相比于父亲，他更愿意投资那些高风险的金融产品。他认为父亲经营海然船厂的方式过于保守，海然船厂应当更多地通过负债融资扩大生产和销售。另外，儿子还拥有一辆非常时髦的跑车。

最近，儿子似乎并不想继续从事船舶行业，而是希望能找到一个给他更多自由时间的职业，但父亲对此坚决反对。他一直想与大学室友一起投资房地产项目。正如儿子对风险的态度，他喜欢高回报的金融产品，并相信他有能力承担这些项目带来的损失。儿子也开始为未来的婚姻和家庭开始寻找一个住所，他的预算首付在50万元到70万元之间。最近，儿子还考虑以少数股权投资的形式参与一家会所的经营，这笔投资估计为55万元。

女儿因与父母的矛盾，已经很多年不与家里联系了。她拒绝进入家族企业，并选择了追求艺术生涯。她还完全依靠自己来抚养孩子。而就在最近，她与家人的关系开始改善，乐意与父母联系。

她认为自己很独立，但承认自己的理财知识有限。女儿希望可以自己制定理财规划，在理财中采取更积极主动的投资策略，但她也承认需要小东给她一个完整的财富管理计划。未来，她想购买一所公寓，并创建一个油画工作室。

就像我们在上一章中做的测试，小东要求老张一家的每个家庭成员完成了一份投资者类型测试，来帮助家里的每个成员确定投资者类型。

根据他们的回答，小东认为老张属于“有计划的人”一类，张太属于“个人主义者”，儿子属于“冲动的人”，女儿属于“谨慎的人”。

小东指出，这一结果基本符合他的初步观察。然而令他有些吃惊的是，老张的女儿被定位为“谨慎的人”，这与初步观察结果并不完全一致，因为她曾经冒险的离开家族企业，并通过艺术生涯独自抚养她的孩子。

调查分数反映了每个家庭成员的风险承受能力，但要把每个家庭成员的不同个性和目标转化为一个完整的家庭投资计划，还需要进一步的规划。

“财富配置蓝图”包括三部分，即收益目标、风险目标、其他限制（流动性、时间、税收、法律、特殊情形）。

首先，小东帮老张一家设定了收益目标，包括两个层次：

首要目标：如财务的安全、维持目前的生活等

次要目标：如奢侈品、建第二个房屋、旅行等

相对于第二位的目标，首要目标更为重要。

老张和张太未来五年现金流（假设通胀率为3%）

单位：元

	现在	第1年	第2年	第3年	第4年	第5年
现金流入项						
工资：老张（作为收入征税）	500,000					
家族信托：张太	75,000	77,250	79,568	81,955	84,413	86,946
养老金：老张	–	–	–	–	–	100,000
出售公司（作为个人财产转让所得征税）	–	61,200,000	—	—	—	–
总现金流入	575,000	61,277,250	79,568	81,955	84,413	186,946
现金流出项						
收入税(25%)	(143,750)	(19,313)	(19,892)	(20,489)	(21,103)	(46,737)
个人财产转让所得税(20%)		(12,240,000)				
二套房	–	(7,000,000)	–	–	–	–
投资支出（杂志公司）	–	(5,000,000)	–	–	–	–
抚养外孙	–	(15,000)	(15,450)	(15,914)	(16,391)	(16,883)
生活和杂项开支	(500,000)	(515,000)	(530,450)	(546,364)	(562,754)	(579,537)
总现金流出	(643,750)	(24,789,313)	(558,067)	(582,767)	(600,248)	(643,157)
净现金流入（负值为流出）	(68,750)	36,487,937	(486,224)	(500,812)	(515,835)	(456,311)

第一年，老张通过出售股权取得了一大笔现金，从第二年开始

需要投资的正是这笔资产。

可投资资产	价值（元）	总资产占比
第一年现金流	36,487,937	76
持有股票基金	750,000	1
持有债券基金	1,000,000	2
持有货币市场基金	1,000,000	2
小计	39,287,937	82
固定资产		
首套房	1,200,000	2
二套房	7,000,000	15
小计	8,200,000	16
黄金	500,000	1
总计	47,987,937	100

收益率目标		
第2年预计支出	486,224	
除以总资产	39,287,937	= 1.24
加预期通胀率	3%	= 4.24

因此，第二年，老张一家的投资收益目标是4.24%。

关于风险目标，稍微有些复杂，需要考虑一系列的问题。

1）老张一家的财务目标是什么，包括长期和短期？

投资者的风险承受能力由他的资产和投资期限决定。如果投资者的财务目标相对比较适中，则有更大的风险承受能力。

投资组合市值和时间跨度的增长，说明投资者从短期损失中回复的能力也随之增加，让投资者有更大的机会来考虑风险较高的投资，实现相对较高的预期回报。

老张和张太的投资目标是短中期的：

▶维持目前的生活方式；

▶购置二套房；

▶投资《视野》杂志；

▶支持外孙的教育；

▶支持张太的设计公司。

从长远来看，老张和张太希望保留他们的家庭的财务安全性。对他们来说，相比于创造更多的财富，使财产具有稳定的购买力显然是更重要。

2）如何实现老张一家的目标？如果不能实现这些目标，将会产生什么严重后果？

财务安全性和一般生活支出是最重要的投资目标，奢侈品消费是最不重要的。

出售海然船厂的所得对他们未来的财务安全起着决定性作用。他们的二套房的目标在他们的未来生活中地位重要。相比之下，老张在《视野》杂志的投资，并不是为了满足基本生活需要，相对重要性较低。

3）在不损害投资者实现短期和长期投资目标的前提下，老张“愿意接受”多大损失？

风险目标反应了投资者承受风险的能力，以及投资者承受风险意愿的风险承受能力。

投资者风险承受意愿主要根据主观的分析确定，意愿是随时间不断变化的，取决于客户的心理状况，没有严格的判断标准，但可以从客户的明确表述或其行为中来发现。

承担风险的能力取决于投资周期、资产规模。如果目标相对于组合规模较小，投资周期长，则投资者的风险承受能力较大；如果目标相对于组合规模较大，投资周期短，则从差的组合业绩中恢复的能力就会削弱，投资者的风险承受能力较差。

老张的情况说明了他的风险承担愿意和能力之间存在着矛盾。这么多年里，老张的风险集中在海然船厂，证明老张的风险承受意愿较高。在其他方面，包括公司债务融资和扩张计划方面，老张的风险承受意愿又较低。当被问及能承受的最大损失时，老张起初回答："任何大于5%的亏损是不可接受的。"评估他的风险承受能力后，老张将这一比例改为 10%。

约束条件包括五个方面：流动性、投资期间、税收、法律、特殊情况。

流动性：

流动性约束：流动性指为满足投资者计划和非计划现金需求，投资组合的变现能力。通过交易成本和价格波动率两个指标评价。

重大的流动性需求会约束投资者的风险承受能力，流动性主要是为了满足以下几种需求：日常生活开支、紧急储备需要（如被解雇等）、大额支出事件（如慈善捐赠、重大房屋修缮等）。

老张一家面临的重大流动性事件包括老张出售海然船厂后收入下降、购置二套房、投资《视野》杂志。他们的投资组合必须满足这些现金需求。老张和张太同意拿出2倍于老张目前年薪（2×50万元）的资金作为流动资金储备，从现在到退休保持较高的流动性（相比于退休前）。

老张一家中，老张和张太正在筹备的二套房将使房产占总资产比重达到16%。老张和张太的首套房的市场价值约120万元，并在未来可以作为变现的来源。

投资周期：

投资周期在5年以内为短期，5到10年为中期，10年以上的为长期。

小东经过分析，认为老张一家的投资周期为长期、多阶段的。

税收：

税收是个人组合的限制性因素，它从两个方面影响收益：

（1）在投资持有期末交税减少了组合的终值。

（2）在投资周期的中期交税，则由于减少了复利收益而影响组合。

减少税收对组合的负面影响的方法：

税收递延：在投资持有期末交税，来减少税收影响。策略包括低交易量、用组合的损失弥补组合的收益。

避税：投资于免税的证券。储蓄账户和免税市政债券的收入均是免税的。

减少交税：投资于税收较少的证券。资本利得比收入的税率低，因此收益主要来自于资本利得的证券对投资者有利。可运用衍生工具减少税收的整体影响。

财产转移税：投资者居住的地区不同则策略不同。关注转移的时间很重要。如果在死亡时转移，则税收被尽可能的递延了。如果在死亡前转移，则受让者的税收可能减少。

小东建议老张一家可以通过金融产品最大程度地降低个人财产转让所得税。

法律法规环境：

个人的法规问题主要和税收以及个人财产的让渡有关。地区不同，则法规限制往往不同，可向法律顾问咨询。

特有境况：

不适合其他限制种类的都可以放在这里，须留意各种信息或需求，如未来的某些支出。

六年前，老张和他的几个朋友在投资股票时损失了一大笔钱。自那时起，老张一直认为与其投资股市，倒不如投资房地产，并且一提到投资房地产，他都会大谈自己的投资之道。小东与老张经过几次沟通后，老张仍然坚持认为，他只想将很少的资产投资于股票。

通过上面的一系列分析，小东总结出了老张一家的“财富配置蓝图”：

一、背景

老张一家包括老张和张太、儿子、女儿和外孙。

现在老张和张太拥有并经营着海然船厂，一家生产豪华游艇销往世界各地的企业。老张一家急于转让其拥有的海然船厂的股权，现在收到的要约价为52万元（扣除税费）。家里的每个人都认为他们的财务状况是稳定的,并希望新构建的资产组合能维持这种稳定性。

二、收益目标

从长远来看，老张一家希望保证资产安全，并维持现有的生活品质。投资组合收益必须能够弥补老张现有的薪水，因为目前夫妇的开支和遗赠主要是由老张的这部分收入实现的。投资组合还应当能够抵御通货膨胀（假设每年约为3%），综合目标收益率为4.24%。

三、风险目标

关于风险承受能力，出售海然船厂后，老张一家的投资组合将能够容纳相当大的波动，而不会危及其财务目标。鉴于老张和张太目前的现金流情况，出售海然船厂后的财富状况和他们的退休后的生活目标，他们的风险承受能力“高于平均水平”。

关于风险承受意愿，老张一家的风险承受意愿相对保守。个性问卷表明老张属于“有计划的人”，张太属于“个人主义者”。但另一方面，老张在管理海然船厂中一直保持低负债和稳定盈利，而不是选择快速扩张。过去，老张一家大部分流动资产投资在货币市场基金。他们的风险承受意愿“低于平均水平”，最大能承受的下行风险损失是10%。

为了调和风险承受能力和意愿间的矛盾，其整体风险承受能力本政策声明中描述为“适中”或“平均水平”。

四、约束条件

流动性

老张一家有多个短期和中期流动性约束：

▶ 购置二套房

（接下来的两到三年） 7,000,000元

▶ 投资《视野》杂志

(接下来的一年) 5,000,000元

▶ 紧急储备 1,000,000元

▶ 每年抚养外孙支出 15,000元

投资周期

老张一家的投资周期为长期、多阶段。

税收

老张一家可以通过金融产品，最大程度地降低个人财产转让所得税。

法律法规环境

暂无。

特有境况

▶ 老张和张太的退休计划的重要组成部分是出售海然船厂的股权。能否以合理价位出售股权应予以密切关注。

▶ 老张一家的二套房将增加非流动资产的比例。他们决定将一次性全额支付二套房款项。

▶ 关于未来的房产遗赠，老张一家希望可应通过金融产品避免遗赠税。

▶ 关于慈善捐赠，老张考虑设立特殊目的信托或基金会，将选择特定的慈善机构和家庭成员作为受益人。

▶ 老张并不希望投资于股票市场。

▶ 老张在未来希望持有50万元的黄金。

回顾一下老张一家“财富配置蓝图”中的重要内容，他们一家风险承受能力“平均水平”，老张对普通股投资反感。然而，老张喜欢投资房地产项目。此外，他们一家最大损失承受10％，目标收益是4.24％。

资本市场上可供老张一家选择的资产种类有很多，小东提供了几种比较理想的资产组合供老张一家选择：

资产种类	预期收益 (%)	预期标准差 (%)	资产组合 A (%)	B (%)	C(%)	D (%)	E(%)
货币市场基金	4.5	2.5	10	20	25	5	10
公司债	6.0	11.0	0	25	0	0	0
市政债券	7.2	10.8	40	0	30	0	30
大盘股	13.0	17.0	20	15	35	25	5
小盘股	15.0	21.0	10	10	0	15	5
国际股票	15.0	21.0	10	10	0	15	10
房地产（包括REITS）	10.0	15.0	10	10	10	25	35
PE/VC	26.0	64.0	0	10	0	15	5
总计			100	100	100	100	100
预期税前总收益			9.9%	11.0%	8.8%	14.4%	10.3%
预期税后总收益			7.4%	7.2%	6.5%	9.4%	7.5%
预期标准差			9.4%	12.4%	8.5%	18.1%	10.1%
Sharpe比率			0.574	0.524	0.506	0.547	0.574

老张和张太的风险承受能力和目标收益是资产配置重要指标。任何资产的分配必须是适合这些目标。老张一家的资产配置满足－10％的下行风险约束。然而，由于4.24％的目标收益低于最低收益资产组合，所以满足他们一家要求的资产配置范围很广。

老张对股票的反感及对房地产的喜爱，会使他以更大的比例投资于房地产。新兴市场证券、商品、PE/VC也是多元化的产品配置，但他们相比于传统的股票和固定收益投资，也有较高的波动性和较低的流动性。

小东通过公司的资产组合匹配模型计算，发现老张一家更适合投资组合E；并且，投资组合E无论从收益还是所投资的房地产比例来说，对老张一家都是一个不错的选择。

延伸阅读：家族资产传承

据《2013胡润财富报告》的调查显示，中国千万富豪人数达到105万人，平均年龄为38岁；亿万富豪人数达6.45万人，平均年龄为40岁，年龄在45岁以上的约占一半。这标志着在未来5到10年内，国内将有大量的企业家和成功人士面临财富和企业的传承问题。如何实现财富的传承，打破“富不过三代”的魔咒？目前比较流行的工具为大额保单、家族信托等。

大额保单

同样拥有100万的资产，中国爷爷和美国爷爷不同的财产安排，产生的效果完全不同，如下所示：

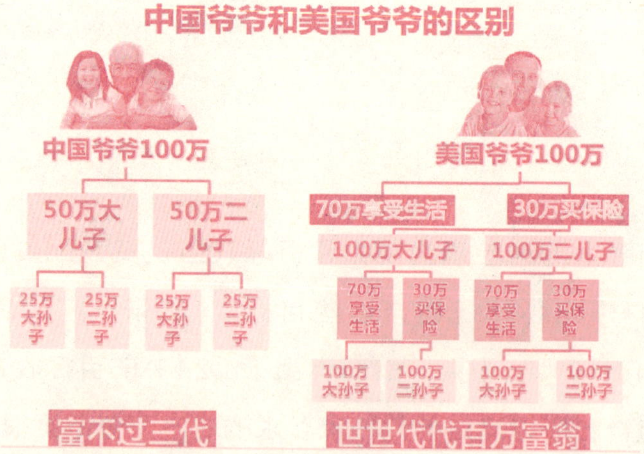

高额保单的功能：合理避债、合理避税、意外身故等。也可通过保单质押形式，构建传承基金，结构如下图：

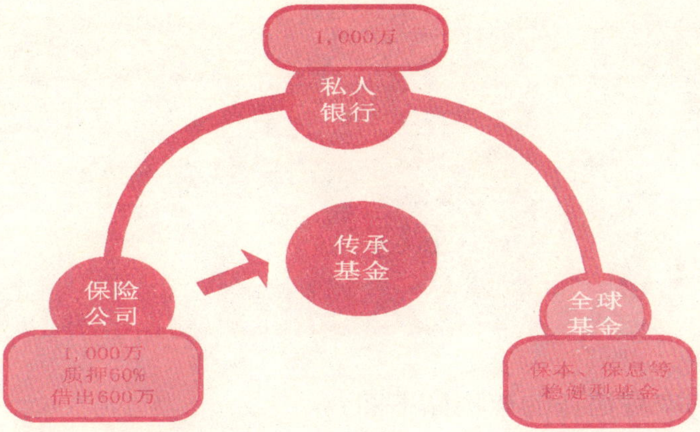

家族信托

作为海外财富传承的成熟工具，家族信托已成为众多企业家、高净值人士追逐的焦点。随着法律制度的开放，家族信托不但能产生巨大的节税作用，还能借助专业的投资策略和丰富的投资手段，实现富裕家族财富的持续稳定增长。

家庭信托中的主要要素：

委托人（Settlor）：信托的发起人，也是原财产的实际拥有者。

受托人（Turstee）：根据受托人与委托人签订的契约，在名义上持有并根据契约管理财产的保管人。

受益人（Beneficiaries）：根据受托人与委托人签订的契约，而最终享有资产的获利人，通常为委托人的亲属。

家庭信托可达到的主要功能如下：控制资产、遗产规划、减轻税务责任及保密等。相对于银行联名账户、投资公司等方式家庭信托的主要优势如下表：

	海外信托	私人投资公司	遗嘱	联名银行账户
保密性	√	√/x	x	x
税务筹划	√	√/x	x	x
避免遗产认证手续	√	x	x	x
财产保护	√	x	x	x
整合资产	√	√	x	x

典型的家庭信托的架构如下图：

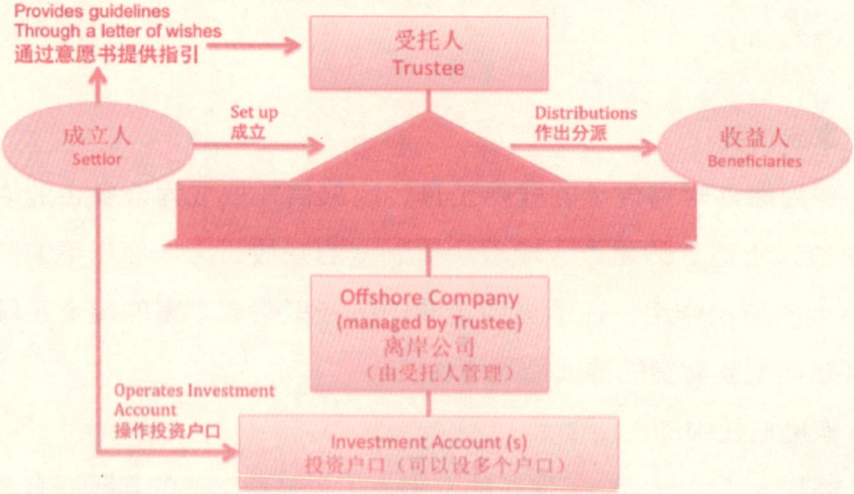

家庭信托的设立流程主要包括：产品立项、尽职调查、产品审核、报告审批、账户开立、产品推介、产品成立等环节。信托资产一般包括：现金、存款、房地产、股票投资组合、保单、固定收益类、外汇及家庭企业等。涉及的机构一般包括：私人银行、保险公司、基金公司及律师事务所等。不少媒体报道称，邵逸夫生前已将大部分资产套现后注入邵逸夫慈善信托基金（下称“邵氏信托基金”），并早已立下遗嘱，避免子女与太太爆发争产纠纷。与香港其他富豪家族相比，邵逸夫洒脱的家族产业处理方式，也被视为学习的目标。作为欧美舶来的财富工具，家庭信托之所以得到国内越来越多的家族企业及高净值人士青睐，在于它能在避税保值的基础之上，实现财产的安全隔离和灵活传承。比起土豆网的王微、真功夫的蔡达标、日照钢铁的杜双华、赶集网的杨浩然等企业大股东因财产隔离不利而让离婚威胁到企业的运营，吴亚军无疑为中国企业家们树立了一个颇具有前瞻性和借鉴意义的财产分割范本。

邵氏家族信托

目前公众所了解到的邵氏家族信托信息很有限，港媒报道称：元配黄美玲1987年病逝洛杉矶后，邵逸夫就着手为儿女成立信托基金，保证孩子们一生富足，衣食无忧。有关邵逸夫名下的基金主要有三个：邵逸夫慈善信托基金、邵氏基金（香港）有限公司、邵逸夫奖基金会有限公司。

其中，邵氏基金（香港）有限公司被普遍简称为邵氏基金，是最常见的捐赠主体，例如遍布内地大学的“逸夫楼”基本均为该基金捐建，这个基金曾经持有TVB6.23%的股权，在将2.59%捐赠给香港数家教育及慈善机构后还持有3.64%股权。

邵逸夫奖基金会有限公司（简称邵逸夫奖基金会）则是为运营被誉为“东方诺贝尔奖”的邵逸夫奖而成立。

而邵逸夫慈善信托基金，正是媒体所称的“为儿女成立的信托基金”，是邵氏家族财产的最终持有者。而这一基金的信托人为Shaw Trustee(Private) Limited，指定人为邵逸夫本人，受益人则包括ShawTrustee(Private) Limited根据信托契据挑选之任何人士或慈善团体。公开资料显示，Shaw Trustee(Private) Limited于1995年5月26日注册在另一个避税天堂百慕大群岛；也就是说，邵逸夫将邵氏家族财产的最终持有者 —— 邵逸夫慈善信托基金，委托给Shaw Trustee(Private) Limited运营，而受益人则为邵逸夫的家人以及慈善团体。目前，无法确认这个信托的受益人都有哪些，但几乎可以确定包括邵逸夫的四个子女，还可能包括方逸华，因为方逸华正是邵逸夫慈善信托基金的主席。邵逸夫舍专业受托人机构不用，而是成立私人信托公司为其持有资产。除去需要庞大的财富之外，本人和家族也要对相关的资本运作有足够专业的理解和判断。此前，香港首富李嘉诚也有类似的安排。邵逸夫还希望这份家族信托能够兼顾家族与公益利益，这样的案例也并不多见。

与邵逸夫一样，家族信托基金已经成为老一代富豪解决遗产问题的普遍选择。一方面，家族信托基金的解散必须全体受益人同意，这就避免了传统的“分家”、“家变”。另外，还可以实现财产的保护隔离，当委托人出现破产或离婚的情况，信托财产归受益人所有，不作为破产清算的追索标的或离婚财产分割的对象。

东方证券机构业务总部
东方证券股份有限公司
ORIENT SECURITIES COMPANY LIMITED
您的目标,从财富管理开始;我们的目标,从您开始
东方证券机构业务总部致力于充分利用公司的各种资源，为机构客户提供综合金融服务及问题的综合解决方案，为高净值个人客户及机构客户提供多样化的金融产品及优质的财富管理服务。
财富热线:
021-63325888*3135

东方证券
ORIENT SECURITIES
东方汇
不再冷眼旁观，无需心存畏惧
释放天性，实现财富于眼前
东方汇
坐享货币基金收益
拥有更多可能
我，本是天生的投资家
东方证券官方微信
东方汇产品官网

东方证券
ORIENT SECURITIES
东方汇
不再等闲失去，不必担心错过
敏锐迅捷，捕捉机会于瞬间
东方汇
快速切换
无需市场片刻的等待
我，也是敏捷的狩猎人
东方证券官方微信
东方汇产品官网

东方证券
ORIENT SECURITIES
东方汇
不再担心折价，毋需辗转腾
王者之尊，揽控大局于股
东方汇
一朝签约
自动交易机制全程代
我，就是传奇的缔造
东方证券官方微信
东方汇产品官网
自动资金归集，闲钱也生钱
自动份额交易，智能更省心
全天候线上签约，赚钱更
官方网站：www.dfzq.com.cn 全国统一客服热线：95503 公司地址：上海市黄浦区中山南路318号东方国际金融广场2号楼22层 邮编：20
股市有风险，投资

第三章 大类资产配置

无论是专业投资者还是普通投资者，进入投资领域前，你被告知投资的第一箴言就是“不要把所有的鸡蛋放在一个篮子里”，你的资产真的配置了吗？

金融市场变幻莫测，令普通投资人眼花缭乱的金融产品层出不穷。“资产配置”既不是挑选一两只牛股，也不是预测上证指数的走向，更不是简单地把几种金融产品组合在一起。

为了使你的房间的设计风格符合你的个人喜好，你需要购买哪种颜色的家具？这些家具的功能又如何？在有限的空间里，是配置一张大写字台，还是一架大衣柜？选择实木衣柜，还是板材衣柜？

因为每种金融产品在资产组合中都有自己的特性，因此从财富配置的层面上讲，也涉及到如下问题：各种资产有哪些特性？哪些资产结合在一起能发挥更好的效果，哪些“单兵作战”效果更佳？这种效果在什么样的环境下发挥得更好，又可以持续多长时间？

用投资专业术语来说，这种资产反映的主要是利率波动还是供需变化？这些资产哪些是获得利息，哪些是获得资本利得？产生这种回报的时间跨度又有多久？在某一时刻，这种资产与其他资产的表现是相同的还是不同的？

股票和债券是两种最为传统的资产。股票代表着房间里的娱乐室，这是我们享受美好生活的地方；债券代表着我们房子的卧室，在这里我们希望得到安全感，远离工作上的困扰。

股票：

并非所有理财成功的人都会投资股票，但是熟练地掌握股票的投资特性无疑会为你的收益增光添彩。上市公司每年都会主动与股东分享经营成果，分享方式既可以是派发股息，也可以是送红股。

股票最主要的收益来源，是在二级公开市场上自由买卖股票获得差价收益，一些精明的投资者甚至能够通过频繁买卖股票获得可观的收益，这也是吸引众多投资者进入股票市场的重要原因。

相对于房地产这类投资金额巨大的资产，股票的资金门槛低很多。股票以“手”为单位，一手是100股。假如一支股票价格是10元，那么最低的资金买卖金额是1000元，对于资金更少的投资者还可以选择价格更低的股票。

股票可以说是众多资产中流动性最强的市场。流动性包括时间成本和资金成本两方面。股票市场买卖双方的交易意愿本身就非常强烈，再加上现代化的电子交易系统，投资者的交易指令在几秒钟内就可以完成。因此，股票的变现速度快，时间成本低。另外，相比于房地产等流动性较差的资产，买卖股票的手续费用相对较低，也就是股票变现的资金成本不会严重损害利润。

在股票的众多特性中，最为重要的就是抵御通货膨胀的功能。股票价格的高低与上市公司的利润高度相关，利润越高的公司，股价通常也越高。而上市公司的利润又与产品的销售价格密切相关，产品的销售价格在很大程度上由宏观经济的通货膨胀率决定。抵御通货膨胀也是股票与债券的最大不同。

股票这种基础资产还衍生出了许多投资品种，偏股型公募基金通常会有一定的封闭期，流动性上大打折扣；而股指期货则具有杠杆特性和较高的投资门槛。尽管它们的金融特性或多或少地发生了改变，但股票的抵抗通货膨胀特性和与公司业绩挂钩的属性没有发生变化。

债券：

相比之下，债券是一种风险较小、收益稳定的投资方式，尤其适合于长期、稳健和保守的投资者。安全性高是债券的一大特性。与股票相比，债券约定票面利率和偿还期限，投资者会在约定的时间内收到约定的本金和利息，这也是债券的价格与企业绩效之间没有很强的联系。另外，在企业破产时，债券投资人优先于股票持有者获得企业剩余资产。上述两点原因使债券具有了收益稳定、风险较小的基本特性。但要记住，各种债券的质量有很大的不同，从安全性极高的国债到高收益债券或者垃圾债券，给投资者带来损失的可能性越来越大，但仍有激进而自信的投资者选择高收益债券。

债券最大的特征是它具有利率风险。债券价格最主要的影响因素是市场利率，这主要是由债券的定价方法决定的。当市场利率上升，这时往往也是经济过热的时候，债券价格就会下降。而当市场利率下降，这时经济通常处于萧条阶段，债券价格就会上升。另外，市场上债券的剩余偿还期限各不相同，时间短的可以只有几天，时间长的可以达到几十年。剩余偿还期限越长的债券，面临的宏观经济不确定性越高，受利率的影响也就越大。但是，期限较长的债券发行人也会承诺较高的溢价利息来吸引投资者。你需要在较高利息和较大的利率风险中作出平衡。

另外，债券抵抗通货膨胀的效果比股票差很多，这主要是由于债券定价方法决定的。债券的收益与企业的经营业绩没有直接关系，即使企业的销售收入快速增长，债券持有人也只能获得约定的利息和本金。

同样，债券这种基础金融资产也衍生出了许多投资品种。债券型分级基金进一步提高了债券的收益率，但具有了杠杆属性。利率期货将债券最为本质的利率属性剥离出来，成为了独立的投资品种。尽管品种纷繁复杂，但与债券相同，他们的价格都与利率有着直接的联系。

另类投资产品与传统的投资品种——股票和债券——有显著的不同，这种“另类”主要是它的金融特性非常特别。它们包括房地产、大宗商品、外汇、PE/VC，等等。与传统金融资产相比，他们产生回报的原理往往是不同的，但他们的加入会给原本沉闷的传统组合带来不少意外的惊喜。正如有些人喜欢给原本平淡无奇的房间配置一套重低音音箱，也有人喜欢装裱几幅人物油画，这都会使你的房间别具一格。

房地产：

投资房地产一方面能够为家庭提供一个舒适的居住环境，另一方面能为投资人带来巨大的收益。房地产的收益包括两部分，房地产会产生源源不断的租金收入，通常租金收入都是稳定的；同时，房地产的持有者也会在买卖差价中获得丰厚的收益。

与股票相似，房地产也具有非常好的抵御通货膨胀的功能。这是由于土地资源本身具有稀缺性，人口的增长和收入的提高都会长期推动整个社会对房地产的需求。房地产的价格在很大程度上由需求和供给决定，人们对更大更舒适的房屋的追求，为房地产投资的升值带来了广阔的市场空间。

与大多数另类投资一样，房地产投资本身还具有杠杆属性，首先作为实物资产的房地产，是一种被广泛接受的抵押品，投资者往往能够以所购买的房产作为抵押，向银行借入购房成本的75%左右的贷款先支付给地产商。而贷款的成本常常低于房地产增值的收益，投资者便通过杠杆实现了资产快速增值。

尽管杠杆属性在一定程度上降低了初始资金需求，但动辄几十万甚至上百万的投资门槛，仍然令许多年轻人望而生畏。另外，房地产中介往往会对房地产交易收取不菲的佣金，政府还会对买卖双方征收各种税收，巨大的交易成本也会使房地产的杠杆属性失色不少。与股票债券市场不同，房地产没有一个集中的交易市场，寻找买主需要花费巨大的财力和精力，使房地产的流动大打折扣。尽管上述种种劣势，在房价快速增长的经济环境下，人们的投资热情仍然丝毫未减。

近年来，房地产作为投资品种衍生出了多种投资产品，其中最为流行的便是房地产信托。房地产信托相比于传统的股票和债券的收益率更高，并且减少了投资者的管理成本，成为了最为主流的房地产投资方式之一。

大宗商品：

大宗商品作为实物商品有悠远的投资历史，并且种类繁多，主要包括农产品、金属、能源三大类。农产品是最早的大宗商品交易，又涵盖了谷物类，如玉米、小麦、大豆等；畜禽类，如生猪、活牛等；林产品类，如木材、天然橡胶等。金属包括贵金属，如金、银、铂金等；有色金属，如铜、锡、铝等。能源商品交易出现得较晚，20世纪70年代，石油危机给各国经济发展带来了不同程度的冲击，能源交易迅速发展。随着全球变暖问题日益受到各国关注，二氧化碳排放等新型能源商品开始涌现，在未来有广阔的发展空间。

大宗商品的价格是由供需决定的。由于大多数大宗商品都是各种产业的上游原材料，因此各产业的产业周期在很大程度上影响了大宗商品的需求。与股票和债券相比，大宗商品价格受短期经济波动影响更大。

与股票相比，大宗商品抵御通货膨胀的能力更加优秀。这主要是由于大宗商品与实体经济的联系更为紧密，也是计算通货膨胀的重要组成部分，比如原油价格的波动就被许多国家用于计算通货膨胀指数，生猪在我国的通货膨胀指数计算中也十分重要。

但高昂的存储成本和交割成本使大宗商品投资需要更专业的管理。商品期货这一投资形式在一定程度上解决了上述问题，同时赋予了大宗商品交易杠杆属性。商品期货也是现今大宗商品交易的主要形式。

外汇：

外汇最早是作为国与国间贸易结算的工具，但随着金融一体化的迅速发展，如今，90%以上的外汇交易都是作为投机和套期保值工具使用的。

外汇的交易价格是由各个国家间的相对经济水平决定的，包括GDP、失业率、利率、通货膨胀率等宏观经济数据。相比于上市公司股票信息，宏观经济信息具有更高的真实性和客观性。

外汇市场的交易量每日可达2万亿美元，如此巨大的交易量使外汇具有极高的流动性，同时，交易量大的特征也使大型机构投资者无法操纵外汇价格。

大多数的外汇交易都具有杠杆属性，并且这一杆杆可以随着投资者的风险承受意愿的高低而调整。在外汇市场上，有的杠杆甚至能达到1000倍，因此也有人将外汇称为“最刺激的金融产品”。

PE/VC：

PE/VC又称为私募股权基金，尽管它们像股票一样，投资于企业的权益，但是由于这些投资活动范围从民营企业融资、上市公司的杠杆收购、不良债务投资，到对公众的公共基础设施项目融资，投资人需要有丰富的经验和知识，市场上有限的信息更是令人摸不着头脑。另外，动辄数百万的投资门槛更是令普通投资者难以企及。

私募股权基金的风险收益特征也与上市公司股票有显著不同，风险远高于股票，这是因为年轻的企业失败率是很高的。它们通常是高杠杆，自有资金可能只有25~40%，其余则来自于抵押贷款。

私募股权投资一般都是流动性高度不足的，投资者必须准备能够承受7~10年的封闭期，即使在二级市场上可以交易，但交易折价非常高。私募股权基金通常具有较高的预期回报率，这主要作为这类投资的风险及流动性不足的补偿。

我们中的大多数人选择投资某项资产的原因，常常只是因为它是银行客户经理推荐的产品，而与资产的金融特性无关。当我们由投资股票转为投资黄金期货时，我们往往并没有仔细思考，我们为什么要买入某种资产而放弃其他资产。在与客户交流中，我们发现，他们并不关心某种金融产品是否适合他们，他们只想实现资产的快速增值，想要换一所更大的公寓，送子女去国外最好的学校。

在你财富配置的过程中，你有收益目标，有风险承受限度，还有流动性的要求，银行客户经理向你推荐的一款理财产品的高收益也许很诱惑你，但由于你最近考虑送子女出国留学，它的期限并不适合你。选择投资产品之前，你要先了解这些产品如何能够帮你实现目标。以下问题可以帮助你找到答案：

(1)哪些资产能帮你实现高收益；

(2)你是否能够承担这些资产的风险；

(3)你最近急需用一笔钱,你的资产能否及时变现；

(4)与传统的股票债券相比,哪些产品的投资风格表现迥异；

(5)这种资产能否帮你抵御通货膨胀；

(6)你要投资这种金融产品,最少要有多少钱；

(7)你在投资中需要多少专业知识；

(8)你需要通过哪些途径获取必要的投资信息和建议。

下面，让我们来看一下财富配置团队的队员们。每个队员都有独特的强项和弱项。每种资产都有一些特质帮我们实现财富配置目标。对于每一种特定的资产，你可以从8个特征考虑它们，这些特征显示在下图中：

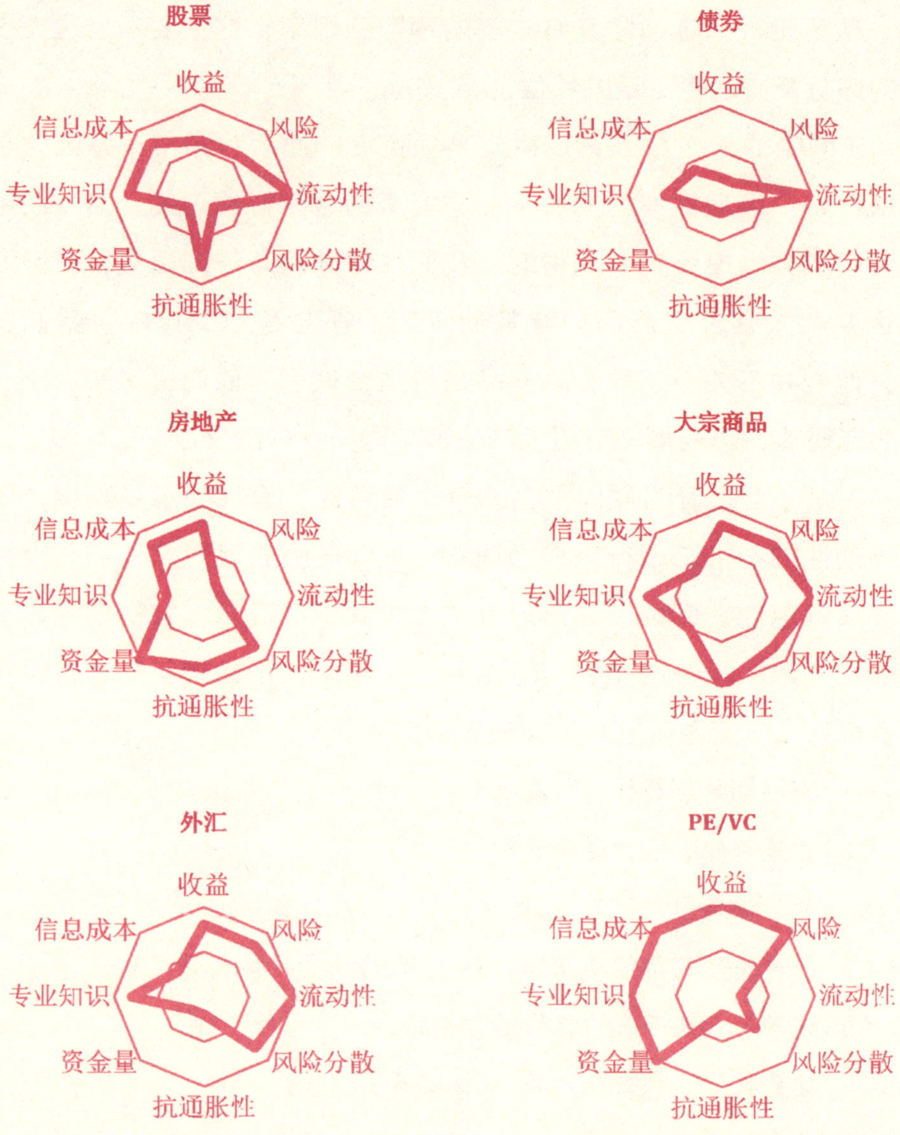

收益性：房地产投资包括可观的租金收入和增值收入。私募股权基金的高预期回报率通常是作为这类投资的风险及流动性不足的补偿。

风险性：相对于股票波动率，房地产的风险较低。私募股权投资风险高于上市股票，这主要因为年轻企业的失败率是很高的。商品期货、外汇和私募股权基金大都是杠杆交易，进一步增加了风险。

流动性：是指一位投资者在有限的时间段内，能否轻易地进入或退出一项投资，买入或卖出某项资产，而不会引起价格的明显上升和下降。另类投资产品的流动性通常较低，其中房地产缺乏流动性，私募股权投资更是高度流动性不足，投资者常常需要7~10年的锁定期。

风险分散：反映这种资产与传统的股票和债券的相关性。另类投资产品对已有的股票和债券投资组合，能起到很好的风险分散作用，其中大宗商品的相关性往往很低，房地产历来被看作是一个重要的风险分散产品。

抵御通货膨胀：除了传统的股票，房地产和大宗商品都具有良好的抗通胀性，这主要是由于通货膨胀指数的计算一部分由这些产品的价格变化构成。

资金量：房地产和私募股权基金，动辄数百万的投资门槛和相对较高的交易成本，常常令资产不多的年轻人不可企及，而股票和债券型基金可能是他们更好的选择。

专业知识：有的人喜欢自己装修房子，尽管他们请得起专业装修人士，但他们热衷于翻阅装修杂志，考察建材商店，亲自设计自己的房屋。另类投资产品通常需要构建复杂的投资组合，投资策略和配置策略也各不相同。其中，大多数私募股权基金管理人都有丰富的经验和知识。

信息成本：掌握专业知识对聪明的你来说也许并不难，但如何获取必要的投资信息，很可能成为你投资成功的绊脚石。比如你最近听说电子和医药行业的股票涨势迅猛，于是想了解一下这类公司，你可能会向你很好的业内朋友请教，也可能上股吧去看看，消息网上搜搜新闻，但你一定不会像专业机构那样，与上市公司证券事务代表面对面地洽谈。另类投资产品信息通常高度不公开，对产品的了解信息成本相当高，即使是一家大型养老金在选择私募基金产品时，通常也要花费3个月左右的时间。

现在让我们看一看，如何让这些特征各异的资产在你的财富配置中为你的投资目标服务。许多投资者有一个共同的目标就是为子女将来的教育和住房筹集资金。假设30岁老王有一个3岁的女儿和一个2岁的儿子，在他们出国留学前有着充分的时间。在这15年左右的投资周期中，老王可能会经历好几个经济周期。抵御通货膨胀是老王投资的首要目标，流动性在这里不是问题，因此老王可以考虑一些流动性差，但回报率高的资产种类，房地产和私募股权基金也许是不错的选择。当然老王也可以选择持有一些美股和港股，这会令他的投资组合抗风险能力更强。

但假设25年后，老王已经55岁，到了临近退休的年龄，儿子和女儿也已经到了结婚买房的年龄，流动性就显得尤为重要，而且将要退休的老王也经不起资产价格的巨大波动，在这种情况下，他要避免持有那些流动性较差的资产，私募股权基金可能就不是那么好的选择了，短期债券和大盘蓝筹股又可能是不错的选择。

不论你的投资目标是什么，你都可以从收益、风险、流动性等一系列角度入手，挑选出专门为你目标服务的资产种类。通过把为每一个目标服务的资产组合起来，构造出一套只属于你的资产组合，它将指引你通向最终的投资目标。

你还要知道，无论是股票、债券、外汇、房地产，还是大宗商品，你通常很少自己去直接购买，而是通过理财市场上已有的金融产品参与它们的投资，这些理财产品就好像链接你和这些产品的

"媒介"，当你光顾银行、证券营业部时，客户经理会不厌其烦地向你推荐这些"媒介"，包括公募基金、银行理财产品、信托、阳光私募基金等。下面的章节将逐一带你认识这些"媒介"。

第四章 公募基金（上）——股票型基金

关键词：结构性行情、中小板、创业板、创新

2013年A股整体呈现出震荡格局，但结构性行情则充分演绎；

中小板、创业板指数则表现强势。

1.基金是什么

介绍股票型基金之前，你先要知道基金是什么。假设你有一笔钱想要投资增值，但自己却既没有专业知识，也没有时间精力，而且钱也不算多，你就会想到与其他10个人合伙一起出资，雇一个投资高手，操作大家集合的资产进行投资增值。但这里面，如果10多个投资人都与投资高手随时交涉，就会乱套，于是就推举其中一个最懂行的牵头办这事。定期从大伙合出的资产中按一定比例提成给他，由他代为付给投资高手劳务费报酬。当然，他自己牵头出力张罗大大小小的事，包括挨家跑腿，有关风险的事向高手随时提醒着点，定期向大伙公布投资盈亏情况等等，不可白忙，提成中的钱也有他的劳务费。上面这些事就叫做合伙投资，将这种合伙投资的模式扩大100倍、1000倍，就是基金。这种民间私下合伙投资的活动如果在出资人间建立了完备的契约合同，就是私募基金。如果这种合伙投资的活动经过国家证券行业管理部门（中国证券监督管理委员会）的审批，允许这项活动的牵头操作人向社会公开募集吸收投资者加入合伙出资，这就是发行公募基金，也就是大家常见的基金。

基金是指为了某种目的而设立的具有一定数量的资金，包括证券投资基金、信托投资基金、公积金、保险基金、退休基金，各种基金会的基金等。而对于我们普通投资者而言，接触最多的就是证券投资基金。证券投资基金是一种利益共享风险共担的集合投资方式，即通过发行基金单位，集中投资者手中的资金，由基金托管人托管，由基金管理人管理和运用资金，以获得投资收益和资本增值的投资方式。投资基金在不同国家和地区称谓有所不同，美国称为“共同基金”或“互惠基金”(mutual funds),英国和中国香港称为“单位”信托基金，日本和中国台湾称为“证券投资信托基金”。

证券投资基金作为社会化的理财工具，起源于英国。1868年，当时的英国经过第一次产业革命之后，工商业发展速度快，殖民地和贸易遍及世界各地，社会和个人财富迅速增长。由于国内资金积累过多，投资成本日渐升高，于是，许多商人便将私人财产和资金纷纷转移到劳动力价格低廉的海外市场进行投资，以谋求资本的最大增值。但由于投资者缺乏国际投资知识，对海外的投资环境缺乏应有的了解，加上地域限制和语言不通，无力自行管理。在经历了投资失败、被欺诈等惨痛教训之后，人们便萌发了集合众多投资者的资金，委托专人经营和管理的想法，并得到了英国政府的支持。

因此，1868年英国成立的“海外及殖民地政府信托基金”(The Foreign And Colonial Government Trust)组织在美国《泰晤士报》刊登招股说明书，公开向社会个人发售认股凭证，这是公认的设立最早的投资基金。该基金以分散投资于国外殖民地的公司债为主。其投资地区远及南北美洲、中东、东南亚和意大利、葡萄牙、西班牙等国，投资总额 48万英镑。该基金与股票类似，不能退股，亦不能将基金单位兑现，认购者的权益仅限于分红和派息两项。因为其在许多方面为现代基金的产生奠定了基础，金融史学家将其视为证券投资基金的雏形。另一位投资信托的先驱者是苏格兰人罗伯特·佛莱明，1873年，佛莱明创立了“苏格兰美国投资信托”，开始计划代替中小投资者办理新大陆的铁路投资。

1879年英国股份有限公司法公布，投资基金脱离了原来的契约形态，发展成为股份有限公司式的组织形式。证券投资基金的初创阶段，主要投资于海外实业和债券，在类型上主要是封闭式基金。

投资基金始于英国，发展于美国。按照基金市场的演进，美国基金产业大体上经历了三个历史阶段：1940年以前、1940~1970年、1970年至今。这几个大的阶段与《投资公司法》和1970的《投资公司法》修正案相吻合。这三个阶段的两个转折点可以看作为封闭式基金为主导向开发式基金为主导的转变和货币市场基金的产生。

1940年以前是基金产业的初期，这段时期内投资公司规模小，行业特征不明显，各个投资公司之间差异性很大，一般都是基于特定目的而设立的，并不是为投资者提供一个分散的投资组合。这一阶段的基金组织形式以封闭式基金为绝对主流，同时这一阶段制定了《投资公司法》，为后来投资基金的快速健康发展奠定了良好的法律基础。

1940~1970年间是基金的成长期，共同基金登台上场，基金资产规模和基金数量迅速增长，这一期间绝对多数基金为股票基金，但是也有少量的债券基金。

1970 年至今是基金的成熟期。这一时期基金的品种丰富了起来，整个产业的基础结构发生了变化，债券和收入基金加入了分流的行列。特别是 1974 年推出的新基金品种——货币市场基金 MMFs，其产生是基金行业的一个重大创新。在 1999 年底，美国共同基金在资产规模上一举取代了商业银行，而成为美国金融市场上第一大金融中介，截至 2012 年底，美国共同基金总资产达到 13 万亿的规模。

图1：美国共同基金规模及其占GDP比重走势

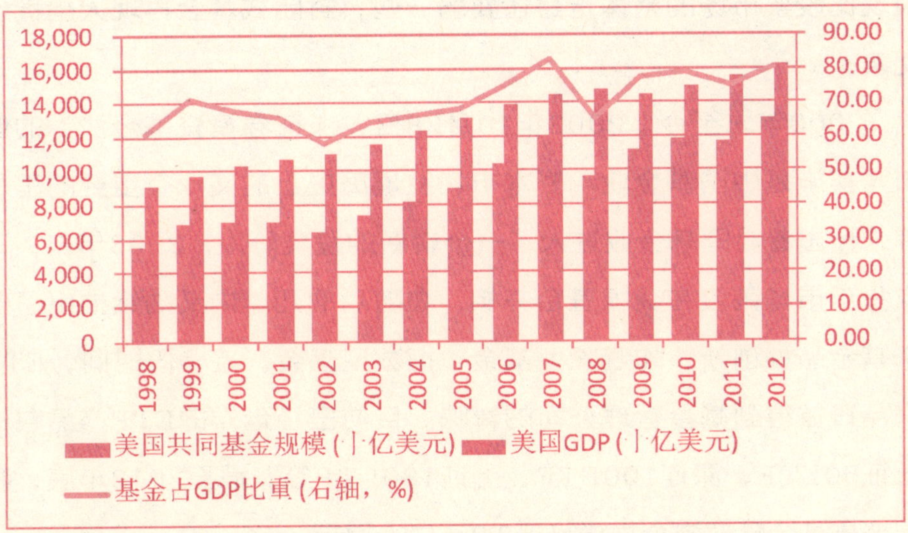

来源：东方证券股份有限公司，Wind资讯

中国基金产业还处于发展初期，类似于美国1940 年前的情况。可分为四个阶段：

1985~1990 年，中国国内金融机构与海外机构合作推出面向海外投资者的“中国投资基金”。海外中国基金的引入在一定意义上刺激了中国国内基金业的发展。

1991~1997 年，1991 年10 月我国最初的一批老基金“武汉证券投资基金”和“深圳南山风险投资基金”宣告成立开始。这一时期大部分基金是由地方银行和地方政府批准设立的。这一时期基金发展十分火热，但是由于缺乏相关的规范和法律约束，出现了许多问题。

1997年末至2003年末。1997年11月14日，国务院颁布了《证券投资基金管理暂行办法》，标志着我国基金业从此进入了一个规范化发展时期。1998年3月基金金泰、基金开元的发行，成为我国真正意义上的证券投资基金的起步。截至2002年底，开放式基金已猛增到17只。但问题也同时暴露出来，2002年封闭式基金二级市场表现比股票市场的整体走势还要弱一些，封闭式基金再现大幅折价现象。

2003年末至今。2003年10月28日，《证券投资基金法》的颁布与实施是中国基金业和资本市场发展历史上的又一个重要的里程碑，标志着我国基金业进入了一个崭新的发展阶段。2003年末，三支货币市场基金在我国登台亮相，在随后的几年内又陆续推出了多个基金品种创新，如避险型基金、指数型基金。近一段时间，ETF产品日益得到基金管理公司的青睐。目前已经运作的ETF产品包括上证50ETF、深证100ETF、上证180ETF等。截至2012年底，我国公募基金管理资金规模接近2.8万亿人民币。

图2：我国公募基金规模及其占GDP比重走势

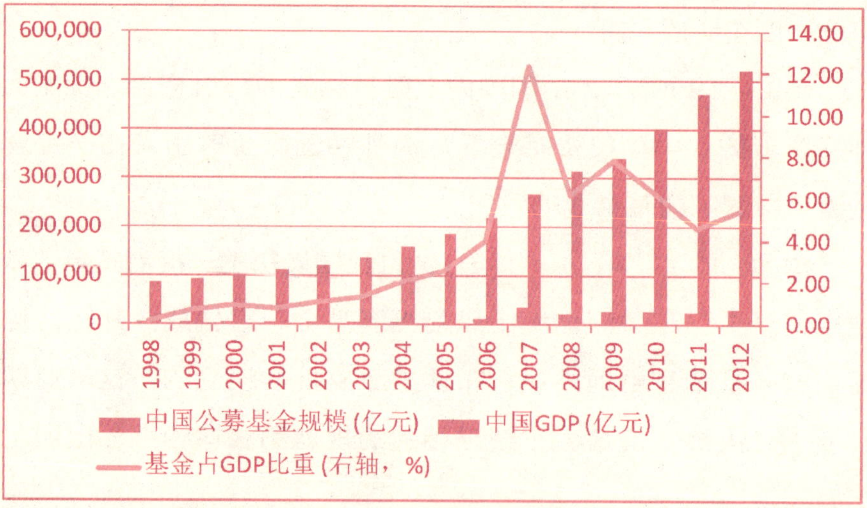

来源：东方证券股份有限公司，Wind资讯

2.公募基金的特点

（1）专家理财

理财是人们当代生活不可或缺的重要组成部分。为了抵御通货膨胀，使金融资产保值增值，应该和必须进行投资理财。但是作为普通散户，既缺乏足够的理财知识，也没有那么多的时间和精力去打理。投资基金就是花少量的费用，由基金公司的专家为你投资股票、债券和其他金融市场上可以投资的工具。

基金公司拥有一批既有较高学历、又有丰富投资经验的专家。他们具有敏锐的观察力和分析判断能力，能及时掌握大量的信息资料，能对金融市场上各种品种的价格变动趋势作出比较正确的预测，最大限度地避免投资决策的失误，提高投资成功率。对于那些没有时间，或者对市场不太熟悉，不可能专门研究投资决策的中小投资者而言，投资于基金，实际上就可以获得专家们在市场信息、投资经验、金融知识和操作技术等方面所拥有的优势，从而尽可能地避免盲目投资带来的损失。原全国人大常委会副委员长、著名经济学家成思危曾说："基金作为专家理财的机构投资者，行为比较理性，防范风险的能力也相对较强，有利于市场的稳定发展；另一方面，通过基金可以吸引更多的人进入资本市场。散户通过购买基金，把钱交给基金管理人去替他运作，基金发挥出专家理财的优势，既可以减少散户的成本，又可以避免较大的风险。"因此，由基金公司的专家代为理财，在股市下跌时可以赔得少些，而在股市上涨时可以赚得多些。

（2）集合投资

基金是这样一种投资方式：它将零散的资金巧妙地汇集起来，交给专业机构投资于各种金融工具，以谋取资产的增值。基金对投资的最低限额要求不高，投资者可以根据自己的经济能力决定购买数量，有些基金甚至不限制投资额大小，完全按份额计算收益的分配，因此，基金可以最广泛地吸收社会闲散资金，集腋成裘，汇成规模巨大的投资资金。在参与证券投资时，资本越雄厚，优势越明显，而且可能享有大额投资在降低成本上的相对优势，从而获得规模效益的好处。

股市中有所谓“庄家”，就是那些持有巨资的机构或大户，具有直接或间接操纵市场的能力。庄家通过各种手段盈利，给某些中小投资者造成损失。个人可用于投资理财的资金有限，金额较小，相对于资金雄厚的机构投资者和腰缠万贯的大户，处于弱势地位，往往容易受到伤害。基金投资进入门槛低，只要1000元就可购买，但是集中大量中小投资者的资金，基金公司在投资活动中就处于强势地位。

（3）分散风险

以科学的投资组合降低风险，提高收益，是基金的另一大特点。在投资活动中，风险和收益总是并存的，因此，“不能将所有的鸡蛋都放在一个篮子里”，也是证券投资的箴言。但是，要实现投资资产的多样化，需要一定的资金实力。对小额投资者而言，由于资金有限，很难做到这一点，而基金则可以帮助中小投资者解决这个困难。基金可以凭借其雄厚的资金，在法律规定的投资范围内进行科学的组合，分散投资于多种证券，借助于资金庞大和投资者众多的公有制，使每个投资者面临的投资风险变小；另一方面又利用不同的投资对象之间的互补性，达到分散投资风险的目的。如我国最近颁布的《证券投资基金管理暂行办法》规定，1 个基金持有 1 家上市公司的股票，不得超过该基金资产净值的 10％。换言之，如果某基金将其 80％的资产净值投资于股票的话，它至少应购买 8 家公司的股票。

（4）操作便利

相对于房地产、收藏品等其他投资方式而言，投资基金非常容易变现。对开放式基金而言。投资者既可以向基金管理公司直接购买或赎回基金，也可以通过证券公司等代理销售机构购买或赎回，或委托投资顾问机构代为买入。同时，随着基金业的发展，现在的基金品种已经多种多样，不同基金品种各有特点，可以满足不同风险偏好投资者的投资需求。例如希望获得稳定增值并具有长期投资能力的投资者，可以选择债券型基金，而风险承受能力较强的投资者，则可以投资偏股型基金。

3.公募基金产品大观

基金根据投资对象的不同，可分为股票基金、债券基金、货币市场基金、混合基金等。所谓股票型基金，是指60%以上的基金资产投资于股票的基金。目前我国市面上除股票型基金外，还有债券基金与货币市场基金。债券基金是指80%以上的基金资产投资于债券的基金，在国内，投资对象主要是国债、金融债和企业债。货币市场基金是指仅投资于货币市场工具的基金。该基金资产主要投资于短期货币工具，如国库券、商业票据、银行定期存单、政府短期债券、企业债券、同业存款等短期有价证券。这三种基金的收益率从高到低依次为：股票型基金、债券基金、货币市场基金。但从风险系数看，股票型基金远高于其他两种基金。

下面我们主要讨论股票型基金。

股票基金可以分为主动投资股票基金和被动投资股票基金。主动投资股票基金根据投资风格不同，可以分为成长型基金、价值型基金和平衡型基金。成长型基金以资本长期增值为投资目标，其投资对象主要是市场中有较大升值潜力的小公司股票和一些新兴行业的股票。价值型基金是指以追求稳定的经常性收入为基本目标的基金，多投资于公用事业、金融、工业原材料等较稳定的行业。平衡型基金则是处于价值型和成长型之间的基金，在投资策略上一部分投资于股价被低估的股票，一部分投资于处于成长型行业上市公司的股票。而被动投资股票基金主要是指指数型基金。下面我们详细讨论这四种基金。

表1：基金产品分类及其风险收益特征

大类	类型	特点	风险收益特征	适合人群
主动管理基金	成长型基金	以追求资产的长期增值和盈利为基本目标，投资于具有良好增长潜力的上市公司股票或其他证券。	风险大、收益高	风险承受能力高的青年人
	价值型基金	以追求当期高收入为基本目标，以能带来稳定收入的证券为主要投资对象。	风险小、收益低	风险承受能力低的中老年人
	平衡型基金	以保障资本安全、当期收益分配、资本和收益的长期成长等为基本目标，在投资组合中比较注重长短期收益、风险搭配。	风险收益适中	风险承受能力适中的青中年人
被动管理基金	指数型基金	以拟合目标指数、跟踪目标指数变化为原则，以指数成份股为投资对象	复制指数的风险收益	适合于有效性强的市场

来源：东方证券股份有限公司，Wind资讯

成长型基金

成长型基金以资本长期增值为投资目标。成长型基金在选择股票的时候，对股票的价格考虑得较少，多投资产业处于成长期的公司。在具体选股时，更青睐投资具有成长潜力如网络科技、生物制药和新能源材料类上市公司。成长型基金又分为积极成长型和稳定成长型两种。积极成长型基金追求资本长期增值，但在目标选择上更偏好规模较小的成长型企业，风险高收益大。而稳定成长型则一般不从事投机活动，追求的是资本长期增值，以稳定持续的长期增长为目标。在当前中国股票基金市场中，成长型基金数量为223只，占全部主动管理型股票基金数量的37.4%，典型的成长型基金有南方稳健成长、华夏成长等基金。

成长型基金往往有很强的投机性，其风险和收益都比较高，适

合风险承受能力较高的投资者。为达成最大限度的增值目标，成长型基金通常很少分红，而是经常将投资所得的股息、红利和盈利进行再投资，以实现资本增值。投资于成长型股票的基金，期望其所投资公司的长期盈利潜力超过市场预期，这种超额收益可能来自于产品创新、市场份额的扩大或者其他原因导致的公司收入及利润增长。总而言之，成长型公司被认为具有比市场平均水平更高的增长速度。

成长型基金一般有如下特点：

第一，选股注重上市公司的成长性。上市公司的成长性既可以表现为上市公司所处行业发展前景好，属朝阳行业，行业利润率远远高于其他行业的平均水平，该行业在财政税收方面享受优惠或在其他方面受到国家政策的倾斜；也可以表现为上市公司主营业务具有突出的市场地位，抑或是由于兼并收购等资产重组行为导致企业基本面发生重大变化，企业经营状况发生实质性改善，从而实现上市公司的快速成长。当前具有较高成长性的行业非高科技板块和生物医药板块莫属，所以成长型投资基金在选股时也较为青睐上述两个板块的股票。

第二，持股相对比较集中。成长型投资基金在进行分散风险，组合投资的同时，对某些重点看好的股票也保持了较高的持仓比例。这一点泰达宏利效率优选和华商动态阿尔法表现最为突出。从重仓持有的前十名股票占基金资产净值的总比例看，泰达宏利效率优选2012年底为64%，华商动态阿尔法为63%，表现出持股的相对集中。

第三，收益波动两极分化。从理论上讲，成长型投资基金在获得较高收益的同时，也承担了较高的风险。一般来说，随着市场行情的上涨和下跌，成长型投资基金收益波动性比较大。从单位净值变化上看，部分成立时间较短的成长型投资基金，净值变化幅度较大，但是那些老牌绩优的成长型投资基金却能在强势中实现净值较快增长，弱势中表现出较强的抗跌性。

成长型股票基金致力于通过挖掘具有良好成长性和投资价值的上市公司，从而给投资者带来高额回报。因此，成长型股票基金取得优秀业绩的前提，是市场上存在兼具成长性和投资价值的股票，而目前中国经济的发展和证券市场环境的不断改善使得这一前提得以实现。

中国经济的持续增长为成长型股票的不断涌现奠定基石。首先是产业结构升级和消费结构升级所带来的结构性增长，其次是中国城乡二元经济结构的存在将继续推动城市化进程，再次是中国经济全面融入世界经济体系，分享世界经济强劲增长的成果。

价值型基金

价值型基金是指以追求稳定的经常性收入为基本目标的基金，多投资于公用事业、金融、工业原材料等较稳定的行业。该类基金以价值增长类股票为主构造投资组合，在实际运作中更注重风险控制，追求资产的稳定增值。价值型基金的投资理念是股票的价格在一段时间内可能会与该股票的内在价值相偏离，但从长期来看，股票价格一定会向其内在的价值回归，并趋于一致。因此，价值型基金的投资风格是买入目前价格较内在价值相比显得较低的股票，预期股票价格会重返应有的合理水平。目前国内市场上的指数型基金都是价值型基金，中国股票基金市场中，价值型基金数量为61只，典型的价值型基金有建信恒稳价值、鹏华价值优势等基金。

与成长型基金相比，价值型基金投资风险较低。该类基金主要选择商业模式比较成熟稳定、现金流动波动较小、红利发放率较高的公司。该类公司股票的价格一般具有较低的市盈率和市净率，波动不大，抗跌性强。在市场下跌时，该类基金经常能起到稳定市场的作用，但在牛市时，其收益相比成长型基金要低。

价值型基金一般有如下特点：

第一，价值投资的市场表现呈现稳健态势。价值型基金崇尚价值投资理论，要求投资者的行为必须比较稳健而不能冒进。因为企业未来现金流的确定具有相当大的不确定性，这样就使得价值投资最主要的应用领域在传统产业。实际上，以价值投资著称的投资大师巴菲特，就主要投资于自己熟悉的传统产业股票。

第二，价值型基金以较低水平的市盈率和市净率为标准选择股票。美国著名的基金评估公司Morningstar公司和Lipper公司按照市盈率和市净率两个指标，将股票基金分为成长型、平衡型、价值型三类，而区分这三类基金的主要指标就是基金持股组合的市盈率、市净率和市场平均比率的比值，即价值型基金持有股票的市盈率和市净率水平，要低于市场的平均水平，而成长型基金持有股票的市盈率和市净率水平，要高于市场平均水平。

投资机会：

目前宏观经济增速仍在进一步放缓，导致上市公司业绩有进一步下滑的可能，未来A股大环境依然不乐观。价值型基金抗跌性强，安全边际较高，而且股票市场经过三年下跌，很多股票的估值已经很便宜，蕴藏着很好的投资机会。投资者可以购买此类基金长期投资。具体到行业，金融、地产、家电、汽车等行业的龙头型企业竞争地位、市场地位已经确定，呈现出增长较快的态势。

平衡型基金

平衡型基金则是处于价值型和成长型之间的基金，在投资策略上一部分投资于股价被低估的股票，一部分投资于处于成长型行业上市公司的股票。因此，在三类基金中，平衡型基金的风险和收益介于上述两者之间，适合大多数投资者。在国内股票基金市场中，平衡型基金数量最多，截至2012年底，平衡型基金数量达到312只，占全部主动管理型股票基金数量的52.6%。典型的平衡型基金有招商安泰平衡型基金、申万菱信盛利精选平衡型基金等。

从海外长期市场表现看，在亚洲各类共同基金中，平衡型基金在过去10年间的总回报远超过了包括股票基金在内的其他类型的基金，这证明了平衡型基金在波动行情中的平稳投资能力。因此，对于风险承受能力较低的投资者而言，可将平衡型基金作为波动市场中重点关注的基金品种。

指数型基金

指数基金，顾名思义就是以指数成份股为投资对象的基金，即通过购买一部分或全部的某指数所包含的股票，来构建指数基金的投资组合，目的就是使这个投资组合的变动趋势与该指数相一致，以取得与指数大致相同的收益率。指数型基金是指基金的操作按所选定指数（例如沪深300指数，中证500指数，中小板指数等）的成份股在指数所占的比重，选择同样的资产配置模式投资，以获取和大盘同步的获利。截至2013年6月底，我国市场上有217只指数型基金（包含ETF联接基金），典型的指数型基金有华夏沪深300ETF、国泰沪深300等基金。

指数基金的风险收益特征完全复制标的指数的风险收益状况，指数基金运作的核心是通过被动地跟踪指数，在充分分散个股风险的同时，获取市场的平均收益。不同的指数基金具有不同的收益与风险预期，因此也要选择不同的标的指数来满足基金投资的需求，既可以选择反映全市场的指数作为跟踪目标，以获取市场的平均收益；也可以选择某一特定类型的指数（如大盘股指数、成长型指数等）作为跟踪目标，在承担相应风险的前提下获取相应的投资回报。

指数型基金一般有如下特点：

第一，费用低廉。这是指数基金最突出的优势。费用主要包括管理费用、交易成本和销售费用三个方面。管理费用是指基金经理人进行投资管理所产生的成本；交易成本是指在买卖证券时发生的经纪人佣金等交易费用。由于指数基金采取持有策略，不用经常换股，这些费用远远低于积极管理的基金，这个差异有时达到了1%~3%，虽然从绝对额上看这是一个很小的数字，但是由于复利效应的存在，在一个较长的时期里累积的结果，将对基金收益产生巨大影响。

第二，分散和防范风险。一方面，由于指数基金广泛地分散投资，任何单个股票的波动都不会对指数基金的整体表现构成影响，从而分散风险；另一个方面，由于指数基金所关注的指数一般都具有较长的历史可以追踪，因此，在一定程度上指数基金的风险是可以预测的。

第三，延迟纳税。由于指数基金采取了一种购买并持有的策略，所持有股票的换手率很低，只有当一个股票从指数中剔除的时候，或者投资者要求赎回投资的时候，指数基金才会出售持有的股票，实现部分资本利得，这样，每年所交纳的资本利得税（在美国等发达国家中，资本利得属于所得纳税的范围）很少，再加上复利效应，延迟纳税会给投资者带来很多好处，尤其在累积多年以后，这种效应就会愈加突出。

第四，监控较少。由于运作指数基金不用进行主动的投资决策，所以基金管理人基本上不需要对基金的表现进行监控。指数基金管理人的主要任务是监控对应指数的变化，以保证指数基金的组合构成与之相适应。

4.如何选择公募基金产品

（1）选择基金的类型

投资目标因基金的不同而互异，投资者应衡量个人目标和基金的投资目标和资金的投向是否大致上吻合。

对于稳健型投资者来说，在选择基金时，更关注的是本金的安全性，希望在锁定风险的同时，获得长期稳定的收益。因此这类投资者可选择价值型基金，可重点关注以下三种投资风格的基金：

1)重点投资高股息品种的基金，或者本身热衷于分红的基金。投资这一类型的基金不仅可以把握资本利得机会，同时可以获得稳定的股息收入。投资者在选择这一类型的基金时，可以重点观察基金招募说明书中对分配原则的规定，特别是看基金分配的比例。

2)秉承价值投资理念的基金。目前，我国证券市场仍有很多价值被低估的优质股，市场仍将以价值投资为主导，投资者可重点关注秉承价值投资理念的基金。它们主要投资于内在价值被低估的上市公司的股票，或与同类型上市公司相比具有更高相对价值的上市公司股票，通过对投资组合的动态调整来分散和控制风险，在注重基金资产安全的前提下，追求基金资产的长期稳定增值。

3)指数型基金。该类型的基金是一种以拟合目标指数、跟踪目标指数变化为原则，实现与市场同步成长的基金品种。指数基金的投资采取拟合目标指数收益率的投资策略，分散投资于目标指数的成份股，力求股票组合的收益率拟合该目标指数所代表的资本市场的平均收益率。在目前股市正常甚至向好的前提下，投资指数型基金风险较小，可获得市场的平均收益率。

对于积极成长型投资者来说，风险偏好和风险承受能力都较强，投资基金时希望在承担较大风险的情况下，获取较高的超额收益。因此这类投资者可选择成长型基金或者平衡型基金，可重点关注以下投资风格的基金：

1)投资具有高成长性的小市值公司股票的基金。虽然这一类型的基金风险较大，但是由于所投资的公司具有高成长性，投资者在承担风险的同时，还可能追求超额回报。

2）ETF指数型基金或LOF基金。投资这一类型的基金不仅能够获得净值增长带来的收益，还能利用基金自身所特有的套利机制，在场内和场外进行套利；当基金净值高于场内交易价格时，可以在交易所买进该基金，同时在场外进行赎回，获得套利收益。

（2）选择基金公司

投资者在选择具体基金前，应首先选择一个适合自己的基金公司。投资者在选择基金公司时，应从以下几个方面进行分析：

1）基金公司的业绩。基金公司业绩的好坏是投资者选择基金公司的重要因素。对于投资者来说，获利的根本保证是基金业绩表现良好，而表现好的基金公司通常有良好的专业判断能力，这样才能在不断的投资过程中给投资者赚钱。

2）基金公司的组织结构。组织结构的合理性对于一个基金公司非常重要。对于专业的资产管理来说，任何一个环节出问题都可能会带来很大的风险，分工明确，各部门间顺畅地运作，以及一定的制衡机制等，都是评价一个组织结构是否合理的标准。有的公司组织结构严密，设有专门的投资决策委员会，层次分明，个人失误的可能性减少，但也因每遇到重要决策，均需逐级请示批准，结果在激烈的竞争中处于劣势。而有些公司组织结构简单，反而灵活易变，但也很容易因个人失误导致整个决策的失败。

3）基金公司的持续经营能力。基金是一种中长期的投资，因此选择基金公司时，也应着眼于基金公司的持续经营能力的高低，要将考察基金公司业绩的期限拉长到3~5年，不仅要看其在牛市中的表现是否良好，还要看其在熊市中的表现，综合分析该基金公司的投资价值。

4）基金公司的投研团队特别是基金经理的水平。基金公司研究人员的数量、经验、稳定性，以及专业知识结构，都将决定公司整体的研究水平，是相当重要的指标。而基金经理是直接进行资产管理和投资决策环节中最重要的一员，基金经理的从业经历、选股哲学、稳定性，都会影响基金的绩效。建议投资者先了解该基金经理的基本数据与资历，多了解一下基金经理的风格和过往业绩，以及将该公司旗下其他基金的运作业绩作为参考。

表2：前20大公募基金公司

基金公司	2013年12月31日			
	基金数量(亿份)	份额合计(亿份)	资产合计(亿元)	资产规模排名
华夏基金管理有限公司	44	2,143.58	2277.79	1/78
天弘基金管理有限公司	14	1,963.14	1943.62	2/78
嘉实基金管理有限公司	56	1,814.51	1695.75	3/78
易方达基金管理有限公司	55	1,681.80	1500.98	4/78
南方基金管理有限公司	46	1,594.39	1451.99	5/78
中银基金管理有限公司	34	1,225.34	1217.09	6/78
广发基金管理有限公司	45	1,223.10	1196.52	7/78
工银瑞信基金管理有限公司	42	1,302.34	1094.61	8/78
博时基金管理有限公司	47	1,217.99	1042.41	9/78
华安基金管理有限公司	47	863.10	827.94	10/78
上投摩根基金管理有限公司	29	825.16	822.12	11/78
大成基金管理有限公司	40	1,018.38	818.31	12/78
汇添富基金管理股份有限公司	45	824.01	802.87	13/78
建信基金管理有限公司	38	766.95	725.12	14/78
银华基金管理有限公司	35	722.21	707.14	15/78
富国基金管理有限公司	42	709.29	703.81	16/78
景顺长城基金管理有限公司	30	559.70	613.79	17/78
鹏华基金管理有限公司	46	646.57	610.30	18/78
招商基金管理有限公司	35	586.59	542.02	19/78
交银施罗德基金管理有限公司	31	464.46	467.32	20/78

来源：东方证券股份有限公司，Wind资讯

（3）选择基金经理

我们可以把钱交给基金经理打理，就是因为相信基金经理的炒

股能力能够超过我们普通投资者。因此，投资基金也需要精挑细选，而基金经理就成为我们筛选基金的重要标准。

1）基金经理的投资经历。我们需要关注基金经理从事投资的时间长短、历史业绩是否稳健，以及对待风险的态度。虽然基金经理的投资方法各有千秋，但长期能够取得良好业绩的原则却是不变的。在国内，基金经理通常会经历研究员的工作阶段，由一个优秀的研究员过渡到优秀的基金经理，仍然需要一段相当的路程。因此，在关注基金经理的工作履历时，要更加关注从事投资实践的经历。

2）构建组合的投资方法。虽然不同的基金投资策略在一定程度上受限于基金契约的规定，例如指数投资或主动投资、持有股票的配置比例、投资股票的风格等有所侧重。不考虑大类资产配置灵活的基金，同类基金都是追求相对回报的，对行业及个股选择的空间也比较大，其投资策略主要体现在投资流程上，即证券选择和构建组合的流程上。还有一些基金采取主题投资策略，不同于大部分投资者熟悉的行业投资。当投资者关注行业时，后者所关心的是股票市场上的特定领域。虽然投资原则各不相同，但基金经理的最终落脚点是评估企业的价值、确定合理价值的范围，并在组合中给予一定的权重。

3）比较不同的管理风格。投资者可以从行业及个股的集中度、换手率等指标，了解基金管理风格的差异。有些基金经理的投资组合相对分散，而有些基金经理的投资组合相对集中，主要是对自己选择的品种比较有信心，并且通过重仓持有希望获得超越指数的业绩表现。对于换手率的高低，如果基金经理换仓相对频繁，其换手率也会相应提高。实际投资中，有些基金经理基于对风险的考虑，可能对大类资产配置进行积极的选择，其结果就是提高了组合的换手率，但有些基金经理将更多的精力放在精选个股上。无论坚持哪一种投资原则，基金经理总会发挥其最擅长的投资方式。

（4）选择入场时机

基金投资中有三点非常重要：购买哪种基金，何时买基金，何时赎回基金。如果能很好地把握这三点，相信在基金投资上会有丰厚的回报。其中购买哪种基金可以通过以上三步来解决，而何时买基金，何时赎回才是难点；同时只有买入基金，才会有赎回的问题，因此何时买基金或者说投资基金入场时机的把握，是非常重要的。下面是对股票型基金入场时机的建议。

1）关注经济面变化。股市是经济的晴雨表，经济面的变化对股市会有巨大影响，而且这种影响会提前反映，而股市的涨跌将决定基金的盈亏，因此投资基金前，一定要对中国经济及至世界经济状况有所了解。通常只有在经济连续增长的情况下，股市才会有好的表现，此时才是投资基金的好时机；反之若经济疲弱甚至衰退，股市将首先遭受打击，此时应该更多地选择观望。

2）明确投资周期。明确了经济状况，决定是否投资基金后，下一个要面临的问题是投资周期问题，简单而言就是持有基金时间长短的打算，这也往往决定基金投资时机，尤其是短线投资时机的问题。如果看好经济长期增长，决定做长线投资，那么对于入场时机就不会特别严格，只要经济大的背景没有发生变化，可以避开短线市场波动，追求长线的赢利。如果喜欢做短线，比如半年甚至几个月以内的投资，那么入场时机要求就比较严格，比如推测未来一段时间大盘将在2000~2800区间运行，那么理论上只有接近2000~2100区域才是比较好的买入时机，大盘接近2700~2800区域将是赎回时机，而2000~2800中间位置，比如2500~2600区域时应该尽量选择观望。基金投资明确投资周期很有必要，而且要在买入前做好计划，不要买入后因为短线的波动而随意更改。通常而言，基金投资不要太短线，尤其是做几个月投资，频繁地买入赎回只会增加手续费，应当鼓励大家做中线投资，当然前提是经济面没有大的不利的变化。

3）关注投资热点。中国的股市相对于国际市场，尤其是美国这样的成熟市场，仍不太完善。目前价值投资的理念并未深入人心，而更多的仍是主题投资，题材炒作。因此在基金的投资上，也要关注基金所倾向的领域，是否吻合当下投资热点，当然我们这里所说的投资热点不是题材的炒作，而是在价值合理下的主题投资。

5.主动管理型基金

主动管理型基金概况

股票型基金、偏股混合型基金、平衡混合型基金，通过基金经理主动管理获取收益，我们归类为主动偏股型基金，其中大部分是股票型基金。本节我们主要考虑开放式偏股型基金。自中国2001年发行第一只开放式基金以来，截至2013年6月30日，基金市场共发行537只偏股型基金，其中2009年1月1日之前发行的共有260只。考虑到运作时间过短将难以给出有效的业绩评价，我们以2009年1月1日之前发行的260只偏股型基金，作为业绩评价对象。

2009年以来，95%以上的基金都获得了正收益，其中复权单位净值增长率分布于5~10%的基金数量最多，占总体样本数的38.8%。样本基金中年化收益率最高的是华夏大盘精选，收益率为24.45%，年化收益率最低的是宝盈泛沿海增长，收益率为-4.71%，样本平均年化收益率为8.61%。

图3：偏股型基金中各类基金占比情况图、2009年以来基金复权单位净值增长分布

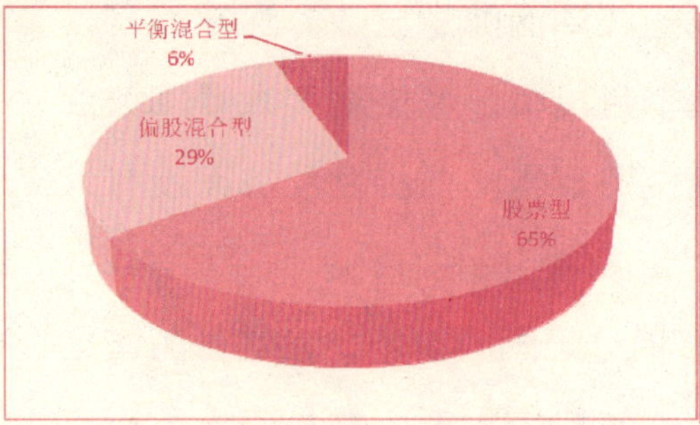

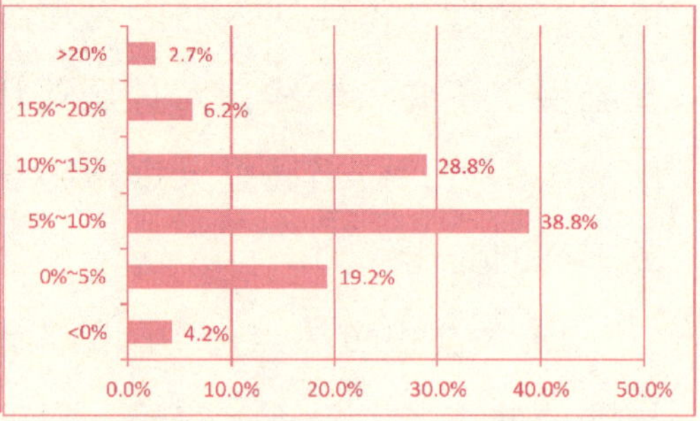

来源：东方证券股份有限公司，Wind资讯

基金收益分析

1）未经过风险调整收益

2009年以来的复权单位净值增长率排名靠前的前十支基金如下表，其中由程海泳管理的华夏大盘精选基金的复权单位净值增长率为24.45%，摘得第一宝座。当然，该基金在2012年5月4日之前都是由明星基金经理王亚伟操刀的，王亚伟在任期间获得了30.07%的年化收益率，应该说这支基金获得第一绝大部分应该归功于王亚伟。

表3:2009年以来主动管理型基金收益前十名

代码	基金名称	年化净值增长率（%）	基金经理	最新基金规模（亿元）	基金类型	基金成立日
000011.OF	华夏大盘精选	24.45	程海泳	36.67	偏股混合型基金	2004-08-11
260109.OF	景顺长城内需增长贰号	22.96	王鹏辉，杨鹏	50.92	普通股票型基金	2006-10-11
260104.OF	景顺长城内需增长	22.21	王鹏辉，杨鹏	33.22	普通股票型基金	2004-06-25
270008.OF	广发核心精选	21.80	朱纪刚	56.24	普通股票型基金	2008-07-16
519089.OF	新华优选成长	20.54	何潇，王卫东，李昱	32.27	普通股票型基金	2008-07-25
002031.OF	华夏策略精选	20.26	谭琦	14.38	偏股混合型基金	2008-10-23
630002.OF	华商盛世成长	20.12	刘宏	66.02	普通股票型基金	2008-09-23
660001.OF	农银汇理行业成长	19.60	曹剑飞	39.10	普通股票型基金	2008-08-04
340007.OF	兴全社会责任	19.10	傅鹏博	64.38	普通股票型基金	2008-04-30
020010.OF	国泰金牛创新成长	17.84	范迪钊	42.23	普通股票型基金	2007-05-18

来源：东方证券股份有限公司，Wind资讯

2）经风险调整收益

基金净值增长率只说明了基金的收益情况，没有反映基金面临

的风险。在这里我们引入三个经过风险调整后的收益指标，分别为Sharp比率，Jensen指数和下行风险。Sharp比率是指投资组合每承受一单位总风险，会产生多少的超额报酬。该比率越高，说明该基金相同风险条件下获得的收益越高，基金的“性价比”也就越高。经过我们的模型计算，2009年以来，主动管理型基金Sharp比率前十名如下表所示，由程海泳（2012年5月以前由王亚伟管理）管理的华夏大盘精选基金的Sharp比率最高。值得一提的是，另外一支同样由王亚伟（2012年5月以前）管理的华夏策略精选基金，其Sharp比率位列第二。

表4：2009年以来，主动管理型基金Sharp比率前十名

代码	基金名称	Sharp比率	基金经理	最新基金规模（亿元）	基金类型	年化净值增长率（%）	基金成立日
000011.OF	华夏大盘精选	0.1364	程海泳	36.67	偏股混合型基金	21.45	2004-08-11
002031.OF	华夏策略精选	0.1318	谭琦	14.38	偏股混合型基金	20.26	2008-10-23
260109.OF	景顺长城内需增长贰号	0.1217	王鹏辉，杨鹏	50.92	普通股票型基金	22.96	2006-10-11
260104.OF	景顺长城内需增长	0.1185	王鹏辉，杨鹏	33.22	普通股票型基金	22.21	2004-06-25
270008.OF	广发核心精选	0.1152	朱纪刚	56.24	普通股票型基金	21.80	2008-07-16
340007.OF	兴全社会责任	0.1146	傅鹏博	64.38	普通股票型基金	19.10	2008-04-30
519089.OF	新华优选成长	0.1132	何潇，王卫东，李昱	32.27	普通股票型基金	20.54	2008-07-25
630002.OF	华商盛世成长	0.1127	刘宏	66.02	普通股票型基金	20.12	2008-09-23
163801.OF	中银中国精选	0.1111	孙庆瑞	36.49	偏股混合型基金	17.34	2005-01-04
660001.OF	农银汇理行业成长	0.1085	曹剑飞	39.10	普通股票型基金	19.60	2008-08-04

来源：东方证券股份有限公司，Wind资讯

Jensen指数是指基金的实际收益超过它所承受风险对应的预期收益的部分，换句话说，就是实际收益与其“至少应该”获得的收益的差额，此差额部分就是与基金经理业绩直接相关的收益。下表列示的是2009年以来，主动管理型基金Jensen指数前十名，其中获得第一名的还是由程海泳（2012年5月以前由王亚伟管理）管理的华夏大盘精选基金。

表5：2009年以来主动管理型基金Jensen指数前十名

代码	基金名称	Jensen指数	基金经理	最新基金规模（亿元）	基金类型	年化净值增长率（%）	基金成立日
000011.OF	华夏大盘精选	0.0034	程海泳	36.67	偏股混合型基金	24.45	2004-08-11
260109.OF	景顺长城内需增长贰号	0.0033	王鹏辉，杨鹏	50.92	普通股票型基金	22.96	2006-10-11
260104.OF	景顺长城内需增长	0.0032	王鹏辉，杨鹏	33.22	普通股票型基金	22.21	2004-06-25
270008.OF	广发核心精选	0.0031	朱纪刚	56.24	普通股票型基金	21.80	2008-07-16
630002.OF	华商盛世成长	0.0028	刘宏	66.02	普通股票型基金	20.12	2008-09-23
519089.OF	新华优选成长	0.0028	何潇，王卫东，李昱	32.27	普通股票型基金	20.54	2008-07-25
002031.OF	华夏策略精选	0.0027	谭琦	14.38	偏股混合型基金	20.26	2008-10-23
660001.OF	农银汇理行业成长	0.0027	曹剑飞	39.10	普通股票型基金	19.60	2008-08-04
340007.OF	兴全社会责任	0.0026	傅鹏博	64.38	普通股票型基金	19.10	2008-04-30
020010.OF	国泰金牛创新成长	0.0023	范迪钊	42.23	普通股票型基金	17.84	2007-05-18

来源：东方证券股份有限公司，Wind资讯

下行风险是指基金未来净值走势有可能低于投资者预期的目标价位的风险。下行风险可以反映指数向下后该基金支撑力的强弱，支撑强风险就小，反之越大。2009年以来，主动管理型基金下行风险前十名如下表所示：

表6：2009年以来，主动管理型基金下行风险前十名

代码	基金名称	下行风险	基金经理	最新基金规模（亿元）	基金类型	年化净值增长率（%）	基金成立日
620001.OF	金元惠理宝石动力	8.34	侯斌，晏斌	3.64	偏股混合型基金	-2.92	2007-08-15
002001.OF	华夏回报	8.86	胡建平，张剑	106.78	平衡混合型基金	10.43	2003-09-05
002021.OF	华夏回报2号	8.95	张剑，胡建平	58.88	平衡混合型基金	10.64	2006-08-14
121002.OF	国投瑞银景气行业	9.38	马少章	21.10	平衡混合型基金	9.36	2004-04-29
400001.OF	东方龙混合	9.39	于鑫	11.60	平衡混合型基金	8.02	2004-11-25
050007.OF	博时平衡配置	10.20	姜文涛，皮敏	19.98	平衡混合型基金	6.54	2006-05-31
070003.OF	嘉实稳健	10.35	许少波	91.97	偏股混合型基金	4.62	2003-07-09
070001.OF	嘉实成长收益	10.47	邵秋涛	36.91	偏股混合型基金	11.62	2002-11-05
180001.OF	银华优势企业	10.60	王鑫钢	25.55	平衡混合型基金	9.07	2002-11-13
400007.OF	东方策略成长	10.72	于鑫	0.71	普通股票型基金	10.08	2008-06-03

来源：东方证券股份有限公司，Wind资讯

基金业绩分解

基金的绩效主要是由基金的收益体现，而基金的收益主要来自于两个方面，一个是基金经理选择了业绩良好、能带来超额收益的股票；另外一个是基金经理对整个市场的动向把握比较准确，即在市场表现向好的时候，基金的风险资产比重高，无风险资产比重较低，而市场表现低迷或者转向时，风险资产比重较低，无风险资产比重较高，这样基金能获得择时所能带来的收益。因此在对基金的绩效进行评价时，有必要对基金的这种选股与择时能力进行分解，从而判断基金绩效的具体表现。国外有许多成熟的方法对基金的选股和择时能力进行分解，在这里我们选用其中较为常用的T－M模型

和H－M模型，对样本中260只基金的业绩表现进行分解。

我们采用T－M模型对样本中260只基金进行业绩分解，数据显示56.54%的基金管理人具有显著的选股能力，几乎所有基金的管理人都不具有择时能力。下表是T－M模型中选股能力和择时能力排名前十的基金，其中景顺长城内需增长基金的基金经理选股能力最强，择时能力中博时平衡配置基金的基金经理表现最好，但是其结果没有通过5%的显著性检验，仅在90%的可信度下，该基金经理具有择时能力。值得一提的是，59.23%的基金经理具有显著的反向择时能力。

表7：T－M模型中选股能力和择时能力前十强（显著性水平为0.05）

代码	基金名称	选股能力	是否通过显著性检验	年化净值增长率（%）	代码	基金名称	择时能力	是否通过显著性检验	年化净值增长率（%）
260104.OF	景顺长城内需增长	0.5651	通过	22.21	050007.OF	博时平衡配置	0.009058	未通过	6.54
260109.OF	景顺长城内需增长贰号	0.5598	通过	22.96	200008.OF	长城品牌优选	0.005634	未通过	5.20
070099.OF	嘉实优质企业	0.4935	通过	15.25	160505.OF	博时主题行业	0.000906	未通过	9.14
110011.OF	易方达中小盘	0.4621	通过	12.14	160607.OF	鹏华价值优势	-0.000194	未通过	7.92
350005.OF	天治创新先锋	0.4614	通过	10.18	530005.OF	建信优化配置	-0.000443	未通过	9.39
213008.OF	宝盈资源优选	0.4502	通过	12.96	100022.OF	富国天瑞强势精选	-0.000457	未通过	14.65
270008.OF	广发核心精选	0.4434	通过	21.80	161606.OF	融通行业景气	-0.000554	未通过	6.76
110012.OF	易方达科汇	0.4305	通过	14.75	519690.OF	交银稳健配置混合	0.000893	未通过	10.32
519668.OF	银河竞争优势成长	0.4283	通过	16.84	400007.OF	东方策略成长	-0.000997	未通过	10.08
000011.OF	华夏大盘精选	0.4266	通过	24.45	200001.OF	长城久恒	0.001204	未通过	5.00

来源：东方证券股份有限公司，Wind资讯

我们采用H－M模型对样本中260只基金进行业绩分解，数据显示58.08%的基金管理人具有显著的选股能力，只有长城品牌优选这支基金的基金经理具有显著的择时能力。下表是H－M模型中选股能力和择时能力排名前十的基金，其中宝盈资源优选基金的基金经理选股能力最强；择时能力中，长城品牌优选基金的基金经理表现最好。另外，52.31%的基金经理具有显著的反向择时能力。

表8：H－M模型中选股能力和择时能力前十强（显著性水平为0.05）

代码	基金名称	选股能力	是否通过显著性检验	年化净值增长率（%）	代码	基金名称	择时能力	是否通过显著性检验	年化净值增长率（%）
213008.OF	宝盈资源优选	0.7089	通过	12.96	200008.OF	长城品牌优选	0.157848	通过	5.20
260104.OF	景顺长城内需增长	0.7083	通过	22.21	050007.OF	博时平衡配置	0.113668	未通过	6.54
260109.OF	景顺长城内需增长贰号	0.6865	通过	22.96	160505.OF	博时主题行业	0.035660	未通过	9.14
110011.OF	易方达中小盘	0.6839	通过	12.14	160607.OF	鹏华价值优势	0.012543	未通过	7.92
350005.OF	天治创新先锋	0.6798	通过	10.18	100022.OF	富国天瑞强势精选	0.010306	未通过	14.65
070099.OF	嘉实优质企业	0.6732	通过	15.25	161606.OF	融通行业景气	0.001779	未通过	6.76
290004.OF	泰信优质生活	0.6487	通过	5.29	400007.OF	东方策略成长	0.009218	未通过	10.08
162201.OF	泰达宏利成长	0.6096	通过	13.83	377020.OF	上投摩根内需动力	0.014202	未通过	15.85
110012.OF	易方达科汇	0.6046	通过	14.75	540004.OF	汇丰晋信2026	-0.014307	未通过	14.49
481004.OF	工银瑞信稳健成长	0.5744	通过	10.24	288001.OF	华夏经典配置	-0.014713	未通过	12.25

来源：东方证券股份有限公司，Wind资讯

总体而言，样本基金中大部分基金经理具有良好的选股能力，但是几乎没有择时能力，而且其中大部分都表现出反向的择时能力。

基金业绩持续性分析

基金业绩的持续性分析就是按照事件发生的时间顺序，通过研究基金过去表现与未来表现之间的关系，对基金的业绩进行分析评价，以检验前期表现较好的基金当期是否也有不俗的表现、前期表现较差的基金是否仍然没有提升自身的业绩。我们利用经风险调整的收益Alpha，分别对滞后六个月和滞后十二个月的Alpha进行回归，回归系数越高，代表基金业绩持续性越好。

基金Alpha滞后六个月的回归结果显示，仅有6.15%的基金具有六个月的业绩持续性。下表是滞后六个月业绩持续性排名前十列表，由谭琦（2012年5月之前由王亚伟管理）管理的华夏策略精选基金业绩持续性最强，而且其基金收益也排名前列。

表9：滞后六个月持续性前十强

代码	基金名称	持续性	是否通过显著性检验	基金经理	最新基金规模（亿元）	基金类型	年化净值增长率（%）	基金成立日
002031.OF	华夏策略精选	0.3499	通过	谭琦	14.38	偏股混合型基金	20.26	2008-10-23
398021.OF	中海能源策略	0.3406	通过	许定晴，王巍	31.64	偏股混合型基金	-0.22	2007-03-13
519001.OF	银华核心价值优选	0.2991	通过	倪明，陆文俊	108.04	普通股票型基金	12.18	2005-09-27
000031.OF	华夏复兴	0.2634	通过	崔同魁，程海泳	45.76	普通股票型基金	17.09	2007-09-10
630002.OF	华商盛世成长	0.2416	通过	刘宏	66.02	普通股票型基金	20.12	2008-09-23
320005.OF	诺安价值增长	0.2319	通过	刘红辉，周心鹏	53.19	普通股票型基金	5.19	2006-11-21
070010.OF	嘉实主题精选	0.2314	通过	马惠明	74.21	偏股混合型基金	10.68	2006-07-21
180013.OF	银华领先策略	0.2130	通过	刘春雨	10.24	普通股票型基金	7.02	2008-08-20
163302.OF	大摩资源优选混合	0.2072	通过	卞亚军，何滨	30.30	偏股混合型基金	13.93	2005-09-27
202005.OF	南方成份精选	0.2067	通过	陈键	76.24	普通股票型基金	3.48	2007-05-14

来源：东方证券股份有限公司，Wind资讯

基金Alpha滞后十二个月的回归结果显示，也仅有6.15%的基金具有十二个月的业绩持续性。下表是滞后十二个月业绩持续性排名

前十列表，由谈洁颖管理的长信双利优选基金业绩持续性最强。

表11：滞后十二个月持续性前十强

代码	基金名称	持续性	是否通过显著性检验	基金经理	最新基金规模（亿元）	基金类型	年化净值增长率（%）	基金成立日
519991.OF	长信双利优选	0.5181	通过	谈洁颖	1.16	偏股混合型基金	8.78	2008-06-19
002031.OF	华夏策略精选	0.5036	通过	谭琦	14.38	偏股混合型基金	20.26	2008-10-23
375010.OF	上投摩根中国优势	0.4668	通过	董红波	32.98	偏股混合型基金	4.42	2004-09-15
020003.OF	国泰金龙行业精选	0.4626	通过	周广山，刘夫	3.63	偏股混合型基金	8.43	2003-12-05
320006.OF	诺安灵活配置	0.3850	通过	夏俊杰	31.38	偏股混合型基金	13.58	2008-05-20
000011.OF	华夏大盘精选	0.3385	通过	程海泳	36.67	偏股混合型基金	24.45	2004-08-11
320005.OF	诺安价值增长	0.3366	通过	刘红辉，周心鹏	53.19	普通股票型基金	5.19	2006-11-21
340006.OF	兴全全球视野	0.3286	通过	董承非，杨人力	73.10	普通股票型基金	13.82	2006-09-20
163302.OF	大摩资源优选混合	0.2980	通过	卞亚军，何滨	30.30	偏股混合型基金	13.93	2005-09-27
110010.OF	易方达价值成长	0.2589	通过	潘峰	155.80	偏股混合型基金	11.63	2007-04-02

来源：东方证券股份有限公司，Wind资讯

6.ETF指数基金

ETF指数基金概况

交易型开放式指数基金，通常又被称为交易所交易基金（Exchange Traded Funds，简称“ETF”），是一种在交易所上市交易的、基金份额可变的开放式基金。交易型开放式指数基金属于开放式基金的一种特殊类型，它综合了封闭式基金和开放式基金的优点，投资者既可以向基金管理公司申购或赎回基金份额；同时，又可以像封闭式基金一样，在证券市场上按市场价格买卖ETF份额，不过，申购赎回必须以一篮子股票换取基金份额或者以基金份额换回一篮子股票的方式进行。由于同时存在证券市场交易和申购赎回机制，投资者可以在ETF市场价格与基金单位净值之间存在差价时进行套利交易。套利机制的存在，使得ETF避免了封闭式基金普遍存在的折价问题。

根据投资方法的不同：ETF可以分为指数基金和积极管理型基金，国外绝大多数ETF是指数基金，目前国内推出的ETF也是指数基金。ETF指数基金代表一篮子股票的所有权，是指像股票一样在证券交易所交易的指数基金，其交易价格、基金份额净值走势与所跟踪的指数基本一致。因此，投资者买卖一只ETF，就等同于买卖

了它所跟踪的指数，可取得与该指数基本一致的收益。通常采用完全被动式的管理方法，以拟合某一指数为目标，兼具股票和指数基金的特色。

我国第一支ETF华夏上证50ETF，于2004年12月30日成立。在2009年之前，我国ETF数量和规模发展均较慢，数量不足10只，规模不到400亿；从2009年开始，ETF市场的规模和数量增长速度开始加快，从2009年到2011年，ETF的数量有了显著增长，但整个ETF市场的规模增长没有明显增长；进入2012年，ETF的数量和规模都取得了跨越式发展，ETF规模也早早地突破了1000亿大关。2013年，ETF的发行继续保持高增长态势，截止2013年6月30日，上市交易的ETF共65支，规模合计1463.13亿元。ETF规模的增长主要得益于创新品种跨市场ETF的问世，截至2013年6月30日，华泰柏瑞沪深300ETF、嘉实沪深300ETF和华夏沪深300ETF三支跨市场基金占据所有ETF基金规模的43%。

图4：ETF市场规模和数量变化（数据截止2013-6-30）

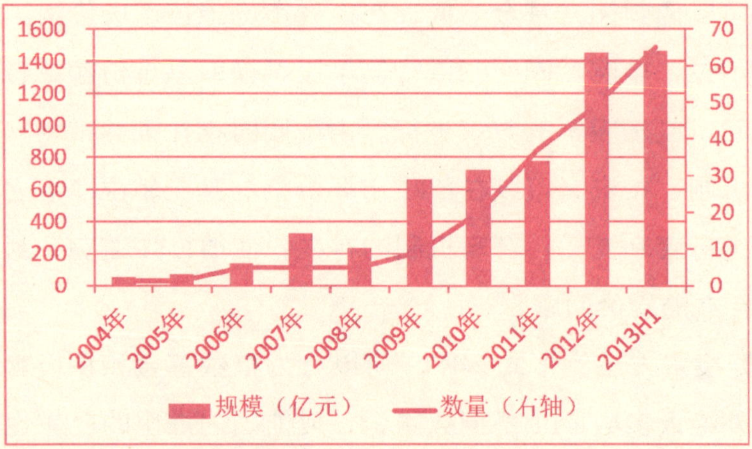

来源：东方证券股份有限公司，Wind资讯

ETF基金的市场表现

1）基金风险收益

由于我国ETF基金历史不长，数量不多，我们将2012年6月30日之前成立的43只ETF基金作为考察对象，将2012年6月30日至2013年6月30日期间作为样本考察期间。经过计算，年化收益率排名前十的ETF基金排名如下表所示。样本期间收益率为正的基金仅有5支，其中年化收益率最高的为易方达创业板ETF基金，达到37.64%。全部样本中国联安上证商品ETF的年化收益率最低，为-31.93%。可见，样本期间创业板指数和TMT指数走势最好，而自然资源类和大宗商品类指数走势最差。

表12：样本期间年化收益率排名前十的ETF基金排名

证券代码	证券简称	基金成立日	跟踪指数名称	起始日规模（亿元）	截止日规模（亿元）	年化收益率（%）	日均成交额（万元）
159915.OF	易方达创业板ETF	2011-09-20	创业板指	4	6	37.64	5,262
159909.OF	招商深证TMT50ETF	2011-06-27	TMT50P	3	2	23.82	32
510070.OF	鹏华上证民企50ETF	2010-08-05	上证民企	3	3	7.32	72
159911.OF	鹏华深证民营ETF	2011-09-02	深民营P	4	3	5.99	97
159918.OF	嘉实中创400ETF	2012-03-22	中创400	3	1	4.51	39
159902.OF	华夏中小板ETF	2006-06-08	中小板指	45	29	-0.05	3,992
510230.OF	国泰上证180金融ETF	2011-03-31	180金融	7	10	-0.36	546
510150.OF	招商上证消费80ETF	2010-12-08	消费80	14	13	-0.37	57
159907.OF	广发中小板300ETF	2011-06-03	中小板300	7	6	-0.98	88
159917.OF	国泰中小板300成长ETF	2012-03-15	SME成长P	1	1	-1.77	15

来源：东方证券股份有限公司，Wind资讯

在考虑风险调整之后，我们计算43支ETF基金的sharp比率，其中sharp比率排名前十的基金如下表所示。易方达创业板ETF基金的Sharp比率达到0.1726，为样本中表现最好的基金。总体而言，除了少数基金外，Sharp比率排序与年化收益率排序变化不大。

表13：样本期间Sharp比率排名前十的ETF基金排名

证券代码	证券简称	基金成立日	跟踪指数名称	起始日规模（亿元）	截止日规模（亿元）	Sharp比率	年化收益率（%）	日均成交额（万元）
159915.OF	易方达创业板ETF	2011-09-20	创业板指	4	6	0.1726	37.64	5,262
159909.OF	招商深证TMT50ETF	2011-06-27	TMT50P	3	2	0.1296	23.82	32
510070.OF	鹏华上证民企50ETF	2010-08-05	上证民企	3	3	0.0410	7.32	72
159911.OF	鹏华深证民营ETF	2011-09-02	深民营P	4	3	0.0331	5.99	97
159918.OF	嘉实中创400ETF	2012-03-22	中创400	3	1	0.0260	4.51	39
510230.OF	国泰上证180金融ETF	2011-03-31	180金融	7	10	0.0024	-0.36	546
159902.OF	华夏中小板ETF	2006-06-08	中小板指	15	29	-0.0011	-0.05	3,992
159907.OF	广发中小板300ETF	2011-06-03	中小板300	7	6	-0.0060	-0.98	88
159917.OF	国泰中小板300成长ETF	2012-03-15	SME成长P	1	1	-0.0104	-1.77	15
510150.OF	招商上证消费80ETF	2010-12-08	消费80	14	13	-0.0113	-0.37	57

来源：东方证券股份有限公司，Wind资讯

下行风险是衡量基金未来所承担风险的重要指标。样本期间下行风险排名前十的ETF基金如下表所示，其中富国上证综指ETF基金的下行风险最低。年化收益率和下行风险平衡较好的基金是招商深证TMT50ETF基金。

表14：样本期间下行风险排名前十的ETF基金排名

证券代码	证券简称	基金成立日	跟踪指数名称	起始日规模（亿元）	截止日规模（亿元）	下行风险	年化收益率（%）	日均成交额（万元）
510210.OF	富国上证综指ETF	2011-01-30	上证综指	4	3	13.6505	-9.98	13
510150.OF	招商上证消费80ETF	2010-12-08	消费80	14	13	13.6599	-0.37	57
510120.OF	海富通上证非周期ETF	2011-04-22	非周期	3	2	14.0213	-6.27	21
159909.OF	招商深证TMT50ETF	2011-06-27	TMT50P	3	2	14.2623	23.82	32
510160.OF	南方小康产业ETF	2010-08-27	小康指数	3	2	14.7870	-13.22	211
510070.OF	鹏华上证民企50ETF	2010-08-05	上证民企	3	3	14.8001	7.32	72
510060.OF	工银上证央企50ETF	2009-08-26	上证央企	7	5	15.0250	-11.19	115
510190.OF	华安上证龙头ETF	2010-11-18	上证龙头	7	5	15.2132	-10.00	28
510130.OF	易方达上证中盘ETF	2010-03-29	上证中盘	10	8	15.6618	-9.14	141
510880.OF	华泰柏瑞红利ETF	2006-11-17	上证红利	16	12	15.6689	-4.68	550

来源：东方证券股份有限公司，Wind资讯

2）跟踪误差

所谓跟踪误差，指的就是指数基金的收益率与标的指数收益率之间的偏差。跟踪误差是根据历史的收益率差值数据来描述基金与标的指数之间的密切程度，同时揭示基金收益率围绕标的指数收益率的波动特征。跟踪误差算是一风险指标，反应的是组合收益率与标的收益率之间的偏差。跟踪误差越大，反应其偏离标的越大，风险高；跟踪误差小，反应其跟踪标的偏离度小，风险低。总的来说，提高跟踪标的指数的精度，降低跟踪误差，是指数投资最为核心的技术，也是指数基金这一投资工具能够用之于投资者大类资产配置的前提。

经过计算，43支基金在样本期间年化跟踪误差都控制在2%以内，其中年化跟踪误差最大的为博时超大盘ETF，达到1.51%。排名前十的ETF基金如下表所示，其中嘉实中创400ETF基金跟踪误差控制得最好，一年内年化跟踪误差为0.32%。年化收益率和年化跟踪误差兼顾的基金为易方达创业板ETF基金。

表15：样本期间年化跟踪误差排名前十的ETF基金排名

证券代码	证券简称	基金成立日	跟踪指数名称	起始日规模（亿元）	截止日规模（亿元）	年化跟踪误差（%）	年化收益率（%）	日均成交额（万元）
159918.OF	嘉实中创400ETF	2012-03-22	中创400	3	1	0.3244	4.51	39
159907.OF	广发中小板300ETF	2011-06-03	中小板300	7	6	0.3652	-0.98	88
159912.OF	汇添富深证300ETF	2011-09-16	深证300P	3	2	0.3820	-8.75	89
159915.OF	易方达创业板ETF	2011-09-20	创业板指	4	6	0.4452	37.64	5,262
510290.OF	南方上证380ETF	2011-09-16	上证380	2	1	0.4459	-8.91	45
159910.OF	嘉实深证基本面120ETF	2011-08-01	深证F120	5	4	0.4577	-17.60	34
159911.OF	鹏华深证民营ETF	2011-09-02	深民营P	4	3	0.4577	5.99	97
510410.OF	博时自然资源ETF	2012-04-10	上证资源	4	2	0.4996	-30.65	458
159902.OF	华夏中小板ETF	2006-06-08	中小板指	45	29	0.5005	-0.05	3,992
159908.OF	博时深证基本面200ETF	2011-06-10	深证F200	2	1	0.5094	-16.86	157

来源：东方证券股份有限公司，Wind资讯程

第五章　公募基金（中）——债券型基金

关键词：最大单日跌幅、钱荒、国债期货

2013年债券史上发生最大单日跌幅；

国债期货推出，主力合约却连续下跌；

高收益率的银行理财产品冲击债券A份额，年末遭遇巨额赎回。

1、什么是债券型基金

当你去银行柜台存款时，客户经理像往常一样给你推荐基金产品，但从2012年开始，你是否发现，他们给你推荐的很多都是债券型基金。这是因为“股市低迷，火了债市”，2012年股票型基金-1.58%的平均收益着实让收益为4.57%的债券型基金夺人眼球。2012年成立的203支债券型基金募集资金2700亿，相比之下，42支股票型基金募集资金270亿着实逊色不少。

“低风险”是债券型基金最常用的宣传语，因为债券型基金总资产的80%以上投资于债券，这些债券包括国债、央行票据、地方政府债、金融债、企业债，其中最为安全的国债是由国家主权信用作担保的。利息和买卖差价是债券型基金的主要收益来源。债券的利息一般比较固定，即使是浮动利息的波动范围，也是很小的；买卖差价的大小主要受利率变化影响，而利率变化的范围也是有限的，利息和买卖差价变化都比较小。因此，债券型基金的收益相对稳定，风险较小。另外，相比于股票型基金，债券型基金的认购费、赎回费、管理费都低得多。如果你是一位追求低风险的投资者，收益稳定、流动性好的债券型基金无疑是一个不错的选择。

在美国，债券型基金也是近20年才发展起来的理财品种。1960年，美国债券基金规模只有10亿美元，占全部共同基金规模的5.9%；到1984年，其规模已增长到462亿美元，占全部共同基金规模的10%多一点；到2003年，债券基金占全部共同基金规模的比例上升至25%左右，规模增长至34264亿美元。

我国的第一支债券型基金是南方基金公司在2002年推出的宝元债券基金；在其后的2003年，又有10支债券基金成立；到2003年末，市场上已经有11支债券基金，规模达98.48亿人民币。其后，受宏观经济环境影响，债券型基金规模增长一直较缓慢，然而从2012年开始，债券基金规模出现新一轮爆发式增长。根据Wind资讯的统计，2012年全市场发行募集的固定收益类基金（包括货币市场型基金）合计占到当年首募基金规模的70%以上。截止至2013年8月中旬，全部债券型基金共有327支，规模达到3903.6亿元，占公募基金规模的15.62%。

2、债券型基金的认识误区

（1）买债券基金不等于买债券

你可能会提出的一个问题是：既然债券风险这么小，我买债券型基金还要交管理费和认购赎回费，为什么不直接投资债券呢？答案似乎并不像你认为的那样，因为大部分债券你都买不到。

首先，大多数已经发行的债券你都买不到。与股票主要通过二级市场买卖不同，我国的债券市场分为银行间市场、交易所市场和商业银行柜台市场。许多固定收益品种如央行票据、短期融资券、中期票据及金融债等，都是银行间市场独有的品种，银行间市场国债、企业债等的交易量也远大于交易所市场，而银行间市场只有机构才能参与。尽管你可以在二级市场上买到一些债券品种，但是这些债券品种的交易量小，流动性也相对较差。2012年年底，中国银行间债券市场成交额为73.79万亿元，二级市场成交额仅为0.59万亿元；换句话说，债券市场更适合机构投资者参与，不适合个人投资者直接参与。这在海外也是一样的，如美国债券市场的二级市场交易规模也不大。

其次，除了国债等少数品种，将要发行的大多数债券你都买不到。大多数债券的发行，特别是一些质地优良的债券品种，都是直接面向机构投资者的，你根本没有机会参与。

再次，你没有办法进行复杂的投资操作。机构投资者可以通过回购交易，适当放大一些杠杆以提高投资收益，而你没有办法进行类似操作。

最后，债券投资也需要专业的研究团队。你要知道，低风险不等于无风险，债券型基金受宏观经济影响较大。基金公司凭借强大的宏观经济研究团队判断利率的走势，在投资企业债时，还需要深入研究企业的偿债能力和信用风险,这也是个人投资者不容易做到的。

（2）债券型基金也可能投资股票

我国绝大部分的债券型基金都会持有一定量的股票及可转换债券，这样提高了收益，也提高了风险。这主要是因为基金公司和基金经理面临激烈竞争，为提高业绩排名，不得不购买一定量的股票。当然，如果你不想持有股票，也可以购买纯债基金。

3、债券型基金的分类

最近两年来，随着国内金融市场的不断发展，债券基金产品不断创新，产品线也越来越丰富多样。

（1）按投资范围分类：纯债基金、一级债基和二级债基

纯债基金不参与股票投资，只买卖债券；一级债基除买卖债券以外，还参与新股申购；二级债基除买卖债券以外，还参与二级市

场股票买卖和新股申购。

就风险而言，股票二级市场大于股票一级市场，因此纯债基金风险最低，一级债基次之，二级债基最高；就收益而言，股票二级市场收益最高，二级债基收益也最高；纯债基金预期收益最低，但收益最稳定。如果你比较保守，纯债基金和一级债基是一个不错的选择；相比之下，二级债基则更为激进。

在过去五年中，一级债券基金的收益率超过了纯债基金，但二级债基的收益受股票市场影响很大。在过去一年中，股票市场出现了一些投资机会，二级债基的收益率超过其他两类基金；但在过去三年中，由于股票市场总体下滑，二级债基的实际收益率也是最低的。

表 1:过去五年不同类型债券基金的表现（截止 2013 年 8 月 16 日）

	债券型基金指数	一级债基指数	二级债基指数	纯债基金指数
过去一年	4.48%	4.33%	4.44%	3.70%
过去三年	3.10%	3.54%	2.56%	3.31%
过去五年	5.25%	5.73%	4.79%	4.19%

资料来源：Wind资讯

近年来，有越来越多的创新型债券基金可以供普通投资者选择，其中最受关注的当属新型封闭式债券基金、分级基金和短期理财债券型基金三个品种。

如果你购买的是创新型封闭式债券基金，在起初的一段时间内，通常是3~5年，你既不可以申购，也不可以赎回，我们称之为“封闭期”。在“封闭期”内，如果你急需从基金中抽调资金，则可以通过二级市场卖出。封闭期结束后，基金转为上市开放式基金（LOF），除可进行二级市场交易外，还将同时开放场内、场外申购赎回。由于基金在封闭期内封闭运作，管理人在进行资产配置时可以不考虑短期投资人申购及赎回时对资产配置的影响，资产配置可以从长远考虑，因此能够获得更高的投资收益，但其不足则在于封闭式基金在二级市场交易时，会出现二级市场交易价格相对于基金净值折价的问题，特别是在债券市场行情不好时，折价率会比较高。如在2011年9月，债券市场表现最为不好时，许多创新封闭式债基二级市场交易价格的折价率都超过10%。

如果你希望购买分级基金，你要知道“优先类”和“进取类”这两类份额有什么区别。进取类份额一般“借用”优先类份额的资金来放大收益，而具备一定杠杆特性，也正是因为“借用”了资金，进取类份额一般会支付优先类份额一定的“利息”。“优先类”份额的风险和收益都比较低，并且优先分配收益；“进取类”份额的风险和收益都高于“优先类”份额。“优先类”份额适合追求稳定收益的投资者，“进取类”通过杠杆机制放大收益和亏损，更适合风险承受能力强、且具有一定市场分析和把握能力的投资者。

还有一类创新型产品是短期理财债券型基金。它类似于银行理财产品，追求本金安全性和流动性。相比于“封闭式基金”动辄2~3年的封闭期，这类基金的封闭期只有1~3个月，因此也被称为“定期开放式基金”。在封闭的1~3个月中，你既不能赎回，也不能在二级市场上交易；在封闭的1~3个月结束后，通常会有几天时间开放申购赎回，然后再次进入1~3个月的封闭期。由于需要应对投资者的定期申购和赎回，这类基金中持有的债券期限较短，组合期在120天~150天之间。期限越短，债券的收益率也越低，因此，这类基金的风险与收益低于一般债券型基金。

在购买基金时，你还可能看到上述三种基金组合出的各种品种，比如将分级基金与创新型封闭式基金结合，可以设计出分级创新封闭式基金。

4、如何选择债券基金产品

（1）选一个好的投资时机

在任何金融产品投资中，投资时机的选择都是难度很高的事情。影响债券基金投资收益的主要因素有以下三方面：

一是物价走势与利率政策的变化。一般而言，债券市场的牛市，通常是在物价指数和利率见顶下行的阶段，熊市则一般出现在加息周期中。当通货膨胀和利率上升时，债券投资者所要求的投资收益率相应提高，债券价格就会下降，反之亦然。如2008年下半年，中国经济处于降息周期，债券市场和债券基金表现良好，但在2011年，中国经济处于加息周期，债市出现一轮大熊市，众多债券基金出现了罕见的亏损。到2011年年末至2012年上半年，在降息的刺激下，债市呈现一波快速上涨，债券基金再次获得了好的收益。

二是债券市场的供需状况及相应的政策影响。在国内，债券供给会受到发行人发行意愿、相关部门的审批速度等多方面因素影响，而相关的监管政策、调控政策及外汇占款等的变化，则会影响到对债券的需求，供需变化必然影响债券的价格，进而影响到债券基金的表现。如2013年6月份，尽管当月公布的5月份物价指数处于低位，但受到央行为控制商业银行表外资产规模及推动资金向更有效率的部门配置，而不愿意向银行间市场提供流动性的影响，银行间市场同业拆借利率大幅上升，出现了所谓钱荒。受此影响，债券到期收益率明显上行（债券价格下跌），债券基金的净值也随之下跌，以Wind资讯提供的债券型基金指数计算，从6月初到8月16日，债券基金净值平均下跌了2.38%。

三是其他因素的影响。如二级债券基金的收益会受到股票市场表现的影响，一级债券基金的收益会受到新股申购收益率的影响，所有投资信用债的债券基金会受到债券发行主体信用评级被下调的影响等。如2013年以来，信用评级机构下调债券信用债评级的涉及面比以往明显增加。据Wind资讯统计，截止7月底，信用债中有42支债券的债项评级被下调，475支债券的主体评级被下调，也在一定程度上影响了债券基金总体的收益。

尽管影响债券基金表现的各项因素是相对明确的，但要对其影响因素中即使一项如物价指数、资金面的未来发展趋势做出一个准确的判断，是非常困难的，基金管理人如此，一般的个人投资者就更困难了。

（2）不要盲目投资分级基金

对一般投资者而言，投资债券基金的目的就在于获得相对稳定的收益，因此不建议投资者投资分级杠杆基金的进取类份额，否则就失去了投资债券基金的目的。在债市的下跌行情中，一些分级债券基金的进取份额净值下跌的幅度会非常大，如在2013年8月16日之前的半年中，多只分级债券基金的进取份额净值下跌的幅度超过10%，有的甚至接近20%。当然，对于一些专业的投资者，投资分级债券基金的进取份额可能获得超额收益，但这需要很强的专业投资能力。在美国，绝大部分债券共同基金是不能用杠杆的。对于追求相对稳定收益的投资者，我们建议投资人选择未分级的纯债基金或分级基金的优先级；如果投资者追求相对稳定收益的同时，又想分享股票一级市场或二级市场可能存在的超额收益，我们建议投资者选择一级债券基金或二级债券基金。

（3）选一支业绩好的债券型基金产品

与选择股票基金类似，选择债券投资基金，首先是通过评判基金和基金经理的历史业绩，以衡量其投资能力；而与股票基金有所不同的是，债券基金投资中团队的作用可能比基金经理个人的作用更大。债券基金业绩好坏取决于几个层面：宏观上对经济前景的判断，中观上对个别品种的研究和信用产品的评级，微观上具体的投资策略、交易能力及风险控制能力。这些因素都会很大程度上影响基金的投资收益。

对债券基金历史业绩的评价有各种方法。以简单而有效为出发点，我们认为债券型基金本质上是资产投资组合的一种，因此对债券基金历史业绩的评价可以用评价投资组合的一些基本指标进行。这些指标包括：

一是基金的投资收益率。投资收益率反映了复权后基金单位净值的变化，最直接地衡量出口债券型基金的业绩表现。

二是夏普比率。夏普比率是指投资组合每额外承受一单位风险，会产生多少的超额报酬。夏普比率越高，投资组合风险溢价的性价比越高。

三是基金净值的最大回撤幅度。最大回撤幅度是指评价期内基金净值的最大跌幅，反映了投资组合在一定的投资策略下面临的风险，同时在很大程度上反映了基金经理投资的择时能力。从投资人的角度看，该指标为投资人可能遭受的最大损失提供了参考。

综合考虑上述三个指标并结合基金管理公司总体的状况，我们分别从纯债基金、一级债基、二级债基和创新封闭式债基中，选择了10个基金品种，供读者参考。

表2：纯债基金选择结果

基金名称	过去6个月单位净值增长率（%）	过去1年单位净值增长率（%）	夏普比率	过去6个月的最大回撤（%）
易方达纯债	1.44	4.35	0.07	–1.13
南方润元纯债	1.57	4.31	0.06	–0.96
华安信用四季红	1.62	4.36	0.06	–1.13
富国产业债	1.69	5.13	0.14	–1.32
富国纯债	1.87	—	0.07	–0.68
融通债券	2.01	4.60	0.08	–1.02
新华纯债添利	2.18	—	0.11	–0.58
富国强回报	2.80	—	0.16	–0.87
中邮稳定收益	3.24	—	0.28	–0.86
银华纯债信用主题	3.57	7.20	0.27	–1.02

注：部分基金因成立未满1年，因此过去1年净值增长率为空。

资料来源：Wind资讯，东方证券

表3：一级债券基金选择结果

基金名称	过去6个月单位净值增长率（%）	过去1年单位净值增长率（%）	夏普比率	过去6个月的最大回撤（%）
中欧稳健收益	0.31	4.78	0.08	-2.05
长城积极增利	0.36	6.03	0.10	-1.17
易方达双债增强	0.46	6.45	0.08	-2.61
泰信增强收益	0.65	4.92	0.08	-1.83
中欧增强回报	1.18	5.40	0.09	-0.66
银华信用债券	1.47	4.67	0.08	-1.27
招商产业	1.47	5.81	0.10	-2.75
华夏债券	1.49	5.60	0.14	-1.41
信诚经典优债	1.71	4.93	0.10	-1.69
泰信周期回报	1.89	5.50	0.20	-0.64

注：部分基金因成立未满1年，因此过去1年净值增长率为空。

资料来源：Wind资讯，东方证券

表4：二级债券基金选择结果

基金名称	过去6个月单位净值增长率（%）	过去1年单位净值增长率（%）	夏普比率	过去6个月的最大回撤（%）
申万菱信稳益宝	-0.80	5.29	0.05	-4.30
中银稳健双利	-0.17	7.62	0.12	-2.91
工银瑞信添颐	-0.16	8.14	0.15	-2.45
银华增强收益	0.27	4.85	0.06	-2.12
天弘永利债券	0.80	4.45	0.06	-1.42
建信双息红利	1.22	7.80	0.12	-3.22
工银瑞信双利	1.92	5.14	0.06	-2.10
招商信用增强	2.26	6.99	0.18	-2.18
中海增强收益	2.51	4.42	0.07	-1.30
华安安心收益	2.73		0.18	-1.62

资料来源：Wind资讯，东方证券

表5：创新封闭式债券基金选择结果

基金名称	过去6个月单位净值增长率（%）	过去1年单位净值增长率（%）	夏普比率	过去6个月的最大回撤（%）
泰达宏利聚利A	2.05	3.98	0.22	—
海富通稳进增利A	2.23	4.56	0.75	—
嘉实多利优先	2.31	4.73	0.77	—
国泰互利A	2.39	4.32	0.39	—
浦银安盛增利A	2.54	5.02	1.36	—
易方达永旭添利	1.62	6.63	0.21	–1.76
信诚增强收益	2.03	6.48	0.28	–1.06
汇添富季季红	2.43	5.50	0.19	–0.87
南方金利A	3.17	7.16	0.27	–0.95
富国新天锋	3.85	9.39	0.58	–0.68

注：前5只产品为分级基金的优先级，因此最大回撤为0。

资料来源：Wind资讯，东方证券

5.债券型基金投资中的注意事项

中国债券市场至今还没有发生过正式的信用债违约事件，即使近年受到市场关注的山东海龙事件、城投债事件，以及江西赛维事件，最后都由政府或银行主承销商兜底得到解决。对于债券市场来说，缺乏信用债违约事件长期来看并非是好事，因为如果投资者相信政府将会为所有发行人兜底，将会引发道德风险 —— 鼓励了企业或地方政府不顾后果的冒险行为，从而有一天可能带来更大的债务危机。随着公司债等信用产品的扩张，政府或银行主承销商未来无法为所有的公司债承担风险是必然的。

在成熟市场中，违约是任何债务市场不可或缺的一部分。据标普的研究，从1981年到2011年，美国投资级别的公司债券年违约率在0.63%到11.19%不等。1993到2011年期间，亚太地区投资级别的公司债券违约率，在1998年达到最高点9.33%。即使在一些经济和债市发展程度都不及中国的地区，比如印度尼西亚和菲律宾，公司债券违约都发生过，而市场也仍在运行。从与我国经济有相似发展路径的日本和韩国的经验看，也经历了从长时间零违约到违约事件出现的历程。日韩资本市场早期都以银行间接融资体系为主，而债市起步略晚，且在债市发展早期的很长一段时间内，维持着“零违约”的局面，日本一直到了20世纪90年代才出现了债项违约现象；而韩国债市在1997年以前也鲜有违约，直到1999年第二大财阀大宇集团宣布破产才始被打破，十余家财阀纷纷破产如多米诺骨牌轰然倒塌，违约风险短期内集中爆发。

可以预期的是，随着债券市场发展，信用较弱的发行人违约总有一天会出现。标准普尔近期在一份报告中提出，中国经济放缓和负债程度，将导致国内一些大公司的信用可靠程度在未来一年里出现恶化，这意味着投资债券基金的风险将增加，同时也意味着具有较高风险管理能力的投资团队和较差风险管理能力的团队之间，会逐渐分化，债券类投资产品将不再像过去一样业绩表现趋同。但即使如此，投资债券基金仍将是长期内投资者理财的一项重要工具，一方面，违约事件出现后，投资债券的预期回报率会提高；另一方面，如果违约事件出现，除现金及货币类理财产品外的其他理财产品同样也会受到波及，而且波及程度未必会小于债券基金产品。

第六章　公募基金（下）——货币市场基金

关键词：爆发式增长、T+0、银行活期存款转移

2013年货币类基金规模整体出现爆发式增长态势；

T+0货币基金造成银行活期存款转移；

货币基金收益率持续维持高位。

1.什么是货币市场基金

俗话说，你不理财，财不理你。但是，投资股票，风险太大，技术不好就会造成亏损；存入银行，利息又太低，等于没有理财。对于想要理财又厌恶风险的人来说，货币基金应该是他们的最佳选择。

货币市场基金投资的低风险证券，通常包括政府证券、银行定期存款、公司商业票据和其他流动性高、风险低、收益稳定的短期证券。

表1：货币基金投资范围

	允许投资不允许投资	
投资范围	现金、定期存款、存单、债券、债券回购、央行票据以及证监会和央行认可的其他具有良好流动性的货币市场工具	股票、可转换债券、证监会和央行禁止投资的其他金融工具
	单项资产期限组合平均期限	
期限规定	定期存款、债券回购、央票均限一年期内，债券限397天内	平均期限不得超过180 天
评级限制	AAA 级企业债	低于AAA 级企业债
集中度要求	同一公司企业债券不超过净值10%；同一银行（有基金托管资格）定期存款不超过净值30%；同一银行（无基金托管资格）定期存款不超过净值5%；资金市场正回购余额不超过净值40%。	

货币市场基金诞生在美国，并在美国迅速发展。世界上第一支货币市场基金由布鲁斯·本特和亨利·布朗于1971年创立。最初，货币市场基金在美国并没有受到很多关注，直到1975年仍然只有40 亿美元的资产，仅占共同基金总规模的8%左右，但在之后的7年间，货币市场基金规模快速增长。到1979年，货币市场基金接近传统的债券基金和股票基金的规模，1981年末达到1820亿美元，而到1982年，美国货币市场基金的规模超过2300亿美元，占共同基金总资产的95%以上，成为美国历史上发展速度最快的一个基金品种。经过近40年的快速发展，到 2013年1月初，美国的货币市场基金规模达 2.69万亿美元。

你可能会感到好奇，美国的货币市场基金市场何以会在70年代后期经历如此快速的发展？

这还要从Q条例说起，“Q条例”是凯恩斯主义经济干预思想在美国的立法反映，其核心是以低利率来促使经济扩张。20世纪70～80年代，美国经济处于低谷，70年代实际GDP增长率下降到了2.1%，通货膨胀率提高到7.1%，这使存款越来越失去吸引力。市场利率在通货膨胀的带动下不断上升，商业银行存款利率与市场利率差距越来越大，你会发现这与我国现阶段的情况很像，越来越多的人发现钱存在银行里太亏了。

正是在这种背景下，货币市场基金应运而生。也就是说，规避“Q条例”导致的低存款利率是其产生的主要动因。

有趣的是，催生货币市场基金的另一个因素也与“Q 条例”有关。1970年，美国国会取消了“Q条例”中有关10万美元以上存款利率最高限额的规定，伴随而来的是各储蓄机构、商业银行竞相提高大额存款利率；而此时，10万美元存款以下的小额储户却只能享受较低的存款利率，这种环境产生了对存款小户不利的歧视利率，布鲁斯·本特和亨利·布朗发现了这一问题，并利用这一机会成立了第一只货币市场基金，当时还被称为“储备基金”，来帮助小额储户以“大户”的姿态在金融市场上出现，获得“大额存单”的同等待遇。

我国于2003年12月推出首支货币市场基金——华安现金富利，但在之后的10年间，一直没有能出现爆发式的增长。然而随着居民理财需求不断提高，2012年末货币市场基金总规模达到7075亿元，相比于2011年末翻了一番。2013年可以说是货币基金大量发行的一年，资产规模达到9000亿元，市场中一共有93支货币市场基金，其中2013年成立的货币市场基金就有31支，占据整个货币市场基金的三分之一。

历史上，在美国货币市场基金高速增长的时期，规模一度超过了银行存款，而在现阶段的我国，货币市场基金9000亿元的规模与我国50多万亿的储蓄规模还有很大的差距，因此我国货币市场基金还有很大的发展空间。2013年6月，余额宝的推出，标志着货币市场基金完成了一次与互联网的完美融合。余额宝本质上就是一种在网络上销售的货币市场基金，这似乎预示着一场大变革的序幕正在悄然拉开。

2.货币市场基金的基本特征

如前所述，货币市场基金(Money Market Fund)是以货币市场工具为主要投资对象的基金，除了能够获得远比银行存款利息高得多的收益外，还具有风险小、流动性高等特点。

（1）流动性高。货币市场基金主要投资于期限较短的货币市场工具，相当部分具有准现金的性质，流动性非常高；而且货币市场基金的投资组合一般高度分散，变现能力强。2013年货币基金赎回时效性大大增强，传统货币基金一般是赎回资金T+2日可用，而

2013年货币基金开启了T+0模式。2013年最具代表性的T+0货基就是天弘增利宝货基（余额宝），该货币基金具有T+0快速赎回功能，并且借助支付宝强大的客户资源，在成立后的6个月里，其规模就达到了近1853亿元，可以说是基金史中的奇迹。截止2014年初，已经有33家基金公司推出了自己版本的T+0货基。

（2）风险较低。货币市场基金一般投资于信用等级较高的货币市场工具，违约风险低，价格波动小，本金基本不受损失。在美国，货币市场基金诞生 30 多年来，从未发生过投资者损失本金的情况。

（3）货币市场基金均为开放式基金，也就是说可以随时赎回。而在美国，货币市场基金账户还具有灵活的支付功能，如同支票账户，投资者可以对基金资产签发支票，从而使得投资者既享受活期存款的支付便利，又享受了相对较高的利息收入。在我国，支付宝用户也开始可以通过余额宝来进行商品交易支付。

（4）基金运作费用低廉。货币市场基金管理人通常不频繁买卖资产，管理成本较低，基金的年均总费用约为基金资产净值的0.25~1%，而股票基金通常为 1.8~2.5%，债券基金通常为 0.8~1.5%。并且，货币市场基金通常都是不收取申购赎回费的“免费基金”。

（5）货币市场基金与其他投资于股票的基金最主要的不同在于，货币市场基金的单位份额净值是固定不变的，通常是每个基金份额价值1元。也就是说，货币市场基金的增值反映为你手中的基金份额不断增加，而股票和债券型基金的增值反映为单位份额净值的增加。

表2：货币基金与股票基金的主要区别

基本条款		
是否开放申赎	全部为开放式基金	部分为开放式基金
单位资产净值	固定为1 元	根据行情实时波动
收益累积方式	将红利自动转为份额	每单位份额的净值累积
收益提取方式	必须通过赎回份额	定期分红或赎回份额
市场表现度量	以收益率度量	以净值度量
投资成本（现存基金平均，占净值比）		
申购费率	无	多数为每笔1000 元
赎回费率	无	1月以下多数为0.75%–1%，1月以上多数为0.3%
管理费率	0.29%	1.02%
托管费率	0.09%	0.21%
销售费率	不超过0.25%	申购、赎回等合计不超过1.5%
流动性		
赎回到账时间	已经能够实现T+0	T+2
历史表现（2007–2013 年）		
算数平均收益率	3.0%	8.5%
复合平均收益率	3.1%	8.2%
年收益率标准差	1.0%	35.8%

3.货币市场基金的类型

在我国，货币市场基金的种类还比较单一，这主要是由于现有金融市场上供货币基金所投资的大类资产种类不足，基金的发起方式比较单一造成的。然而，在资本市场深度和金融产品丰富程度高度发达的美国和欧洲，货币市场基金可以进行不同的分类，下面是两种比较常见的分类标准。

（1）按发起方式分类

按发起方式分，货币市场基金可分为公司型与契约型，公司型货币市场基金是经由发行股份方式吸收大众资金，美国的共同基金多属此类。公司型货币市场基金的持有人类似于一般公司的股东，依法具有特定的投票权，以确保其权益，包括董事选举、基金管理公司或投资顾问的选择、基本投资策略的更改，等等。而大部分基金日常事务均由董事会与相关独立机构合作完成。

契约型货币市场基金是由投资人与基金管理公司及托管机构签订合同，从而委托基金公司管理资产，英国的共同基金即属此类。

（2）按所投资的标的资产分类

这一分类在美国比较典型，美国的货币市场基金分为四种类型：第一种是课税型政府债券货币市场基金，主要投资于短期美国公债及其他由美国联邦政府或旗下机构所发行或保证的短期金融债券；第二种是课税型非政府债券货币市场基金，主要投资于短期货币市场工具，包括大型银行所发行的定额存单、商业本票及银行承兑汇票，这些货币市场工具的平均到期日通常小于90天；第三种是国家免税货币市场基金，它主要投资于市政府所发行的短期证券，其收益可免联邦政府税；第四种是州立免税货币市场基金，主要投资于由单一州政府发行的短期债券，居住于该州的居民可以享受免课联邦及州政府所得税的优惠。

4.如何选择货币市场基金

近年来，货币基金以收益稳定，灵活性又接近活期储蓄的独特优势而受到投资者青睐。但你应当清楚，货币基金并不是银行储蓄，只是一种现金管理工具，并且投资者购买货币基金时，应该注意以下几点。

（1）规模越大越好

货币基金管理人在购买标的资产时，多采用一对一的价格谈判方式，通常是资金量较大的一方议价能力更强，投资收益也更高。并且规模较大的资金应对大额赎回的能力也越强；相比之下，规模较小的货币型基金，为了应对赎回，持有现金比例往往会较高，这样用于投资的资金也会相对较少，收益也随之降低。

图1：货币基金的规模与收益

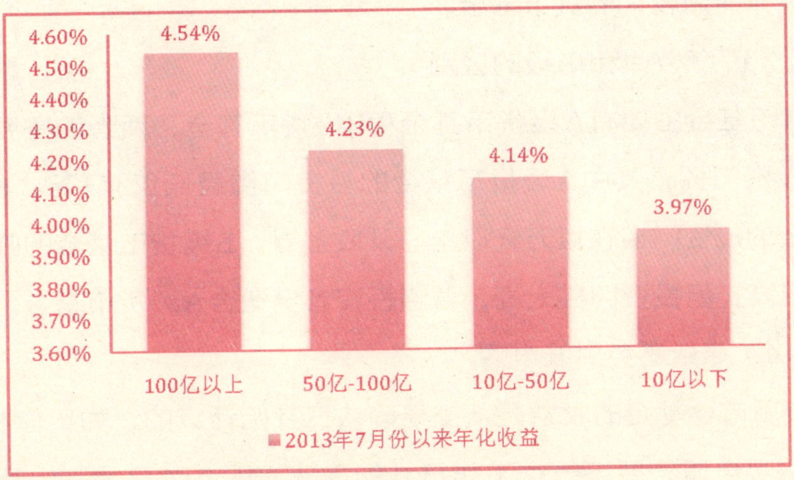

表3：2013年12月31日前十大货币基金

名称	份额（亿份）	资产净值（亿元）	托管行	成立日期
天弘增利宝	1,853	1,853	中信银行	2013-5-29
华夏现金增利A	521	521	建设银行	2004-4-7
南方现金增利A	437	437	工商银行	2004-3-5
上投摩根货币B	355	355	建设银行	2005-4-13
嘉实货币B	310	310	中国银行	2012-12-17
建信货币	296	296	工商银行	2006-4-25
博时现金收益	253	253	交通银行	2004-1-16
工银瑞信7天理财A	244	244	建设银行	2012-8-22
工银瑞信货币	243	243	建设银行	2006-3-20
中银货币B	201	201	工商银行	2012-3-29

不过，在某种情况下会出现例外，当市场利率发生变化时，比如央行加息，规模较小的货币基金则“船小好调头”，收益率会大幅上涨。

（2）尽量选择运作时间较久的货币基金

货币市场基金的一支货币基金经过一段时间运作之后，其业绩的好坏已经经受过市场的考验；而一支新发行的货币基金能否取得良好业绩，还需要时间来检验。此外，新发行的货币基金还有一个封闭期，封闭期内无法赎回，灵活性自然会受到限制。所以要尽量选择运作时间较久的货币基金。

（3）了解A级和B级的区别

货币基金主要有A级货币基金和B级货币基金，两者的主要区别在于投资门槛，其中A级货币基金的投资门槛最低仅有1元，B级货币基金的投资门槛在百万元以上。从收益看，B级货币基金的收益率一般更高，但投资门槛太高，普通投资者更适合A级货币基金。

（4）尽量避免周五申购

货币市场基金的收益是从交易确认日开始计算的，如果你在T日提交购买申请，要下一个工作日才能确认，即T+1日才开始计算收益。如果投资者周五申购货币市场基金，要等到下周一才能确认并计算收益，无法享受周六、周日的收益。因此，投资者最好避免周五申购。

（5）灵活运用基金转换，及时把握股市、债市和货币市场的机会

货币市场基金是牛市、熊市都可投资的低风险产品，是非常灵活的现金管理工具。在熊市或市场不明朗时，可以将资金放在货币基金中，降低风险并获取一定收益，等待机会；而在牛市中，可将货币市场基金转换到偏股型基金中，争取更高收益。有时，货币市场基金转换为股票型基金或债券型基金时，还可以享受到优惠的申购费率。

（6）知道什么是“节假日万份收益”

如果你想了解一只货币市场基金最真实的业绩水平，那么“节假日万份收益”就是了。你也许听到过“7日年化收益率”，它是将最近7天的收益做一个平均值，这个指标熨平了短期波动，看似更加真实地反映了货币基金的业绩水平，实则不然。有时你会发现，你挑选了一支7日收益最高的货币市场基金，而在你买入后的一周内，

这只基金的收益却不如其他的货币市场基金，这是因为基金经理可以在交易日通过兑现浮盈，在连续几个交易日内将短期收益做得很高，而正是这一操作压低了未来几天基金的收益能力。而“节假日万份收益”却解决了这个问题，因为节假日期间基金管理者无法对基金收益进行上述的调整。但你如果想要与其他理财产品的年化收益率作比较，还要做一个简单地计算，由于周六和周日的万份收益一般会合并公布，因此将周六周日的万份收益除以2，再乘以365，就是该货币市场基金最真实的年化收益率。

5.货币基金与互联网的联姻

过去你想要购买货币基金，需要到银行或证券营业部去购买，而互联网正在改变这一切。

而在试水基金网店的初期，货币基金由于其相较其他类型基金更高的流动性和更低的风险水平，被大多数基金公司作为首批面向网店客户的主打产品。

参照国外成熟金融市场经验，货币基金很可能将超越活期存款成为居民首选现金理财工具，而实现这一梦想的正是互联网技术。然而，对于普通投资者而言，未来互联网金融时代的到来，货币基金理财具体将有哪些不同呢?

首先是货币基金的无缝申赎和转换。其实2013年可谓是货币基金T+0年，越来越多的货币基金完成了T+0的技术革新，为货币基金替代活期存款迈出了关键一步。

以海富通为例，如今通过其网上平台提交快速赎回海富通货币基金的申请后，即时便可在指定银行账户提现，消除了原先货币基金投资在流动性上的最后一道屏障。如果投资者想把货币基金账户中的钱取出，购买海富通旗下其他类型基金，也只需在网上基金平台点击鼠标就可轻松实现，方便投资者随时把握市场机会。

伴随着T+0赎回的创新，货币基金还贷、支付等衍生功能也正逐一打通。例如投资者可以通过将海富通货币基金账户和信用卡账户关联，设置货币基金在每月信用卡还款日前自动赎回，从而为信用卡还款。

这样一来，不仅能享受银行50多天的免息期，还可以获得这50多天内货币基金远高于活期存款的收益。至于支付功能，“余额宝”已经让大家看到了一个成功雏形；货币基金的最低申赎门槛也已降至1元，使用货币基金直接网上购物、转账支付都已不再是梦想，目前基金行业多家公司纷纷在积极探索这一领域。

此外，互联网金融时代下的基金理财，也将不再拘泥于电脑屏幕。事实上，目前已有基金公司开始试水手机APP，推广旗下货币基金。用户可以借助手机客户端，通过银行账户购买货币基金，随时随地进行现金理财。相信未来随着各类手机客户端开发的如火如荼，掌上理财将更加普及与便捷。

第七章 阳光私募

关键词：新《基金法》、对冲基金、期货私募

2013年新《基金法》助阳光私募由“游击队”变成“正规军”；

上海对冲基金园区在虹口北外滩正式开园；

期货私募“异军突起”爆发式增长。

1.什么是阳光私募基金

阳光私募基金更准确的的表述应该是“阳光私募证券投资基金”。首先，它是一种“私募证券投资基金”。“私募证券投资基金”既不是你去银行柜台花几分钟时间就可以买到的“共同基金”，也不是那些帮助创业者解决资金不足问题的“私募股权基金”，那么它是什么呢?

假如你对自己的炒股或炒债能力很有信心，于是决定帮朋友炒股或炒债，并且从收益中抽取一部分佣金，这就是“私募证券投资基金”成立最原始的动机。“私募证券投资基金”的管理者们就是一群对自己炒股或炒债能力非常有信心，受过专业训练，对金融市场有敏锐嗅觉的投资家，因为它是私人募集的，所以被称为“私募”。然而，当你把大半生的积蓄交给关系不熟悉的人时，是否担心过资金的安全？“阳光”化让你的资金得到了安全上的保障。如果用一句话来概述，“阳光私募证券投资基金”就是一种有法律保障的让别人帮你买卖股票的投资方式。我们通常把“阳光私募证券投资基金”简称为“阳光私募”，在下文我们也延续这种叫法。

2004年，赵丹阳创立的“赤子之心”，是目前较为公认的阳光私募的开端。而赵丹阳在成立阳光私募之前，更多的工作是全职帮朋友投资股票。在国内，大多数阳光私募成立于2007年以后，而最近这6年中，得益于整体良好的表现及愈发成熟的市场环境，整个行业呈现出了加速发展的态势。

随着专业投资者投资策略的多样化和资本市场的不断深化，阳光私募也不再仅仅局限于简单地买卖股票和债券。你也许曾经听过“对冲基金”，自2010年4月国内正式推出沪深300股指期货后，“对冲基金”开始在国内资本市场获得了生存的土壤。阳光私募便是“中国特色的对冲基金”。

“对冲基金”诞生于1949年的美国，一个叫琼斯的杂志专栏撰稿人，发表著名的《预测的最新潮流》，他介绍了一种叫做“对冲”的投资策略。第二年，他拿着妻子的10万美元，和其他三个合伙人创立了A.W–琼斯公司，也就是世界上第一家对冲基金公司。

而在60多年后的今天，对冲基金行业的整个产业资金规模已达到了1.67万亿美元，对冲基金也同时成为一种具有可以足够破坏一个国家金融体系的武器。至今，当提起英镑保卫战、索罗斯狙击泰铢、俄罗斯债务危机与长期资本管理公司的破产，当事者们仍会心有余悸。

“对冲基金”的运作基于一定的投资策略和复杂的投资技巧，它追求绝对收益,收取浮动业绩回报,只针对高净值人群发售,一般收取2%的固定管理费和20%的浮动业绩提成；同时，它较少地受到相关机构的监管，相对自由地使用杠杆和对冲交易，对信息披露的要求也较低。

之所以说它是“中国特色”，一方面是因为阳光私募与国外对冲基金的参与者不同。国外对冲基金的参与者只有三方,即投资者、对冲基金公司、托管银行。中国阳光私募参与者有四方，即投资者、信托公司、阳光私募管理人(投资顾问)、托管银行。当然，信托公司的加入使投资者的资金多了一重安全保障，使“私募基金”具有了“阳光化”的特性。“中国特色”的另一方面是指国内用于对冲操作的金融工具并不多，而在美国，市场上有CDS、利率掉期、货币互换等种类繁多的对冲工具，供对冲基金经理实现对冲操作。

一般阳光私募的名字中既有信托的名字，也有私募管理人的名字，比如，2013年业绩排名第一的“粤财信托-创势翔1号”，其中，粤财信托只是承担了这款私募产品的发行，而“创势翔”才是在整个产品的运作过程中承担起了投资的任务，通常被称为“投资顾问”。

表1：2013年新发产品数量较多投资顾问公司平均业绩

信托公司	新发产品数量	新发产品平均业绩%	新发最好收益率%	新发产品最差收益率%
重阳投资	21	13.93	16.75	7.36
佑瑞持	18	0.42	5.99	−0.35
朱雀投资	14	2.11	2.31	0.09
环球银证投资	13	2.33	5.77	−4.22
盈峰资本	12	−0.28	2.66	−3.35
东源股权投资	11	18.64	44.24	−19.18
申毅投资	11	0.19	0.19	0.19
展博投资	10	3.42	10.51	−2.51
恒如投资	10	1.36	4	−0.48
双隆投资	10	0.08	4.1	−6.06

表2：2013年信托公司参与阳光私募发行情况

2011			2012			2013		
排名	信托公司	产品数	排名	信托公司	产品数	排名	信托公司	产品数
1	对外经贸信托	129	1	中融信托	147	1	中融信托	486
2	长安信托	97	2	对外经贸信托	116	2	对外经贸信托	227
3	平安信托	91	3	平安信托	82	3	云南信托	143
4	中融信托	86	4	华宝信托	80	4	中信信托	111
5	兴业信托	86	5	长安信托	70	5	华宝信托	107

2013年6月1日，备受阳光私募行业关注的第一大事件 —— 新《证券投资基金法》正式实施，标志着阳光私募基金纳入法律监管范畴，私募行业走上了快车道，进一步完善了阳光私募制度。

总体来看，阳光私募在2012年的平均收益率为0.99%。2012年有超过50%的产品取得正收益，3.95%的产品获得超过20%的收益。2012年是市场较为低迷的一年，但也有一些给我们带来惊喜的私募基金。从2003年以来，阳光私募的发行整体规模不断提升，从2003年的8.8亿元提高到2012年的717亿的最高水平；2013年共有1351只阳光私募基金募集成立。从产品发行数量上看，环比上涨24.63%，增速超过2012年增速16.6个百分点。产品发行规模环比萎缩了38.5%，降为441亿元。虽然2013年发行量有所下降，但是整个行业的整体趋势还是向上的。

银帆投资旗下的“银帆3期”，以54.44%的收益率夺得冠军。银帆投资是一家相对低调的私募公司，甚至在其官网上都查不到投资团队的具体介绍。据悉，银帆投资的主要投资经理出身草根，很早就活跃在中国的二级市场，投资风格较为激进，换手率较高。呈瑞投资的“呈瑞1期”以31.31%的收益夺得2011年的冠军，今年位居第二。但我们注意到呈瑞投资旗下的8只存续产品中，有6只产品未取得正收益，这说明其管理团队中可能存在顾此失彼的情况。云腾投资旗下的唯一一支阳光私募产品“云腾1期”获得第三名。这是该产品成立以来净值首次超越初值。另外，一些老牌私募基金公司如鼎峰资产、混沌资产等，也有多只产品业绩名列前茅。

2.澄清阳光私募的几个误区

（1）阳光私募不是一般的基金

当你去银行柜台时，客户经理会不厌其烦的向你推荐股票型的、债券型的“基金”，这种基金是“共同基金”，也叫“公募基金”。“共同”和“公募”指的是一般老百姓都可以购买。然而，“阳光私募”只能由一些高净值人群购买，通常“阳光私募”最低认购门槛是100万元。

公募基金对信息披露有非常严格的要求，其投资目标、投资组合等信息都要披露。而“阳光私募”则对信息披露的要求很低，具有较强的私密性。公募基金在股票持仓比例有严格的限制，而“阳光私募”的持仓比例限制较少，一般仓位可从0~100%，没有严格要求。

（2）阳光私募不是“地下炒股”

你的一位朋友想帮你炒股，并郑重其事地与你签了一份合同，你的所有股票交易都是通过你的证券账户买卖，你的这位朋友做的工作最多只能算作“私募基金”，而不能算作“阳光私募”。如果你投资的是阳光私募，你的资金一定是由银行托管，由信托公司募集，这样你的资金就安全了。

（3）阳光私募不是“PE”和“VC”

“PE”是“私募股权投资基金”的英文缩写，“VC”是“风险投资基金”的简称。它们都是帮助创业者解决资金短缺问题，但交换条件是让这些资本入股，分享创业者的劳动果实。并且这些企业往往不是上市公司，投资的风险非常非常大。阳光私募投资的都是上市公司股票或债券及相关金融产品，相比于“PE”和“VC”，风险小了不少。

（4）“阳光私募”不是信托

信托产品范围可以非常广，比如某个工程项目要融资，可以打包成信托来融资，这里的项目既可以是市政工程项目，还可以是房地产项目或矿产项目。而我们所说的阳光私募，通常投资于股市或债市的相关金融产品。

3.阳光私募产品特点

（1）购买门槛较高

阳光私募基金仅对合格的机构及个人投资者发行，发行采用私募的形式。一般而言，初始投资金额较高，通常不少于100万。购买者的个人年收入在最近三年内超过20万元人民币或者夫妻双方合计年收入在最近三年内超过30万元人民币，且能提供相关收入证明，王亚伟成立的私募基金投资门槛更高达1000万元。另外，阳光私募基金不得在公开场合进行发售，也不能有公开的广告宣传。

（2）收费方法复杂

阳光私募基金的费用包括认购费、管理费、托管费和赎回费，且大多数基金的前三项费率是固定的。但一些基金也有另外的约定，比如基金亏损到一定程度的时候，则免收管理费。在封闭期结束后，客户对基金份额进行赎回是不收取赎回费的，而客户在封闭期内要求赎回的，通常按3％的比例收取赎回费。当阳光私募基金产生盈利时，依据合同条款，私募基金管理人会提取其中的20％作为回报。另外，与此相应的一般还会有“高水位”条款，即业绩报酬必须在基金净值创出新高后才可以提取，这也使管理人及投资者的利益更加趋于一致。

（3）投资比例灵活

阳光私募持仓比例可以在0~100％之间，可称之为“全天候”的产品。这与公募股票型基金有较大的差异，使基金回避系统性风险成为可能。阳光私募虽然没有券商那样强大的研究平台提供决策支持，但大都崇尚价值投资理念，偏向于发现具有长期投资价值的企业，认为好的企业像钻石一样稀有，一旦发现就要重仓投入，长期持有。阳光私募没有资产配置比例的限制，管理者可以集中力量持有少数几只股票，从而仅专注于较少数上市公司和市场挖掘。

（4）流动性较弱

阳光私募基金大多有6到12个月的封闭期，而且一般规定每个月仅有一天为开放日，封闭期结束后，即可对基金进行申购和赎回。其中对于客户采取部分赎回的，要求客户剩余的资金额也必须满足100万的最低标准。也就是说，尽管基金的规模会随着客户的申购和赎回而发生变化，但是对于每个客户至少100万的资金要求并没有改变。客户在封闭期中赎回受到限制或需要交纳1%~3%左右的赎回费，但在这之后通常可以零费率赎回。

（5）信息披露较少

阳光私募基金通常每周或每月公布一次净值，并且也没有类似公募基金季报的资料。因此，普通投资者做决策所能依据的信息非常少，在选择“阳光私募”时需慎之又慎。

（6）追求绝对回报

你常常会看到公募基金拿自己的业绩和大盘指数比较，阳光私募则不同，比如某一年大盘指数下跌20%，阳光私募会说“我不关心”；而又有一年大盘指数上涨20%，阳光私募还会说“我不关心”。阳光私募基金管理人追求绝对回报。因此，只要基金获得正收益，私募基金管理人就能获得业绩提成。

（7）规模相对较小

目前阳光私募基金资金规模通常在几千万元至几个亿，超过十亿元的基金相对较少。相较于规模较大的公募基金来说，操作更灵活，同时对行业集中度、持股集中度的要求远较公募基金宽松。私募基金通常可以集中持仓一两个看好的行业和四五只股票，更有利于实现基金经理自身的投资思路。因为阳光私募基金规模相比公募基金来说小得多，所获取的管理费也较少，业绩提成也成为基金管理者主要的收入来源。

4.阳光私募品种大观

（1）按照收益分配方式分类：结构化和非结构化

“风险越高，收益越高”，有的投资者喜欢“高风险高收益”，有的投资者则不然。

“结构化”阳光私募产品则是根据投资者的喜好分为优先、劣后两层结构。如果你是优先投资者，那么你可以享受产品到期后的预期固定收益，年预期收益率一般为5%~10%，并用劣后投资者的资金帮你保本保收益。而劣后投资者在承担风险的同时，则享受预期固定收益之上的投资收益。由于有劣后投资者的资金帮你保本保收益，私募结构化产品对于追求固定收益的你而言更有保障。结构化产品类似于公募中的分级基金，投资者享受产品到期后的预期固定收益，投资管理顾问公司或者基金经理在承担风险的同时，享受预期固定收益之上的收益。

“非结构化”阳光私募产品则不存在帮你保本保收益的劣后投资者，一旦发生亏损，你的本金就可能遭受损失。

2012年共有738支阳光私募基金募集成立，总募集规模约为1000亿元，平均募集规模约1.36亿元。其中非结构化产品215只，占比29%；结构化产品523只，占比71%。2012年非结构化阳光私募基金平均收益率为0.91%，结构化阳光私募平均收益率为1.24%。2013年，非结构化产品一改往年的不振，共发行1900只，占比84%；结构化产品368只，占比16%。2013年非结构化产品成为发行的主旋律。

图1：2013年结构化和非结构化阳光私募发行数量

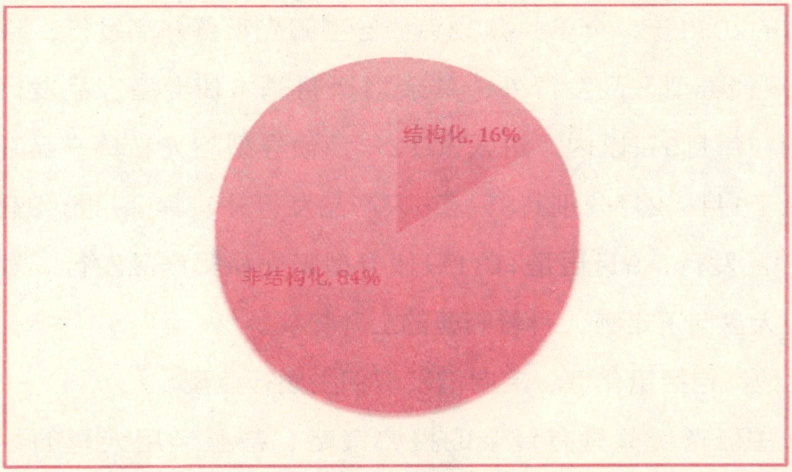

（2）按投资标的方式分类：权益类（又称股票型）、固定收益类（又称债券型）、其他类。

2013年，投资于股票型的阳光私募占比约71%，与2012年持平，投资于债券型的产品占比19%，相比上一年年减少了约5个百分点，其他类型，例如QDII型、对冲型、大宗交易型、定向增发型、套利非对冲型等，占比从2012年5%提高到2013年的10%。发行规模上，股票型依然占据市场过半规模，287亿占比65%。债券型产品发行规模占比31亿，共计135亿，其他类产品发行规模占比4%。

图2：2013年按类型阳光私募发行规模占比

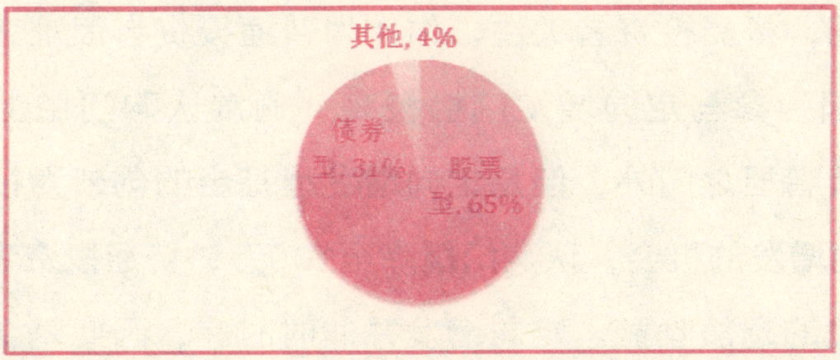

与公募基金的“股基”和“债基”类似，阳光私募也可以投资股票或者债券。债券型阳光私募发迹于2012年，当时A股市场的持续低迷，使得普通的股票型阳光私募产品发行受阻，但这催生了债

券型阳光私募产品发行的井喷。根据Wind数据，债券型阳光私募发迹之前的2011年，全年共有32只债券型阳光私募产品发行，除了12月有9只债券型产品发行外，其余11个月基本债券型产品发行数量都控制在每月5只以内。进入2012年，债券型阳光私募产品开始发力，除了1月、2月分别有8只和6只产品发行外，其余月份均有超过10只产品发行，9月更是有31只债券型阳光私募产品发行。发行数量随着大盘向下走势，有着明显的上升势头。

其他类包括量化型、定向增发型和主题行业型

有些阳光私募具有复杂的投资策略，甚至运用大量的数学演算。“量化型”便具有复杂的投资策略。简单来说，就是利用数学、统计学、信息技术的量化投资方法来管理投资组合。数量化投资的组合构建注重的是对宏观数据、市场行为、企业财务数据、交易数据进行分析，利用数据挖掘技术、统计技术、计算方法等处理数据，以得到最优的投资组合和投资机会。

“定向增发型”并没有那么复杂的数学演算，但在投资策略上也具有一些特点。定向增发是具备较好投资项目的优质上市公司，为募集投资资金而增发股票的一种行为，增发价格通常较市场价会享有一定折扣，因此具备一定的安全边际，部分股票存在超额收益的套利空间，备受投资者关注。你作为普通投资者很难直接参与定向增发，因为参与定向增发门槛极高，通常认购门槛上千万，将百万元投资者拒之门外，但是定向增发型基金的创新为投资者提供了参与定向增发的机会，认购门槛降至100万，普通投资者也可以分享定向增发的超额收益。定向增发并非时时有，因此基金手上剩余的资金也不能闲着，目前市场上出现的定向增发基金通常采用子基金套主基金的方式运作，由主基金常年参与定向增发股票投资，以获取定向增发投资的平均收益。

有一些阳光私募的投资策略类似命题作文，命题可能有关“大盘蓝筹”、“消费主题”、“自贸区主题”，这些就是主题行业型阳光私募。主题或行业投资型基金是以主题或行业投资为核心，前瞻性地挖掘市场的长期性主题趋势和行业趋势，动态把握市场阶段性主题转换，根据政策把握热点的行业，并精选获益程度高的主题个股或行业个股进行投资，在风险可控的前提下，追求基金资产净值的持续、稳定增长的一种创新型基金。

总结一下近几年阳光私募的创新产品，里面包括了几大特征：

1.杠杆的使用

根据杠杆的类型，我们将阳光私募基金的杠杆分成两类。其中外部杠杆是指使用结构化等形式来刺激份额获得杠杆效应；内部杠杆一般是指使用融资融券、期货品种等方式来获得的杠杆效应。

2.做空工具的运用

阳光私募基金产生以来，一直以股票多头策略为主，做空的工具匮乏，使得阳光私募策略有限，同质化严重。但是随着股指期货、融资融券的推出，并逐步允许信托、券商资管、基金专户等私募发行平台参与衍生品交易，一些阳光私募产品已经开始尝试将做空工具加入自己的投资策略。

3.MOM产品形式的出现

MOM在本质上是FOF型基金的变种，或者说是分支之一，都是以基金作为投资对象，并有具体子基金管理人进行投资运作。而MOM的亮点是多元投资管理人产品的创新模式，通过资金直接分配，而不是认购现有产品的形式，获得更多的动态管理权限，以及更好的投资组合透明度。

未来，阳光私募产品创新的趋势可能从对冲策略更为普遍地使用来突破，更好地确保绝对利益，更多地关注于投资者多元化的需求。

5.怎样挑选阳光私募基金

在简单了解了阳光私募基金这个相对有些陌生的理财产品后，大家一定很想知道如何挑选合适的私募产品。本节就简单介绍一下挑选阳光私募基金的方法。

（1）首先要确认自己是否适合购买阳光私募基金

并不是所有的投资者都适合购买阳光私募基金。在决定是否要购买阳光私募基金产品时，投资者要充分考虑到自身的可投资资金数额、风险承受能力，以及投资目标。

首先，由于阳光私募基金的起步门槛较高，一般为100万元以上。因此，一些资金不足的投资者就不适合购买阳光私募基金产品了。

其次，私募基金经理在操作基金的过程中，更容易受其个人投资风格的影响。从近些年来的实际情况看，阳光私募基金的业绩波动要大于公募基金。因此，若要投资阳光私募基金，投资者需要投入更多的精力甄选，且有一定的风险承受能力。

最后，投资者要考虑清楚自己的流动性是否与阳光私募基金产品相匹配。例如公募基金赎回较为灵活，而阳光私募基金通常有半年或1年的封闭期，此后也仅在特定日开放，一般每月1次。从这点来看，相对于公募基金来说，阳光私募基金的产品流动性较低，变现能力较差。因此，如果投资者需要在较短时期内赎回资金或者获得投资收益，则不适合投资私募产品。

（2）挑选适合自己的私募产品

对于普通投资者，“选公司–选经理–选产品”三步走是一种比较简单的选产品方法。

1）选公司

首先，一家优质的基金管理人必须有规范的管理和运作。评判一家基金公司的管理运作是否规范可以考虑以下因素：一是基金公司的治理结构是否规范合理；二是基金公司对其旗下基金的信息披露是否完整、及时；三是基金公司过往有无违法违规现象，是否有涉及公司运营层面的负面媒体报道等。

其次，基金公司旗下产品的历史业绩也是重要的参考因素。由于不同基金的设立时间不同，其累计净值的增长难免会有所不同。投资者可以划定一个时间段，在该时间段内观察基金的净值增长情况。

最后，该基金公司是否有基金经理频繁跳槽的事情发生，公司的人员流动性情况也是选择的一个依据。若该基金公司的基金经理变动不断，对于基金操作的稳定性也有负面的影响。一家好的私募基金公司，其人员是相对稳定，不会有太大流动性的。

图3：（2013年阳光私募存量产品数量）

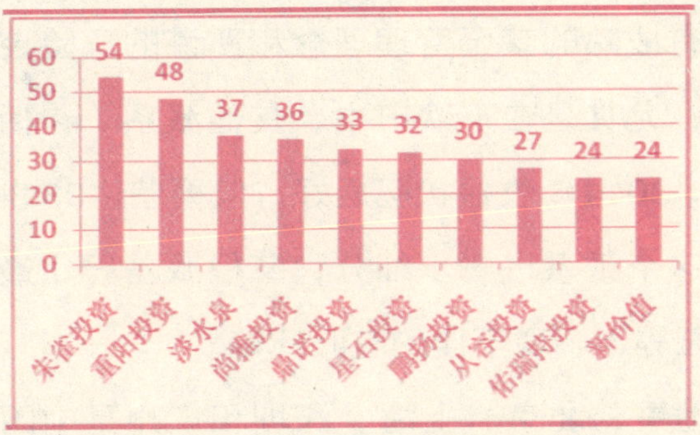

图4：（2013年阳光私募存量规模较大的投资顾问（亿））

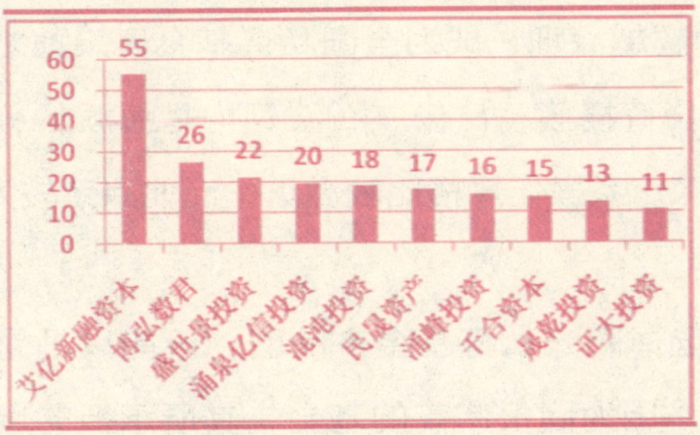

2）选经理

挑选阳光私募基金产品中最重要的一点就是选择优秀的基金经

理。我们把钱交给基金经理管理，就是因为相信基金经理的专业投资能力。因此，基金经理的工作经历、投资风格、历史业绩等就成为我们筛选基金的重要标准。

自2006年起，国内私人财富管理市场不断发展并日趋成熟。阳光私募基金作为强大的新生力量，吸引了许多专业人士的加入。特别是众多优秀的公募基金经理纷纷加入私募行业，有超过五分之一的阳光私募产品的投资经理有着公募基金背景，诞生了一批“明星”。在投资研发方面，有些阳光私募配备近20人的研发团队，超过了一般中小型的公募基金投资人员数目。

从管理人出身看，随着众多精英人士进入阳光私募，受背景和习惯影响，操作风格迥异，绩效水平也随之出现差异。公募背景私募的优势在于有成熟的基金管理理念和严谨的风险控制体系，业绩表现较为平稳，尤其是在下跌市中。其他派系（包括民间、学者、海外、媒体等）2011年收益状况最好，但极差达83.36%，业绩分化极为明显。对这个派系进一步细分，草根派差异化最大，表现优秀的有徐翔、林园等，表现不佳的有叶飞等。

从区位属地看，北京、上海、深圳和广州是中国金融机构的聚集地，自然也成为阳光私募聚集中心，近9成投资顾问在此。上海已在2011年成功超越深圳，成为全国私募基金聚集地之首，并且也成为私募冠军的培育摇篮，吕俊、石波等均是海派私募的代表。从运作风格来讲，深广系操作风格比较激进，而北京系较为稳健。

3）选产品

投资者在选择阳光私募基金产品时，不能只是简单地比较基金回报率的高低，因为回报率高的基金，其所承担的风险可能也比较高。投资者应根据自己的具体情况，选择适合自己的基金。

在分析基金的业绩表现时，一方面，要选择一个合适的基准来进行比较，这个合适的基准，通常是指相关指数和其他投资于同类型证券的基金；另一方面，在考察基金业绩时，不仅要看该基金近期的回报率，还要看该基金取得此业绩的背后需要承担多大的风险。在知道基金的收益和风险以后，可以计算该基金的风险调整后收益，从而看出该基金在风险和收益之间的平衡状况。投资者可以据此选择风险和收益与自身相匹配的基金产品。

在这里，介绍两个比较常用的评估基金产品的指标。

年化标准差

这是根据基金净值于一段时间内波动的情况计算出来的，是衡量风险的一个工具。一般来说，年化标准差越大，表示基金净值的涨跌越剧烈，风险程度就越大；反之，年化标准差越小，表示基金净值波动幅度越小，风险程度也越小。投资者在选择基金投资时，除了考虑基金过往绩效表现及投资地区、标的等因素外，还应当衡量自己的风险承受能力。风险承受能力较低者，可选择标准差较小的基金投资；相反，风险承受度较高者，可选择标准差较大的基金投资。

夏普比率

表示每单位的风险所能获取的收益，它反映了根据风险调整后的收益情况。其计算方法是，将基金报酬率减去无风险报酬率，再将所得出的数字除以该基金的标准差。夏普比率越高，表示该基金的报酬相对于其风险的表现越好，或者说，每一单位风险所获取的超额回报较高。

6.知名阳光私募基金公司及其核心基金经理介绍

重阳投资

上海重阳投资管理有限公司于2009年设立，专注于资产管理业务，是一家采用合伙模式经营的有限责任公司。重阳投资注重做好各种情景模式下的应变准备，强调在不确定环境中的决策质量是获取稳定持续超额收益的关键。重阳投资于2009~2012连续四年被评为金牛阳光私募管理公司。截至2013年3月31日，公司拥有多个管理型信托产品，资产管理规模超100亿元。

核心基金经理：

裘国根：中国人民大学经济学学士、硕士。现担任重阳投资高级合伙人、投决会主席、投资经理。裘先生1993年至1995年就职于原君安证券下属投资管理机构，1996年开始职业投资，2001年创立上海重阳投资有限公司，2009年参与创建重阳投资。拥有19年权益类投资和衍生品交易经验，长于公司估值和投资策略。

淡水泉投资

2007年6月淡水泉投资创立，打破了投资和研究人员分立的传统投研工作机制，实行投资经理团队制，并建立了与此相适应的i-FARM研究平台，引进了专业的对冲基金风险管理系统。淡水泉的团队成员具有多年的行业经验，工作经历包括国内知名基金公司、国际投行、会计师事务所等。淡水泉在成立之初即布局海外，发起设立了淡水泉海外对冲基金，成为目前国内少数几家同时管理国内和海外产品的管理公司之一。

核心基金经理：

赵军：南开大学数学学士、金融学硕士。现担任淡水泉投资总经理兼投资总监。赵军先生历任中信证券资产管理部分析师、嘉实基金管理公司基金丰和基金经理、研究总监、机构投资总监、总裁助理。精通国内资本市场投资运作，并拥有管理全国社保基金、企业年金、保险机构和银行资金的丰富经验。

项志群：哈尔滨工业大学计算机工程及其应用系工学学士。现担任淡水泉投资公司淡水泉卓越1期基金经理。项志群先生曾先后任职于航天CAD工程有限公司、经易期货有限公司、海南证券有限公司等。2001年11月进入长城基金管理有限公司，历任交易主管，其中2005年3月至2007年2月担任基金久富基金经理，2007年2月至2008年2月担任长城久富基金的基金经理。2008年2月至2008年5月服务于大成基金管理有限公司，任委托投资部投资经理。2008年11月起任公司投资管理部总监。2009年9月至2010年9月担任大摩领先优势基金经理。

鼎锋资产

上海鼎锋资产管理有限公司成立于2007年11月，注册资本3190万元人民币，主要从事证券投资及股权投资的管理与咨询业务，团队规模超过20人。公司目前已有16只阳光私募信托产品在运行，包括管理型产品8只，MOM产品3只，总行TOT产品4只，综合策略创新产品1只；目前总体管理规模超过25亿元人民币。公司已有超过10个私募股权项目投资（PE），已完成投资3亿元人民币，各项目总体收益率水平良好。

核心基金经理：

张高：西南财经大学金融专业硕士研究生，15年证券投资经验。现担任鼎锋资产董事长兼投资总监。张高先生1997年加盟君安证券（后与国泰证券合并为国泰君安证券），任投资银行总部业务董事；2001年起在大型国有企业云电财经公司任副总经理，负责对外投资；2007年创立上海鼎锋资产管理有限公司，任董事长。2008年底开始管理阳光私募基金鼎锋成长一期，鼎锋成长二期，2009年被评为“金牛奖”基金经理（国信证券和中证报联合评定）。

王小刚：1994年毕业于中央财经大学，现为鼎锋资产合伙人、基金经理。王先生先后就职于美的集团、国泰君安证券投资部及资产管理总部、国元证券投资管理总部，2009年加入上海鼎锋资产管理有限公司，现为鼎锋8期、4号基金经理。拥有近20年证券从业经验，擅长投资成长股。

李霖君：北方交通大学通信专业本科毕业，上海交通大学MBA，现担任鼎锋资产总经理。李霖君先生曾任华为技术有限公司高级经理，健桥证券股份有限公司投行总部业务董事，远东国际金融租赁有限公司项目经理；2006年至今任鼎锋资产副总经理，分管研究工作。

星石投资

北京市星石投资管理有限公司（原深圳市星石投资顾问有限公司）成立于2007年。星石投资是目前国内最大的阳光私募基金公司之一，旗下私募基金数量超过30支。星石投资专注绝对回报，并确立了追求绝对回报的投资目标，做有中国特色的对冲基金。星石投资是首届晨星对冲基金奖独家获得者，并蝉联三届《中国证券报》“金牛阳光私募管理公司”奖。

核心基金经理：

江晖：经济学硕士。18年投资研究经验，其中14年基金管理经验。目前担任星石投资董事长、管理委员会主席、投资决策委员会主席。江晖先生2001年至2006年所管理的基金和带领的投资团队，连续6年投资业绩均名列基金业前茅。2007年7月至今，管理阳光私募产品，业绩同样名列前茅。历任工银瑞信基金管理有限公司投资总监、湘财荷银基金管理有限公司投资总监、华夏基金管理有限公司总经理助理，曾经担任工银瑞信核心价值基金、华夏回报基金、兴华基金、兴和基金等基金经理。

罗敏：经济学硕士。13年投资研究经验。历任新华人寿保险资产管理公司高级投资经理兼任股票投资策略主管，长盛基金管理有限公司长盛成长价值基金、长盛动态精选基金基金经理助理。目前担任星石投资首席投资官。

千合资本

2012年9月，深圳千合资本管理有限公司成立。据深圳市市场监督管理局注册登记信息显示，公司实际控制人王亚伟出资1000万元，是唯一股东。不久，该公司推出了第一只私募产品 —— 昀沣，目前该产品的认购门槛是2000万元。该产品的目标客户锁定为真正的高净值客户，绝大多数投资者无缘购买该产品。

核心基金经理：

王亚伟：2012年5月，“最牛基金经理”王亚伟从华夏基金离职。王亚伟在公募基金上的成绩目前无人能及，其管理的华夏大盘在其任职期间回报超过1186.99%，并且在2007年大牛市和2008年的大熊市中业绩均排名第一。

第八章　银行理财

关键词：影子银行、钱荒、8号文

银行再不改变，我们就来改变银行（马云）；

银监会强化银行理财监管。

1.什么是银行理财产品

你去银行排队存款时，客户经理会主动递给你几份活页材料，除了一些安全教育材料外，大多数都是关于银行理财产品的。

银行理财产品的发行人和设计者都是银行，银行将募集到的现金投入相关金融市场，购买信托、股票、债券、外汇等，当然这些金融产品中哪些可以投资，哪些不可以投资，都是根据产品合同约定的；投资收益结算后，根据合同约定分配给投资人。

银行理财产品最早出现在瑞士，而后在美国、欧洲和日本得到迅速发展。与国内理财产品只注重收益不同的是，欧美银行开发银行理财产品的目的，是帮助投资人做好一生的财富规划。银行理财专业人员会结合投资者生活状况和性格特点，对金融市场现有产品进行组合和拆分，以满足不同投资者在人生不同阶段财富保值增值的需求，这其中包括对投资者职业生涯、子女教育、住房、退休、遗产等各个方面的考虑，因此在国外，“银行理财产品”又称为“私人理财产品”、“家庭理财产品”。

在我国，随着经济的发展和收入水平的提高，人们的理财意识都有了显著的提高，越来越多的人将银行存款取出来投资于基金和信托等金融产品，银行的居民储蓄由1996年的56%下降到2010年的42%，银行面对这种局面，不得不加快自己的理财产品的发行速度。

我国银行理财产品起步于2004年，那年光大银行上海分行率先推出第一款人民币理财产品 —— 阳光理财B计划第一期。从此，人民币理财产品成为继股票、封闭式基金、信托资金计划、开放式基金之后，又一可供个人和家庭选择的投资产品。我国银行理财管理的资产规模在2006年实现了翻一番。2013年度全年的发行数量达到了44983款，较上一年增长38.81%，回顾近五年的情况，应该是又创下了一个历史新高。单从2013年的发行量来看，1~6月份还属相对平稳，然而2013年6月，上海银行间同业拆借利率（Shibor）隔夜和7天资金价格，分别创下中国有银行间市场以来的历史新高，银行间市场面临流动性紧缺问题，即出现了迄今为止最严重的“钱荒”。这次钱荒一直持续到了2013年末，尤其是12月23日，银行间14天期银行间同业拆借利率一度站到了8.91%的高度，再创6月份以来的新高。6~12月份的银行理财产品的发行数量在“钱荒”的影响下，出现了明显的增长。为了防范高增长下的风险，2013年银监会下发了一份名为《关于规范商业银行理财业务投资运作有关问题的通知》（行业内称其为“8号文”），8号文的主要作用在于规范理财业务投资运作，防范化解商业银行理财业务风险。

图1：银行理财产品发行数量

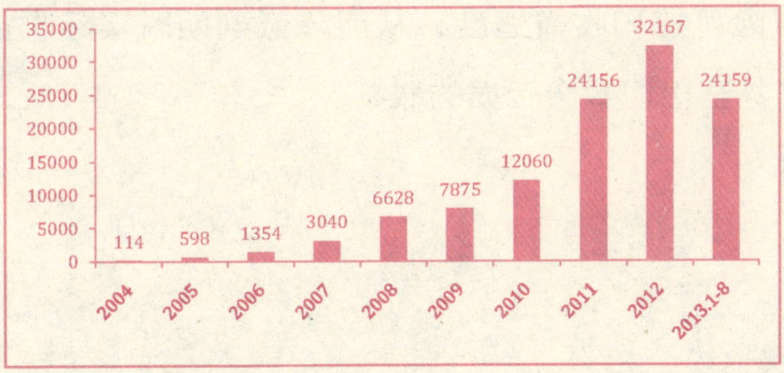

数据来源：Wind资讯

但由于国内金融政策的限制，银行还不能像国外一样代替客户理财，加上理财产品的发展历史短暂，资深专家级的专业人士缺乏，因此，银行发行理财产品的目的还停留在不断扩大产品规模，客户的目的则是挑选高收益的理财产品。另外，在美国34%的消费者会选择通过互联网或者电话购买个人理财产品，21%的消费者通过公司网站直接购买。而在我国，投资者购买商业银行理财产品的方式较为单一，绝大多数都是通过银行柜台购买，还有极少数人会通过银行网站购买。

2.银行理财产品的特点

（1）收益适中

银行活期存款利率为0.35%，一年期定期存款利率为3.5%，相比之下，银行理财产品的收益高于存款，同时风险相对较小，流动性较高，填补了从无风险低收益的银行存款到高风险高收益的信托、基金等产品间的空白。

在金融风暴冲击下，投资者风险厌恶程度上升，避险型理财产品成为主流。经过金融风暴的洗礼，投资者对市场风险的认识程度大幅提高，对风险的态度也发生了明显变化，更加偏好于保本浮动收益类产品。而风险承受能力较强的个人和机构则偏好于直接投资股票、期货等金融工具。与此同时，银行在理财产品开发中亦加强了风险控制，挂钩股票指数等原本风险较高的产品，也通过设计创新以实现风险可控和收益适度，从而降低到期时实际收益率低于预期收益率，甚至出现本金亏损的概率。

图2：预期年化收益率

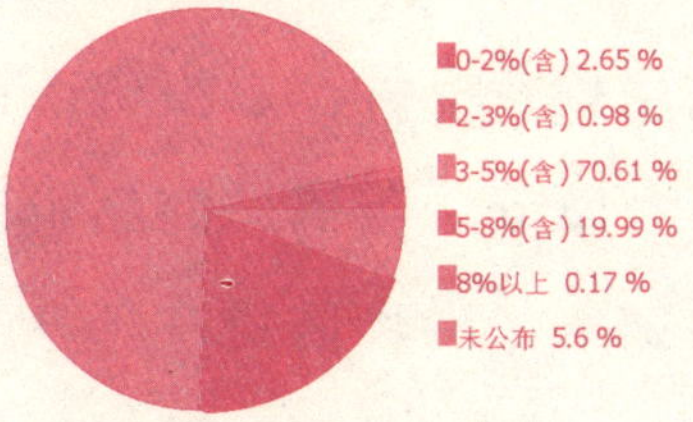

图3：实际收益与预期收益的比较

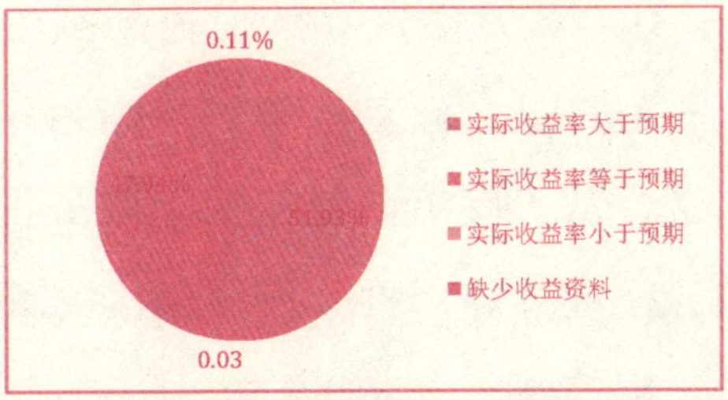

注：数据为2013年1月1日至2013年8月20日间数据

从上图中可以看出，近期市场上发售的银行理财产品（不分期限）预期收益，多数分布在3~5%的收益区间中。

但相比于公募基金产品，你可以在网站上找到的银行理财产品收益状况却是非常少，这主要是由于银行理财产品的披露并不受法律强制要求。2009年仅有42.34%的银行理财产品披露了实现的收益率，而2010年仅有33.12%的理财产品披露了实现的收益率。

（2）流动性强

银行理财产品的期限短，是它区别于其他投资渠道（如股票基金、信托）的最主要特点。金融市场具有较多不确定性，投资期限长的产品将面临额外的风险。在相同收益下，投资者较为偏好投资期限短的各类资产，期限短的资产易于变现，以应对突发性现金需求。银行理财产品的短期性无疑为它的身价增添了筹码。截止2013年8月20日，银行理财产品中，产品期限在半年以内的占到了83%，其中期限在1~3个月的共计3453款；3~6个月的占到了62.44%。

图4：2013年银行理财产品投资期限

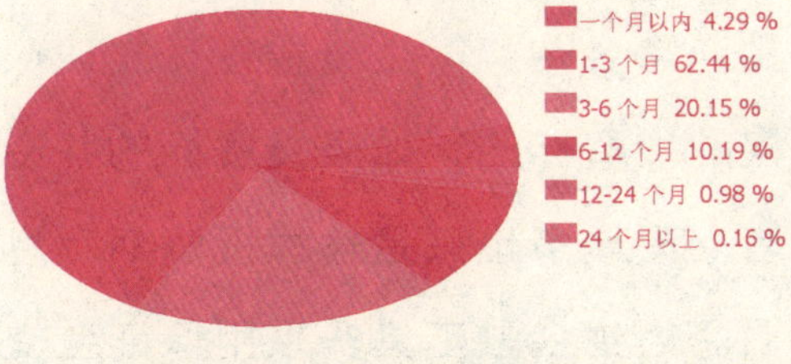

注：数据为2013年1月1日至2013年8月20日间数据。

3、银行理财品种大观

如今，理财产品的投资范围已不再局限于起步阶段的人民币固定收益产品，而基本覆盖了国内外的主要可投资品种。以投资币种为例，从人民币拓宽至国际储备货币美元、欧元、英镑，商品货币澳元及港元等币种。投资范围方面，除传统的债券和信贷产品，通过与银信(银行信托)合作，以及QDH等渠道，已基本覆盖了国内外股票、基金、商品、衍生品、指数、期货等主要投资品种。在产品设计上，也从起初简单复制国外产品，发展到目前各类创新层出不穷。

银行理财产品可以按照客户获取收益方式的不同、投资领域的不同等进行分类。

（1）按照收益形式分类：保证收益理财产品和非保证收益理财产品。

如果你购买的是一款保证收益理财产品，那么银行将按照约定条件向你支付固定收益，银行承担由此产生的投资风险。你可能会奇怪，银行为什么愿意帮你承担风险？因为银行奉行着“高风险、高收益”的信条，它承担了所有损失风险，并获得支付你以外的剩余收益。

非保证收益理财产品又可以分为保本浮动收益理财产品和非保本浮动收益理财产品。

如果你购买的是一款保本浮动收益理财产品，那么银行按照约定条件保证你的本金安全，但银行并不向你保证固定的收益。保本浮动收益理财产品通常会购买衍生金融工具实现保本目标，再将剩余的钱去购买期权的投资标的，如果投资标的并没有按照银行预期的走势运行，这笔交易最多也只是输掉投资期利息，衍生工具对冲了投资标的的亏损。衍生金融工具多采用保证金交易，帮助保本浮动收益理财产品以小搏大，以一笔门槛不高的投资，便可以参与诸如商品市场、海外资本市场等平日没有途径进入的领域，有较强的吸引力。

如果你购买的是一款非保本浮动收益理财产品，银行并不向你作出任何本金和收益的保障，只能根据实际投资收益情况向你支付收益。

在银行推出的每一款不同的理财产品中，都会对自己产品的特性给予介绍。目前各家银行的理财产品大多是对本金给予保证的。招商银行2008年2月推出的“金葵花”新股申购17期理财计划，产品期限9个月，持有到期的预期年化收益率为7%~20%，收益上不封顶。产品收益主要来源于申购中签的新股在公开交易市场出售后的价差收入，产品说明书中所指的预期收益并非保证收益，新股申购中签率及其上市后的价格波动，直接影响到投资收益甚至本金安全。这款“打新股”概念的产品是典型的非保本浮动收益类理财产品。

图5：收益类型

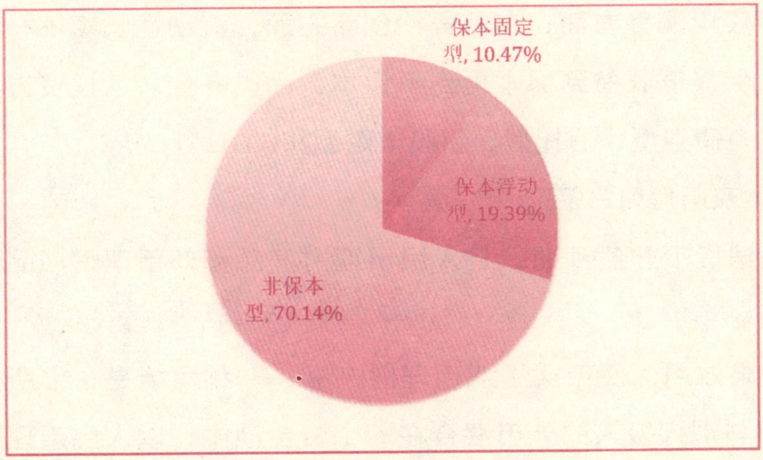

2013年非保本型理财产品共计发行31552款，占比70.14%，依

旧是银行发行理财产品类型的最爱。保本型银行理财产品的总数是13431款，占比29.86%，其中保本固定型产品发行了4711款，保本浮动性产品是发行了8720个。

（2）按标价货币分类：外币理财产品、人民币理财产品和双币理财产品

如果你购买的是外币理财产品，则只能用美元、港币等外币购买；如果购买人民币理财产品，则只能用人民币购买；而双币理财产品不但可以用人民币，还可以用外币购买。

1）外币理财产品

外币理财产品的出现早于人民币理财产品，结构多样，创新能力很强。外资银行凭借自身强大的海外投资能力，在这一领域表现及其活跃，并提供了多种投资主题，如新兴市场股票、奢侈品股票篮子、水资源篮子股票等，帮助投资者在风险相对较低的情况下，把握资本市场的投资热点。

2）人民币理财产品

伴随近年来银行理财市场的蓬勃创新，各家银行将投资品种从国债、金融债和央行票据，延伸至企业短期融资券、贷款信托计划乃至新股申购等方面；在差异性创新方面，流动性长短不一，风险性则由保最低收益到保本再到不保本，品类齐全。从投资方向分，最常见有债券型、信托型、新股申购型和QDII型。

3）双币理财产品

根据货币升值预期，将人民币理财产品和外币理财产品进行组合创新。

如果你用人民币买了双币理财产品，一种可能是，你所投入的人民币与别人投入的外币混合在一个资金池中，以人民币理财产品和外币理财产品的模式运作，到期后你以人民币形式会获得资金池

中的收益和本金；另一种可能，银行将你的人民币作为投资本金，将此本金产生的利息兑成外币以外币理财模式运作，以外币返还收益。

2013年全年人民币理财产品发行量达43334款，较2012年增幅超过四成，整个市场占比也进一步上升到96%以上，呈现继续扩张之势。相反的是外币理财产品市场份额的进一步下滑，除了部分银行仍为了满足小部分群体需要外，服务能力相对落后的银行基本不参与外币产品的发行。

不过，仅就外币产品来说，美元品种成为2013年的亮点，美元产品占整个外币理财产品的41.48%。美国的一系列经济数据反映良好，在这样的背景下，美联储宣告逐步退出QE，这样的预期会支持美元继续走强，因此美元理财产品未来将继续保持强势。

（3）按投资领域分类：货币型、债券型、贷款类、新股申购类和结构性理财产品。

1）货币型理财产品

如果你购买的是货币型理财产品，银行会将你的本金投资于信用级别高，流动性较好的金融工具，包括国债、金融债、中央银行票据、债券回购,以及高信用级别的企业债、公司债、短期融资券和法律法规允许投资的其他金融工具。

投资货币型理财产品可以令你的本金高枕无忧，由于货币型理财产品的投资方向是具有高信用级别的中短期金融工具，所以投资风险非常小；并且货币型理财产品的投资期短，最短的为7天，因此通常被作为活期存款的替代品。

2）债券型理财产品

债券型理财产品与货币型理财产品非常像，也是投资于央行票据和企业短期融资券，那么它们的不同在哪里呢？货币型投资的是期限小于397天的债权，而债券型则没有此限制，因此，债券型理财产品的风险会大一些，但记住“高风险高收益”。同时，债券型理财产品的流动性也不如货币型理财产品，多数期限在90天以上。

3）贷款类银行信托理财产品和新股申购类理财产品

这两类产品就是业内所称的“银信合作”产品。

贷款类银行信托理财产品又称为“信贷类产品”，银行从投资者处募集资金，将募集到的资金贷给项目方，项目方会给出一个贷款成本，而银行或信托公司会将这个关系包装为一个信托计划，最后将一部分收益分配给客户。

新股申购类理财产品又称为“打新股产品”，是将客户的资金专门用于申购新股的理财产品，但操作方往往不是银行或信托，而是投研实力更为强大的公募基金公司。打新股人人都能打，但资金量越大，中签的可能性就越大，而且机构投资者打新股的中签率比普通投资者的中签率高得多。打新股产品也蕴含风险，因为新股上市开盘价是不确定的。

信贷类产品和打新股产品是推动国内银行理财产品乃至整个人民币产品高速发展的主要因素，而这两类产品的大量出现又离不开商业银行与信托公司的合作。你也许会认为银行理财产品都由银行作为信用担保，这可就大错特错了。信贷类产品和打新股产品如果发生了损失，银行和信托公司不负有任何担保义务，信用风险完全由购买理财产品的投资者承担。然而，相比于货币型和债券型，信贷类产品和打新股产品收益率会高一些，风险也不言而喻。银行和信托公司认为自己都不对产品负有担保义务，过分追求高收益的项目而忽略了风险，而此时的客户还认为银行负有担保义务，项目破产了，银行和信托公司双方往往相互推诿，最后承担损失的只能是投资者。

4）结构性理财产品

你还记得上一章中提到的“结构性阳光私募产品”吗？“结构性阳光私募产品”是将一个产品拆分成“低风险低收益”和“高风险高收益”两部分销售。这里的结构性理财产品可不太一样，如果你购买了结构性理财产品，你的一部分资金会投资于债券等金融工具，另一部分资金会用于购买衍生金融工具，并将目标收益与国际、国内金融市场各类参数挂钩，例如与汇率挂钩的叫做外汇挂钩类理财产品，与利率挂钩的叫做利率挂钩类理财产品，与一揽子股票挂钩的叫做股票挂钩类理财产品，等等。

结构性理财产品一般都会与国际市场投资接轨，具有投资渠道广泛、组合多元化的特征。这将大大改善投资者在面临国内政策变动时相对被动的局面。结构性理财产品的相对收益率也比较高，但其所面临的风险同样较高，因为国际市场变幻万千，各类经济体出现动荡的几率较高，投资者很难准确把握住投资机遇。结构性产品一般不直接投资挂钩标的，不完全承担市场风险，就像在小池塘里游泳，暴风雨来临时最多呛口水，在大海里则可能殒命。这是结构性产品与市场直接投资的区别。因此，“钱荒”中结构性产品受损远小于市场下跌幅度。

从投资对象来看，银行理财产品主要类型是债券型与利率型，其中，利率型理财产品投资方向与货币市场型基金基本相同，只是两者的发行方分别是银行和公募基金。相比之下，投向股票的银行理财资产较少，历年占比均低于2%。这主要是因为与公募基金相比，银行债券交易人才济济，而股票投研团队实力还有待提高。

图6：2013年基础资产投向

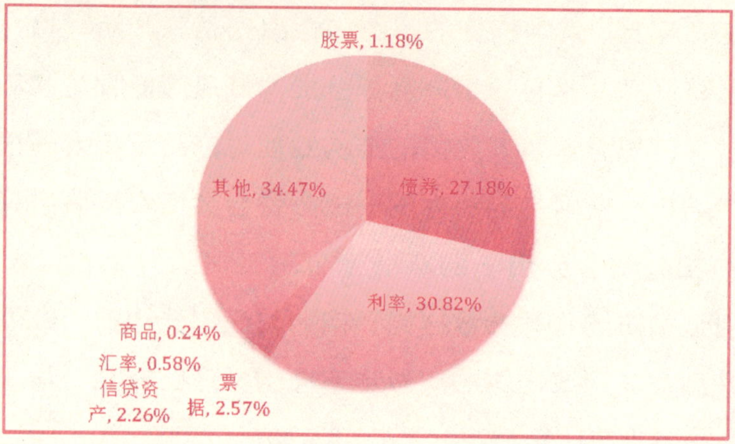

从2013年银行理财产品基础资产配置来看，监管的导向占据了主要的因素。2013年3月，银监会下发了“8号文”，对商业银行理财产品要单独对应投资资产标的物提出要求，以及对非标债权资产余额提出了严格的量化管理指标，确定了35%和4%两条监管红线。此举为了抑制“非标准化债权资产”业务增长速度，防范和控制风险。因此，2013年银行理财产品的债券、利率等资产配置比重达到58%，其中债券类27.18%、利率类30.82%。

5.如何购买银行理财

第一步：先做风险测试

首先，投资者应配合银行理财经理真实做好风险测试工作，完成银行提供的投资风险问卷，测试个人的风险承受能力，其中会包括个人资产情况、收入、投资目标、对本金损失的态度等一系列的问题。确认了个人的风险类别后，才可能选择购买与其风险承受能力相匹配的理财产品。目前来看，部分外资银行、股份制银行在对客户的风险评估工作上，做得更为细致和客观，例如花旗银行、恒生银行、招商银行等。

第二步：了解你购买的产品

购买前一定要仔细看产品说明，使自己有一个判断。比如各家银行推出的申购新股产品，产品说明上是委托谁运作的？是网上还是网下申购？历史上的经验本金是否会损失？收益大概多少？目前的银行申购新股产品只要国家政策不发生大的变化，收益应该比固定收益型的理财产品更高，至于高多少要看各家银行的运作水平。另外用一种正常的心态去判断理财产品也是必要的，如果有人吹嘘这个世界上有稳赚不赔的事情，保证本金，保证收益，就不应该去相信。任何一个超过市场平均水平收益率很多的产品，都要打个问号想想：是以往历史业绩做到了，还是有更好的理由可以支撑？

选择正确的投资标的，也就是了解理财产品背后的金融工具，在投资理财中也是非常重要的一环。投资标的有很多，与利率、汇率、基金、股票股指、商品价格挂钩的产品在市面上数不胜数。究竟哪种标的更好呢？其实，在不同的时期，不同的市场环境下，会有不同的选择。这就需要投资者自己来判断。通常，银行通过自身的优势，能够较为准确地分析出市场的走向，并相应地推出一些理财产品。投资者如果认同银行的观点，则可以购买理财产品。当下，商品价格的飞速增长应该是众人皆知的，特别是农产品价格及一些稀有金属的价格。因此，购买一些与商品价格挂钩的理财产品，则不失为一个好办法。

购买产品前要对各类理财资讯有所了解。特别是要了解与你所购买的理财产品有关的产品信息。比如外汇走势、人民币走势、黄金走势、石油等原材料的走势及波动情况等，你所购产品的银行、各家投资公司的实力、信用、以往业绩，也都是你参考的信息。

购买时要看赎回条件。结构性外汇理财产品期限普遍较长，一些结构性外汇理财产品不允许提前赎回，一些结构性外汇理财产品虽然能够提前赎回，但只能在特定时间赎回，且需要支付赎回费用。此外，尽管有的结构性外汇理财产品有保本条款，但其前提是产品必须到期，投资者提前赎回就有可能亏损本金。

收益率并不是比较的唯一标准。只关注收益率的话，如A产品预期收益率20％，B产品预期年收益率4％，表面看A产品更有吸引力，但细看：A投资方向是证券市场，期限一年；而B产品期限一个月，投资央行票据。显然A风险较大，预期收益率较高，是浮动的；B风险低因而收益低，收益固定。所以不能够简单通过收益率比较两个产品，其实A、B产品没有可比性。如果你是保守的投资者，A款产品并不适合，相比之下，关注产品投资方向更重要。

有人只买保本保收益的产品，实际上这不全面。银行产品大部分属于不保本型。但银行会通过各种措施，来保障本金和利息如期支付给客户。某个银行理财产品是某高速公路项目信托理财产品，到期有国家开发银行做后续贷款，保障客户资金安全。实际上该类产品反而比写明100％本金保证的结构性理财产品风险要小。债券类的理财产品，虽然不写明保本保收益，同样风险较小。

无预期收益产品并非不好。实际上有些产品预期收益率只是估计值，如新股申购产品，只是一个预期收益率区间。E产品是投资全球资源类基金精选配置的产品，合同没有写明预期收益率，因是创新类理财产品，没有历史数据可参考，反而这类产品最可能较快抓住投资机会。

第三步：选择一个信任的银行

选择银行很重要，看这家银行在市场上的信誉，看这家银行历史业绩，比如看该银行是否以理财产品为主要经营重点，创新理财产品的推出和升级是否每次都在第一时间，是否被市场一致好评，推出的每期理财产品是否按照其预期的收益率实现回报。有些银行在竞争中产品推出较迟，升级产品也只是跟风，运作经验较少，更不要说宣传的最高线，利用投资者“好了伤疤忘了疼”的习惯，和一些盲目追求高收益的心理，推出比市场同业更高的预期收益产品，到期时往往达不到当初广告宣传的预期收益的底线。而有的银行常常在行业内最先推出新式的理财产品，并领先同业3~5个月，运作经验和资源也很好。此外，有些银行广告宣传的预期收益往往不是市场最高的，但到期兑付时却是市场同期收益最高的，甚至多次超出其当初预期收益的上限，因此投资者选择银行应该多关注这家银行理财产品历史业绩，而不是当前广告预期收益是年15％还是20％。

第四步：选择一个好的理财经理

由于银行理财产品的专业性，可能并不是所有投资者都能看懂产品说明，这时选择一个好的理财经理就很重要。判断一个理财经理的好坏，首先感觉他是在销售还是在理财，如果一个理财人员只是强烈推销而不是先倾听你的风险承受情况再规划方案，就不是一个值得你信任的理财经理，因为她可能仅仅是为了完成上级下达的任务，或是为了自己的业务提成；其次，帮你选择哪一类理财产品要能够说出道理为何适合你；最后也是最重要的，理财产品到期后，理财人员是否在某些地方误导了你。总之，每个人可能都有自己喜欢的美发店、餐厅，选择理财经理也是同样的道理。

第五步：下单购买

最后，在认清了自己、了解了产品、熟悉了银行的情况下，投资者才可下单购买，从而获得匹配自身风险偏好和风险承受能力的理财产品。

另外，在购买理财产品的过程中，你还可能接触到以下材料或者其中的某几个：

(1)银行针对个人理财业务的一般性管理办法。这是根据监管规章制定的内部控制制度，但它也往往赋予了客户某些义务。

(2)有关个人理财业务某类品种的章程。这是银行就某类理财产品所制订的具有普遍适用意义的规章制度，这种文件通常明确要求客户必须遵守的条款。

(3)理财产品认购协议。这是有关理财产品的核心法律文件，它对银行与客户的权利义务均做了较为系统的规范。

(4)理财产品说明书。这是就特定理财产品的结构、收益、投资安排、风险以及投资标的等因素做出概括性描述的文件，通常是认购协议的一个有机组成部分。

(5)客户认购须知。这是结合监管规章的要求，向客户所作的一些必要提示。

6.银行理财注意事项

1）弄清楚各种费用：银行提供理财产品服务的核心目标是为了获得一定的收益。对于这种收益，有的银行称之为“手续费”，有的银行称之为“管理费”，也有的银行称之为与客户分享收益。投资者要注意的是：(1)确定不合理的手续费，即银行制定的手续费价格过高；(2)管理费的透明度不够，即银行在与客户签署认购协议以及提供产品说明书时，没有为管理费确定一个明确的收取标准；(3)未经客户同意而私自分享客户的资金收益，即银行在接受客户的委托理财资金签署有关法律文件时，并没有为银行分享客户的资金收益进行制度安排，而一旦客户的资金收益较高银行就私自留存部分收益；(4)即使银行在有关法律文件中明确提出了分享收益，但是银行作为客户委托的理财管理人能否合法地分享客户的资金收益，也是富有争议的法律问题；(5)保本理财产品中未能就银行手续费或管理费给出优先安排，或者既有保本承诺又有手续费或管理费优先扣收的约定，一旦发生理财投资亏损或者无收益的情形，银行与客户

独特眼光，开放视角，揭示全球宏观经济、金融和政治进化大趋势
当今世界发生了什么？世界经济正在走向何处？
充满战争、冲突、动荡、危机、增长和萧条的20世纪人类经济社会是如何走过来的？
TRILOGY OF THE CRISIS
THE BIG PICTURE
危机三部曲
全球宏观经济 金融 地缘政治大图景
邵 宇 秦培景 著
·金融危机从未远离·
它正在自我繁衍和不断进化，从私人资产负债表崩溃，到国家主权债务破产，
再到货币体系断裂，全球将进入新一轮的动荡……
·三次失衡、三个世界，三波危机·
将塑造未来30年全球政治、经济、地缘和货币全新格局，各主要经济体将如何博弈……
·如何生存在危机时刻·
如何从危难中发掘新一轮发展的契机，未来中国会在哪里？
人民币会在哪里？你会在哪里？
文汇出版社
穿越镀金时代
邵 宇［著］
新政机遇
改革锦标赛与市场新动力
独特眼光
开放视角

重庆金融资产交易所
CHONGQING FINANCIAL ASSETS EXCHANGE
汇聚创造财富
融通实现价值
安全高效的金融资产转让平台，
服务中小微企业，服务“三农”
企事业单位中短期理财首选，
风控严密，较高受益，流动性安排
电话：+8623 6388 3999 传真：+8623 6388 3977
Telephone Number: +8623 6388 3999 Fax Number: +8623 6388 3977
地址：重庆市渝中区民族路101号重庆交易大厦5楼 邮编：400010
ADD:NO.101 of Minzu Road,Yuzhong District,Chongqing(Chongqing Exchange Building 5F) P.C: 400010
重庆金融资产交易所网址：www.cqfae.com
Chongqing Financial Assets Exchange Website: www.cqfae.com

益盟操盘手
成就你的财富主张
中国领先的
证券信息服务商

可能就本金中是否扣除费用发生争执。

2）了解税收问题：多数银行暂不对理财产品的收益代扣税，但也有个别银行明确按照20%的利息税率来履行代扣职责。投资者在税收方面的法律问题，具体表现为以下两种情形，第一种是税法未明确规定如何扣税，而银行参照存款利息税率或其他税率代扣税；第二种是银行不代扣税，则可能发生一旦未来税法明确理财产品的收益必须扣税，而银行未能在有关法律文件中明确收益是否含税。

3）关注流动性风险：目前，大多数银行理财产品是不允许投资者提前终止合同的，而且有些理财产品不可以做质押贷款，这使得客户的投资存在一定的流动性风险。一般银行理财产品要求的金额较大，在投资者急需用钱、产品又没有到期时，投资者提出“提前支取”，就可能面临更大的经济损失。如果储蓄存款利率大幅度提高，投资理财产品的客户就会因不能支取而蒙受损失，如结构性理财产品就不具备可以进行产品流通的二级市场。作为一种封闭型的投资，通常无法在产品到期之前进行买卖流通，因而投资者不能像用其他投资工具一样来进行变现，有些理财产品即使能提前赎回也是有条件的，可能造成较大的损失。

7.银行理财产品案例分析

1）6000万巨款去了哪里

现年49岁的宋文洲，2008年在渣打银行(北京)有限公司中关村支行(以下简称渣打银行中关村支行)，买入将近6000万元的理财产品时，他并没有料到四年后，账户上的余值只剩下450多万元，而且这笔钱在今年3月末，突然从银行账户上消失。

2008年2月23日，在一通国际长途电话里，身在日本东京的宋文洲与渣打银行中关村支行的工作人员签订了《代客境外理财协议》(以下简称协议)。3月11日，在协议的框架下，双方又签订了两份有关具体产品的产品说明书，投资总额为6000万元。

多年的海外工作经历，让宋文洲对发达国家的银行比较放心。宋文洲1985年考取公派日本留学，后在北海道大学获得土木结构博士学位，毕业后留在日本成立软脑公司。这家公司在日本创业板和主板上市后，宋文洲出售他所持有该公司三分之一的股票，套现数亿美元。

上述协议中，宋文洲购买的两款理财产品为聚通天下代客境外理财系列——股票挂钩可转换结构性投资产品：QDSN08012E(CNY)和QDSN08017E(CNY)，主要用于投资欧美股市，至于选择什么股票，可以由客户自己来定。

境外代客理财产品，也称合格境内机构投资者(QDII)理财产品。2007年起，在政策环境的鼓励下，外资银行QDII产品开始在中国发售，其中渣打银行发行了较多挂靠股票的高风险QDII结构性票据产品。

以理财子计划QDSN08012E为例，该产品将所募集之款项投资于境外产品——美林1.5年期欧元银行股票挂钩可转换结构性票据，在该可转换票据到期时，投资者可视具体情况，选择赎回还是继续转入下一阶段投资。

宋文洲最后圈定了4只金融类股票：花旗集团、美国国际集团、高盛和摩根大通。后来，在席卷全球的次贷危机中，这四家金融公司成为重灾区，股票市值大幅缩水。

宋文洲对《中国新闻周刊》表示，此前他已经向渣打银行的工作人员说，这笔资金只做短期投资。签约时，对方在电话中表示可以随时赎回。当年5月19日，也就是买入上述两款产品的两个多月后，宋要求赎回，却遭到渣打银行方面的拒绝。

渣打银行拒绝的理由是，根据此前的协议，这两款产品在

2009年9月之前均不得赎回。原来，在QDSN08012E(CNY)和QDSN08017E(CNY)的产品说明书中，把投资分为了A、B两个阶段，其中，A阶段为期一年半，在此期间投资不可赎回，只有转到B阶段后才能自由赎回。

宋文洲当时并不知道，在产品说明书中还有这样的规定。由于双方当时是电话签约，因此，宋称并未看过相关产品说明书，只知道投资思路比较激进。后来，宋反思自己在投资上过于马虎。首先，电话签约按现行的《商业银行理财产品销售管理办法》是不允许的；其次，银行方面也没有按照投资者可以理解的方式，向宋说明这两款产品可能包含的风险。

围绕着这两款理财产品是否可以随时赎回，双方坚持己见。

此时，美国的次贷危机正在朝向纵深发展，波及范围也在不断扩大，眼看着投资的股票在不断下跌，却不能终止投资。宋文洲最终在2008年9月，把渣打银行中关村支行告上北京市海淀区人民法院。

次年，海淀区人民法院作出了一审判决，判令渣打银行中关村支行退还宋文洲两款理财产品本金共计约5922万。若双方服从判决，宋文洲的损失可以控制在百万以内。但双方不服，宋文洲又诉至北京市第一中级人民法院。

此后两年多，宋文洲着手收集证据，其中最为关键的是当时电话签约的录音，但银行一直拒绝提供录音备份，称其涉及商业机密。后来得知，宋文洲的妹妹在银行听录音合同时，悄悄做了录音，里面清晰地传出银行工作人员称随时可以赎回的语句。当时做这单业务的经理，此时已经从渣打银行离职，但在宋文洲的多次游说下，最终答应为其出庭作证。其间，宋文洲还咨询了国内的很多律师、金融界的专家。

2011年7月26日，北京市第一中级人民法院认为，从合同解释的角度看，A子计划也可以提前赎回，并作出了终审判决：解除宋文洲和渣打银行中关村支行签署的QDSN08012E(CNY)和QDSN08017E(CNY)两款产品合同的产品说明书，判决渣打银行中关村支行赔偿宋文洲的投资损失约5320多万元。

此时，宋文洲为这场官司支付的咨询和律师费用达1200多万元。

2）华夏银行理财产品案

华夏银行员工私售理财产品一度成为金融业的焦点事件。2012年11月26日，客户从华夏银行上海嘉定支行购买的中鼎财富投资中心（有限合伙）入伙计划，首期产品到期，客户发现本息均无法兑付。中鼎入伙计划产品共分为四期，最后一期产品2013年3月到期，四期产品均由中发投资担保有限公司进行担保。

2013年1月9日，华夏银行联同各有关企业召集了说明会。说明会上明确表示由中发担保履行责任，全额收购客户购买的中鼎系列产品。

知情者称，1月12日、13日两天，在华夏银行上海嘉定支行附近酒店，中发担保聘请的律师同客户分批签订了转让协议，客户经过身份及相关购买凭证确认后，拿回了本金（包括尚未到期的第四期产品）。由于客户在转让时同担保公司签订了保密协议，协议具体内容尚无从知晓。

数位客户称，解决方案比预期要快，虽然没有拿到承诺的预期收益，但拿回本金已是万幸。

目前投资产品种类很多，购买的渠道也很多，对于投资者来说，投资者最重要的是要认清收益越高风险就越大的道理，不要盲目地追求高收益率。同时，如何识别银行代销的投资产品和非代销产品十分有必要。

方法一：看合同上是否有银行公章

银行的代销产品里，在客户所签署的产品协议书里肯定会提及银行名字，而且客户会签名，产品投资方和银行也会签名盖章。银行作为代销主体，成为销售过程中的当事人。通常情况下，如果是银行代销的产品，为了利于监管和吸收存款，银行会要求客户购买产品的资金归集到自己银行。

方法二：宣传资料上有相关银行名

投资产品的宣传资料上一定会显示出代销机构有哪些，比如说这个产品在某个银行代销，会有具体代销银行的名字。但有些宣传资料一般是投资公司印的，客户在查阅的时候也需要多留个心眼。

银行对代销的产品也没有监管职责，如果产品说明书上刻意注明产品是由某某银行监管，也是值得投资者怀疑的，须了解清楚。

第九章　券商集合理财

关键词：大集合、小集合、备案制、通道

券商资管计划改为备案制并扩大投资范围；

取消大小集合的划分导致许多券商无法开展相应业务；

中小券商靠通道刷资产规模。

1、什么是券商集合理财产品

“券商集合理财”中的“券商”就是证券公司的资产管理部门，“集合”就是把你和其他人的钱汇集到一起，通俗地讲，“券商集合理财”就是证券公司帮你买卖股票、债券，以及其他一切可以投资的金融产品，也是证券公司针对较高端客户开发的理财服务产品。你一定知道，证券公司是做股票起家，从股票的发行、交易、退市，它们时时刻刻站在证券市场的最前线，它们正是凭借这些优势，来帮你实现财富的增值。

你可能还听到过证券公司专项资产管理计划和定向资产管理计划。的确，证券公司资产管理产品种类不止集合理财产品一种。根据 2003 年证监会令17号文规定，将证券公司资产管理业务分为三种：第一种是“为单一客户管理资产”，是“一对一”的，这叫做“定向资产管理计划”，其中的“定向”是指投资领域有限制；第二种是“为多个客户管理资产”，是“一对多”的，这就是“券商集合理财”，也是最为常见的券商理财产品；第三种比较复杂，既可以是“一对一”，也可以是“一对多”，但投资的项目往往比较明确，这些项目通常是经过证券公司遴选的优质项目，并非投资于二级股票市场，这叫做“专项资产管理”。作为普通投资者，接触到的更多是“券商集合理财”。因此我们在本章主要向你介绍“券商集合理财”。

证券公司资产管理业务发端于1996年的大牛市，这一时期，证券公司各种理财产品的名称也十分混乱，“集合”、“专项”等叫法也没有法律明确规定。后来由于缺乏监管，证券公司“挪用资金”、“坐庄”等丑闻频频发生，其中，2004年南方证券等多家证券公司相继爆出理财账户巨额亏损，证券公司资产管理业务趋于停滞。

证监会2004年96号文对证券公司资产管理业务重新进行了规范，2005年2月23日光大证券发行了我国第一只“券商集合理财产品”——“光大阳光集合资产管理计划”，从此，证券公司开始走上从理财“庄家”向理财“专家”转变的道路。2012年是金融创新元年，在政策的号召下，券商集合理财的规模进一步增长。据Wind的统计数据，2012年67家券商及券商资产管理公司发行了224支集合理财产品。光阴荏苒，进入2013年，券商集合理财出现井喷。截止2013年底，根据Wind统计，总共有1941只产品在2013年新成立，环比2012年224只产品的数量，在总数上环比增加766%。

图1：近年券商集合理财发行概况

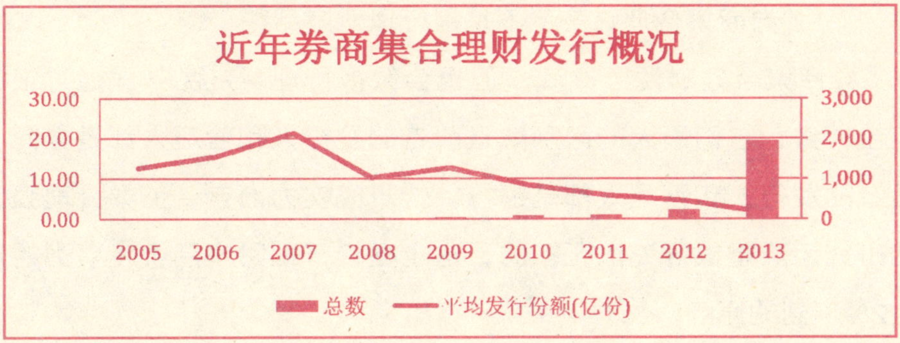

2013年券商和其资管无论是在发行数量上，还是在发行份额上，都强于往年，共有87家证券公司和资产管理公司总计共发行的2000支左右产品，排名前十的券商和资管总计发行了800余支产品，占比40%。

2014年券商首支公募基金产品浮出水面，东方证券资管公司公告显示，东方红新动力混合基金已于2014年1月22日募集结束，首募规模超11亿元。这也超过了2013年混合基金5.85亿的平均募集规模。该基金是业内首支由证券公司担任基金管理人的基金产品，即首支券商基金产品。其股票资产投资比例为基金资产的0~95%，投资受益于新动力的股票不低于非现金基金资产的80%。

图2：2013年券商集合理财数量前十

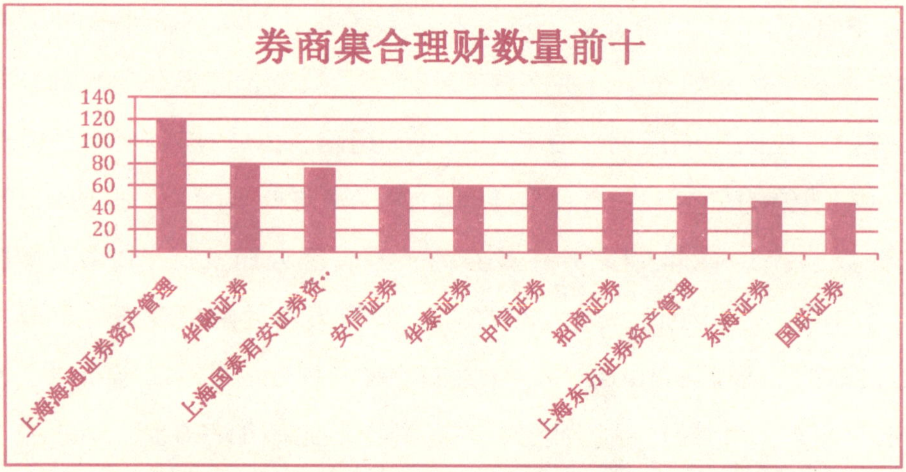

2、认识券商集合理财产品的几个误区

（1）券商集合理财产品不是银行理财产品

券商集合理财源于券商，但也会像银行理财产品一样通过银行柜台销售，它们最大的区别就是前者的发行人和管理人都是券商，后者的发行人和管理人都是银行。就研究实力而言，证券公司强大的研究团队是银行无法比拟的，这也是银行理财产品中股票类的仅占2%不到的原因。

（2）券商集合理财产品不是信托计划

信托计划的发行人和管理人都是信托公司。在信托计划中，也会将一部分闲置资金交给证券公司或者基金公司投资，但证券公司或者基金公司在法律地位上不是管理人，而仅仅是投资顾问。相比其他投资品种，信托计划无疑是所有理财产品中，投资范围最为广泛的，股票、债券、房地产，甚至是贷款、矿产，都是它的投资范围。当然，信托理财动辄几百万的投资门槛，不是一般投资者能够接受的。

3、券商集合理财产品特点

与市场上其他理财产品相比，券商推出的理财产品在吸引市场投资者方面，具备以下主要特点：

（1）投资范围比较广泛

券商集合理财可以投资于股市、债市、银行间市场，还可以投资基金市场。相比于股票型公募基金投资股票的比例不得低于60%的限制，券商集合理财投资范围更加灵活，没有仓位限制，当预计大熊市将要来临时，空仓也是可以的。

（2）收费方式灵活

券商集合理财产品的收费方式相当灵活，甚至有些复杂，但并不等于“乱收费”。如此种类繁多的收费模式，无疑是想激励管理人更努力工作，为投资者赚钱。业绩提成是目前许多券商集合理财产品的主要费用之一。业绩提成的收费模式在国外已趋于成熟，国内对业绩提成收费模式的尝试发端于2005年，东方证券发行东方红1号集合理财计划，它的合同中规定，每年的年复合收益率$R>2.25\%$时，管理人采用累进法提取业绩报酬。这里的“累进法”和累进所得税有些相似，比如当收益率$2.25\%<R<7\%$时，计提30%；当$7\%<R<10\%$时，大于7%的部分计提40%；当$R>10\%$时，大于10%

的部分计提50%。

公募基金最主要的费用是固定的管理费，有些券商集合理财产品甚至取消了固定的管理费，但会收取根据业绩浮动的业绩报酬。比如招商证券发行的“招商股票星集合计划”，光大证券发行的“光大3号”与“光大4号”集合计划，都不收取管理费而直接提取业绩报酬。当然，也有类似于公募基金的只收取管理费而不收取业绩报酬的集合理财产品，比如华泰证券的“华泰紫金2号集合计划”，只收取1.1%的管理费而不收取业绩报酬。

上面向你介绍的只是最简单的几种收费模式，实际上，券商集合理财产品的收费模式非常多，并出现了费用优惠、费用返还、浮动收费等多种模式。因此，在你购买某一券商集合理财产品前，向销售代表详尽地了解这个产品的收费模式，可以帮助你更好地了解相应的产品。

（3）流动性较弱

券商集合理财通常有3个月到1年不等的封闭期，因此在流动性上，相比于每日开放的公募基金逊色不少；但从另一角度来看，这也确保管理人可以做长期投资，可以在一定程度上降低管理人因市场表现不佳而被迫采取提升份额净值的短期投资行为，这在一定程度上降低了集合资产的投资风险。

（4）有一定的投资门槛

券商集合理财产品参与门槛比基金高。券商集合理财的参与门槛相对较高，最低一般为人民币5万元至10万元。证券投资基金的申购起点一般都比较低，如开放式基金一般为1000元，封闭式基金由于能够在二级市场上交易，没有限定门槛。

（5）通常设有“保底条款”和“提前转开条款”

券商集合理财产品会有证券公司的自有资金参与集合，当产品发生亏损时，证券公司首先会以自有资金弥补投资者的损失，这一机制在合同中被称为“保底条款”。但你要知道，“保底条款”不代表“保本”，因为证券公司的自有资金往往只占5~10%，当发生市场大跌时，往往是杯水车薪。还有一种机制是“提前转开条款”，通俗地讲就是提前赎回条款，当产品收益超过某个特定值，即使是在“封闭期”内，出于防止收益回撤的考虑，投资者也可以赎回本金。

（6）缺乏有效的信息披露

在运作的透明度上，券商集合理财产品不如公募基金。《证券投资基金信息披露管理办法》专门对公募基金的信息披露工作进行规定，要求公募基金管理人必须每日公布基金的份额净值，对公募基金管理人发生的重大事项也应及时公告，除此之外，还应于每个季度、每半年、每年公布定期报告，详细说明公募基金在上述期间的业绩表现、投资组合情况、公募基金管理人的重大事项等内容，使公募基金持有人能及时掌握公募基金最新的运作信息。而关于券商集合理财产品的信息披露，相关的法规只要求证券公司至少每三个月向客户提供一次准确、完整的资产管理报告，对报告期内客户资产的配置状况、价值变动等情况做出详细说明。可见公募基金在信息披露方面更规范及严格，在运作的透明度上好于券商集合理财产品。

4、券商集合理财产品分类：

（1）按是否限定投资范围分类：限定性集合理财和非限定性集合理财

限定性集合理财计划资产主要投资国债、国家重点建设债券、债券型证券投资基金、在证券交易所上市的企业债券、其他信用度高且流动性强的固定收益类产品；而投资于业绩优良、成长性高、流动性强的股票等权益类证券，以及股票型证券投资基金的资产，不得超过该产品资产净值的百分之二十，并且应当遵循分散投资风险的原则。相比之下，非限定性集合理财计划的投资范围没有限制。2013年市场上处于存续期的券商集合理财产品继续保持较快增长，虽然限定性产品在数量上与非限定性产品差距不大，在资产规模上均占据绝对优势，占到总份额的73%。

图3：2013年券商集合理财计划按是否限定投资范围分布情况

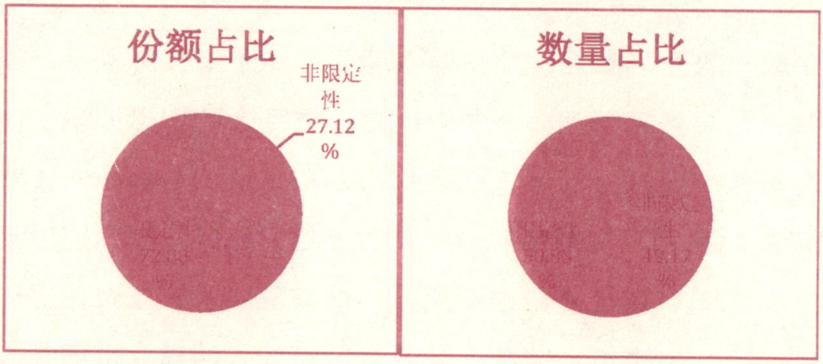

数据来源：Wind 资讯

（2）按委托资产是否有第三方监督分类：直接委托和间接委托

直接委托是指客户与证券公司签订资产委托管理协议，将资金直接划转到公司账户，由证券公司负责进行有价证券投资，托管期满，本息一次清算。整个运作过程客户不能监督。间接委托是指客户和证券公司分别在第三方开立专用账户，客户划进托管资金，证券公司划入一定比例的信用风险保证金。其中，第三方为监督方，它通常是另一家证券公司属下的证券营业部，以便对具体进行资产运作的证券公司进行有效监督，并在必要时实施强制平仓，保护客户利益。客户和监督方有权实施监督证券公司的运作、审查投资组合。

（3）按收益分配方式分类：固定回报型、保本保息型、保本分成型和风险自担型。

固定回报型：委托方与受托方签订协议，不论受托方如何运作，均需向委托方支付固定收益，不足部分受托方补足。

保本保息型：双方协议确定保底收益率，受托方保证委托方的保底收益，超出部分受托方按一定比例收取管理费。

保本分成型：双方协议，受托方保证委托方本金安全，盈利部分按协议提取管理费。

风险自担型：双方协议，委托方自担风险。盈利部分绝大部分归委托方，受托方只收取最少的管理费。

（4）按投资范围分类：股票型，混合型，FOF，债券型和货币型，这里的分类与公募基金类似。

股票型：以投资权益类资产为主，风险较大，代表产品是中金股票精选。其中，还包括 QDII，主要是投资海外股票市场，券商唯一的 QDII 集合理财产品 —— 中金大中华股票配置。

混合型：权益类资产投资比例低于股票型，保留一定比例的固定收益类产品，所以其风险和收益都低于股票型产品，代表产品是光大阳光 1 号。

在混合型中长期收益排名里，2013年前成立并运行的有近200只产品，2013年东方证券资产管理旗下的“东方红5号”以46.83%的收益率排名第一。前四名的差距并不明显，基本都在1~2个百分点。东方证券资产管理有5支产品入选10强榜单，其中排名第三的“东方红4号”，2013年收益率为41.31%，自2009年该产品成立以来，收益率为132.23%，业绩稳增，值得赞许。

表1：2013年混合型产品业绩表现

简称	单位净值	一年总回报(%)	管理公司	托管人
东方红5号	1.4093	46.83	上海东方证券资产管理	中国工商银行
中银中国红稳定价值	1.1120	43.11	中银国际证券	华夏银行
东方红4号	2.1284	41.31	上海东方证券资产管理	中国工商银行
招商智远成长	1.3490	41.26	招商证券	招商银行
东方红新睿1号	1.3561	35.94	上海东方证券资产管理	招商银行
光大阳光6号	1.1362	34.71	上海光大证券资产	中国工商银行
东方红公益	1.2455	33.68	上海东方证券资产管理	中国工商银行
中信优选成长	1.1147	31.61	中信证券	中国银行
中山金砖1号	1.0606	31.24	中山证券	华夏银行
东方红先锋6号	1.0501	30.90	上海东方证券资产管理	招商银行

FOF：即基金中的基金，顾名思义就是通过购买基金来间接购买股票，尽管其所持有基金比例较高，但由于基金本身的持股仓位较低，因此 FOF 产品实际持有的股票仓位也会较低，这样能够较好地化解股票市场下跌所带来的系统性风险，代表产品是光大阳光2号。

债券型：以持有固定收益证券为主，同时也有20%的可用仓位来投资股票等权益类产品。券商债券型产品可以直接投资二级市场，也可以通过投资股票型基金来间接投资二级股票市场，代表产品是华泰紫金 1 号。

货币型：以投资低风险的货币市场为主，但与货币型基金相比，券商货币型理财产品投资范围要灵活许多，例如招商现金牛货币有 20%的仓位可以用于新股申购及可转债投资，国泰君安君得利1号货币则有10%的仓位可以用于新股申购，此外，货币型券商集合理财产品可投资债券的剩余期限及券种的可选范围，均比货币型公募基金更加灵活。

从各类型产品来看，投资范围较为灵活，收益风险比较低的混合型、FOF 产品更受投资者欢迎，产品数量、规模相对较大，而风险较高的股票型基金发展则较为落后。

在2013年发行的1941只新产品中，发行数量最多的为债券型产品，共有919只产品发行，排名发行量第二的是混合型产品，发行量为661只，FOF产品发行量超过了货币市场型、股票型和QDII型产品，后三种类别的集合产品数量发行支数相对较少。从份额角度来看，在发行规模为5652亿的市场中，货币市场型产品的份额超过FOF产品，排在第三。排名第一、第二的依然是债券型和混合型产品，份额分别为2352亿份和992亿份。

图4：2013年券商集合理财发行类型

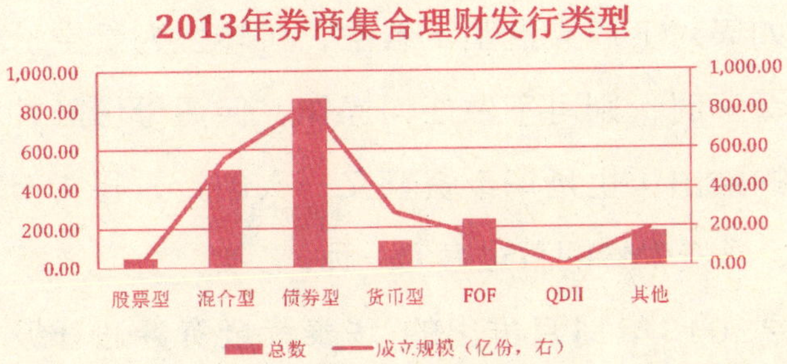

另外，近年来新兴的券商集合理财的投资标的还包括国债管理。国债管理是指客户将其拥有的国债委托给证券公司管理，在委托期间，证券公司凭借自己的信息和研究优势进行现券买卖、国债回购，或者以包括股票在内的投资组合方式，进行运作以获取最大化收益。委托期满时，客户除得到应得的利润外，还要求归还与起初面额相等的国债。

为了迎接大资管时代的到来，证券公司纷纷加大产品创新力度，一些创新型券商集合理财计划应运而生，比如2012年7月华泰证券推出首款保证金账户管理产品 —— 华泰紫金天天发集合资产管理计划：当日卖出股票或其他交易品种后，客户可将账户剩余资金用于购买保证金管理产品；而在卖出保证金管理产品后所得资金，亦可立刻买入股票。该计划不收取管理费、参与费和退出费，客户可自行选择单次参与、自动参与、设置最低保留资金、预约资金等四种方式。该产品为投资者提供了更多便利，以银行协议存款作为主要投资范围，更是降低了投资风险，具备较高的安全性。

2013年5月，该公司推出了又一款创新型券商集合理财产品，华泰紫金中和1号多空如弈集合资产管理计划。多空如弈，分为母份额和子份额两个级别，母份额为参与、退出和进行份额转换的基础份额，该部分投资于保本浮动收益商业银行理财计划，以及证监会允许投资的其他金融工具；子份额与沪深300指数涨跌挂钩，分为看涨与看跌，如投资者对下周大盘看多，可将所持母份额转换为看涨份额，同理，如果对下周大盘坚定看空，可转换为看空份额，而当无法判断或是看平时，则可不做任何操作，保留母份额并获得每周分红。该计划的推出，也是华泰资管又一次创新，将货币基金的稳健与股指期货、融资融券的激进融为一体。

华泰证券2013年11月推出的 华泰紫金资券通分级专项资产管理计划，预示着资产管理从资金管理步入到更为广阔的市值管理蓝海。资券通计划分为A份额与B份额两类，投资者不仅可以通过资金形式参与B份额，还可将闲置的流通股票参与A份额，以获得稳定的收益。在此期间所有权益不变，到期后同数量转回，实现了证券和资金的融通。

券商作为股票市场中最有创造力和野心的开拓者及先行者，从未停止创新的步伐，也一直作为航标引领金融产品的发展方向。

5.如何选择券商集合理财产品

首先，券商集合理财计划是一种长期投资产品，不适宜频繁地操作，一般而言，两年以上的投资年限是需要的。

其次，选择券商集合理财计划更多要从自身的投资目标出发，如果注重的是资本保值，那就应该选择限定性产品；如果追求资本的长期成长性和收益性，则应该选择非限定性产品，而在非限定性产品之中，投资者还要根据投资理念和业绩比较基准，来区分不同产品的投资嗜好。同时长期的投资计划要着眼于长期的稳定回报，而不是短期的波幅。

最后，随着券商集合理财计划的普及，有越来越多的券商必然想在这块市场中分一杯羹。而投资者在选择众多券商时，更多要参考的是该券商是否有成功的集合券商理财计划运作经验，以及其募集的金额。由于管理人的投资运作水平和投资风格不同，券商集合资产管理计划的业绩分化也很严重。

值得注意的是，为了更好地管理资产，非公开发行的股票都有1年的限售锁定期，券商定向增发产品成立后就封闭，封闭期将在两年以上，在此期间，产品不能申购赎回。此类产品的流动性较差，资金流动性较高的投资者不适合购买这类产品。

表2：2013年券商集合理财产品中长期收益前十

券商名称	产品名称	投资类型	成立日期	2013年收益（%）	成立以来总收益（%）
国泰君安资产管理	国泰君安君享重阳	股票型	2012-12-27	63.61	64.10
东方证券资产管理	东方红5号	混合型	2010-2-5	46.83	47.82
中银国际证券	中银中国红稳定价值	混合型	2010-11-19	43.11	11.20
东方证券资产管理	东方红4号	混合型	2009-4-21	41.31	132.23
招商证券	招商智远成长	股票型	2010-4-30	41.26	45.62
东方证券资产管理	东方红新睿1号	混合型	2011-9-5	35.94	35.61
光大证券资产	光大阳光6号	混合型	2009-12-28	34.71	28.08
东方证券资产管理	东方红公益	混合型	2011-4-13	33.68	24.55
中信证券	中信优选成长	股票型	2009-5-8	31.61	32.06
中山证券	中山金砖1号	混合型	2012-11-1	31.24	34.46

6.券商集合理财二三事

（1）一场由11超日债引发的产品危机

2013年1月24日，国海证券旗下三只集合理财产品公布资产管理报告，前十大证券投资明细里均赫然出现最近令资本市场侧目的“11超日债”。

这三款集合理财产品分别是国海债券1号、国海金贝壳5号和国海金贝壳8号。截至2012年12月31日，它们分别持有11超日债51340张、45855张和124469张，合计市值2303.51万元。

重仓11超日债的代价是沉痛的。最近，工商银行一款名为“2007年第一期基金股票双重精选人民币理财产品”，成为中资银行亏损幅度最大的产品。据报道，它的投资标的是中融信托的“超日太阳股权收益权投资集合资金信托计划”。

就在公布资产管理报告的前三天，即1月21日，国海债券1号、国海金贝壳5号和国海金贝壳8号给委托人发布了三份关于所持“11超日债”估值调整的公告，将11超日债的估值价按其停牌前收盘净价下调30%，对应的单位净值也分别下调。

截至1月25日，国海债券1号和国海金贝壳5号2013年来的回报在94只同类产品中分别排名92名和93名，国海金贝壳8号2013年以来的回报在217只同类产品中排名第210名。

上述三只理财产品重仓11超日债应出自同一人，且在去年四季度一边减持，而另一只下辖产品却在更大幅地增持。如此大胆且相悖的投资风格不仅有违产品的既定投资策略，也让投资者为此捏了一把汗。

三产品净值排名跌至垫底

1月21日，国海证券的三份公告内容如出一辙。

债券1号、金贝壳5号和金贝壳8号均声称“11超日债因重大事项停牌，发行人超日太阳1月18日发布了《公司债券将可能被暂停上市的提示性公告》和《关于流动性风险化解方案的公告》，公告该债券可能被暂停上市及为该债券补充提供担保、但流动性风险化解方案的实施结果存在不确定性的情况”。

鉴于上述重大变化，自2013年1月21日起，国海证券对上述三款集合理财产品持有的11超日债的估值价，按其停牌前收盘净价下调30%计算。

以调整前最后一个交易日2013年1月18日为例，上述调整将使国海债券1号、国海金贝壳5号和国海金贝壳8号该日单位资产净值下调约0.0133元、0.0169元和0.017元。

上述调整的依据是中国证券业协会的《证券公司客户资产管理业务估值方法指引》。国海证券表示，后续若估值环境发生变化，将及时修正其估值价格。

下调后，债券1号和金贝壳8号的单位净值直接跌至1元以下。另外一个直接的影响是，三只产品在同类中的排名中，名次不断创新低，债券1号和金贝壳5号在94支同类产品中，分别排在了倒数第二和倒数第三。

根据去年的四季报，截至2012年12月31日，金贝壳5号持有11超日债45855张，市值约476.52万元，占资产净值4.5%；债券1号持有11超日债51340张，市值约533.52万元，占资产净值比例为4.43%；金贝壳8号持有11超日债124469张，市值约1293.47万元，占资产净值的5.31%。

“这是一件非常严肃的事情，”一位机构投资者表示，“全市场这么多产品都没投，对光伏债避之还来不及，为什么你投了，而且是重仓？具体负责的投资经理应该受到严肃处理。”

翻阅近两年来的公告发现，三支产品重仓11超日债均出自一人之手。此人叫邓运盛，从金贝壳5号和金贝壳8号成立之初，便担任投资主办人，并在2011年4月13日至2012年9月26日担任过债券1号的投资主办。

公开资料显示，邓运盛先后就职于蔚深证券、招商基金等，并曾担任过招商基金社保组合投资经理等职务。

令人费解的是，去年四季度，邓运盛掌舵的金贝壳5号减持11超日债50989张，其管理的金贝壳8号却一举买入124469张11超日债。

“投资超日债有一个赌博的心理，赌政府不会让它违约，”一位债基经理表示，“银行也只能救，不能让他破产，救了有可能把钱收回来，破产了就收不回来了，所以市场对这个也不太担心了。”

实际上，在上述三款集合产品的招募书及定期报告里，投资目标和投资策略均提到“稳健”二字，如金贝壳8号投资目标包括“在严格控制风险和保障流动性的前提下，谋求集合计划资产的长期稳健增值”。

（2）海通证券预计负债暴增2706%，沦陷城投债

在债市风暴和钱荒的双重挤压之下，国内债市萎靡不振，在最新的券商集合理财排名当中，海通的四款产品包尾倒数前五，从2013年11月4日的数据来看，海通年年升风险级、半年升风险级、季季升风险级和月月升风险级，今年以来的收益率分别为-40.08%、-30.46%、-32.01%和-27.75%。

一位投资者不禁感慨："明明以稳健见长的债券投资，谁知亏得比股票还厉害，即使用杠杆也很难操作成这样，简直比超日债还坑爹啊。"市场中一时传言四起，而就在10月30日公布的三季报当中，海通的预计负债暴增2706%，主要原因正是资管子公司对以自有资金认购的资产管理次级部分，根据承担的风险程度确认的负债增加。

一家中型券商的固定收益部门人士表示："其实主要还是介入时机的问题，今年5月份是个最高点，6月份债市风暴和钱荒效应发酵，导致资金面非常紧张，利率高就导致价格低。即使是现在，央行的态度仍然是维持一个紧平衡，所以预计年底之前，债券产品的价格应该还是跌的，亏50%的都出现过，明年上半年或会放松。"

海通这款年年升集合资产管理计划成立于2013年5月29日，为分级产品，成立规模为2.2亿元，具体配置上以信用类纯债为主，评级为AA+、AA级，组合久期2.5年。查阅资料发现，该产品的约定年化收益率为5.25%，运作期一年，推广时分为优先级一年期一号和风险级，推广规模上限分别是2亿份和2000万份，前者最低5万元，上限300万元，后者20万元起。而该计划的资产和收益分配将优先满足优先级份额的收益分配，后者将面临较大的净值波动风险，在极端的市场情况下，风险级委托人将遭受部分乃至全部的本金损失，且持有满12个月后方可退出。”

“主要还是因为分级的原因，杠杆放大了劣后资金的亏损，”沪上一家券商资管子公司的市场部总监说，“分级产品一般分A端和B端，A端就是优先资金，优先资金的收益率基本上是可以保障的，一旦亏损会拿B端的劣后资金来补亏。海通这个案例可能就是杠杆放得比较大，比如说1：9，但其他公司可能是1：1或1：2，导致劣后资金也就是通常说的风险级亏得比较厉害，而劣后资金里面可能有客户的资金，也有海通自己的资金。”

前述固收部门人士指出：“另外一个可能就是债券正回购的放大操作，这部分也存在杠杆。比如说你有10亿的资金，拿去买了10亿的券，再把这10亿券抵押出去，拿到9亿的钱，这样就有19亿的资金，债券可以反复抵押操作，同时也承受高利率的风险，最高的我听说有9次，这种操作存在资金链断裂的危险，所以现在大家都在降杠杆，我们一般是1倍杠杆，有些银行会明确规定不能做杠杆。”

对于正回购放大倍数及回购层数，交易所没有明确规定。“券商对中小投资者规定是5倍或者5层，部分企业债庄家控盘度极高，账面盈利巨大，事实上却构成了一个高风险定时炸弹聚集区。一有风吹草动，根本没有接盘，加上债券无涨跌停板限制，当天下跌百分之一二十是常事，从5倍融资理论上讲，当天就可以赔光，别说赔40%了。”一位职业投资人指出。

海通的劣后资金中究竟有多少自有资金？是否采取了正回购操作？未来又有何补救措施？海通证券内部人士则表示：优先客户是保证收益，而劣后客户可以通过杠杆对冲风险，实际的损失并没有表面看起来的大。

盘点海通资管产品三季报发现，年年升、半年升、季季升和月月升的资金投向以城投债为主。以年年升为例，其投向的前十为09绵投控、12榆城投、11吉城建、10楚雄债、13南阳债、12富春01、11辽阳债、10宜兴债、11渝富债和09新海连，09绵投控的市值占净值的7.44%，而其他几只产品投向亦是大同小异。

“买城投债也并不能说明什么问题，当时进入的时点买什么债到现在肯定都是亏的。”前述固定收益部人士指出。然而对于今年净利首超中信且替下银河营业部网点老大位置的海通来说，资管却一直是一块不能言说的短板。

截至2013年2月，海通证券集合资产管理仅为44.8亿元，而同期的中信、光大、华泰等资管规模均超过百亿，同城的国泰君安资管的集合资管超过500亿。厉兵秣马的海通在年初设定了规模突破2000亿的目标，就在2013年6月，原资管总经理换人，由海通分公司总经理李井伟担任，原总经理卢文伟被调回总部担任权益投资部门负责人，人员也大幅扩充，从去年的20多人达到如今的60多名员工。

资管方面的创新却有些流年不利：作为首家发布柜台交易产品的券商，海通在2013年1月上线发布了5款柜台交易产品，9.8亿的规模被抢购一空。此后有市场人士质疑该产品对应期限较长的债券或其他固收产品，具有资金池模式的特征，容易产生资金期限错配导致的风险。果然4月22日，一款名叫"一海通财"的产品被证监会勒令整改，在其官网已下线。

从9月份的数据来看，海通资产管理公司发行了高达94支新产品，位居所有券商中发行数量的冠军，而华融证券以73支紧随其后，国泰君安资管发行65支产品位居第三，虽然发行数量惊人，业绩却平平无奇。根据Wind数据的排名，2013年初的五支股票型产品当中，共有三支产品收益率位列倒数第三十位。

（3）券商资管新动向 ——东方证券牵手阿里巴巴

东方证券资产管理公司的专项资管计划 —— 阿里巴巴资产证券化项目，已于2013年7月4日拿到证监会批文。该项计划经历了5个月的等待。该项资产证券化因以阿里小额贷款的债权资产作为基础资产而受到广泛关注。

这一创新型专项资产管理计划，具有一定的复杂性和创新性，在与交易所的反复论证、与客户的多次沟通后完成设计。产品的合作方是东方证券旗下的东方红资产管理公司及阿里巴巴的金融业务平台阿里金融。2013年2月，该专项资产管理计划进入证监会的审核管道。

此次获批资产证券化项目可能不仅仅是一单生意，而是系列产品，是阿里金融通过企业资产证券化业务融资的一类尝试，同时对券商资管等金融机构都会产生巨大的影响。

阿里金融本身注册资金并不高,因此,此前通过金融机构进行社会融资已有尝试,如去年已经通过山东信托发行了山东信托-阿里金融小额信贷资产收益权投资项目集合信托计划，简称阿里星1号，募集信托资金2.4亿元；9月份又推出阿里星2号集合信托计划，募集资金1.2亿元。

第十章　投资连结保险

关键词：创新

首度将非标资产纳入产品投资范围。

1.什么是投连险

2007年的大牛市着实让投连险火了一把，保险公司一改往日“出大事”才付钱的形象，即使“不出事”也可以付钱。“投连险”实际上并不是传统意义上的保险，而是一种“披着保险外衣”的基金。

既然说它“披着保险外衣”，它和传统保险必定有着千丝万缕的联系。诚然，如果你购买了一款投连险产品，你所缴纳的保费中确实有一部分作为疾病、养老的寿险支出，而剩余部分的保费进入投资理财账户进行投资，你可以自己选择多少作为寿险，多少作为理财。管理投资账户的人通常是保险公司的一个部门或者子公司，它们像基金公司一样做研究、下订单，投资收益在扣除费用后完全归你所有，投资账户的收益来源于有价证券的买卖差价、股息、利息等，但保险公司对账户的收益不做承诺。如果投资收益高，你从中直接获利；如果投资亏损，投资账户价值下跌，你也要承担相应的损失。因此，投连险既有寿险功能，又有理财功能，相当于一份寿险保单加上不确定的投资回报。

在产品结构的设计上，投连险分为两个账户，即保障账户和投资账户，保险公司至少每周对投资账户价值评估一次，根据保险精算方法计算投资单位数量、保单现金价值，并且在每个工作日公布各个投资账户的当日买入价和卖出价。投资连结保险的投资账户一般提供三到五个不同类型的账户，如激进型、混合型、债券型、货币型和指数型账户，保单持有人可以根据自身的风险偏好及风险承受能力，对资金进行配置。投资连结保险的基本运作流程如下图：

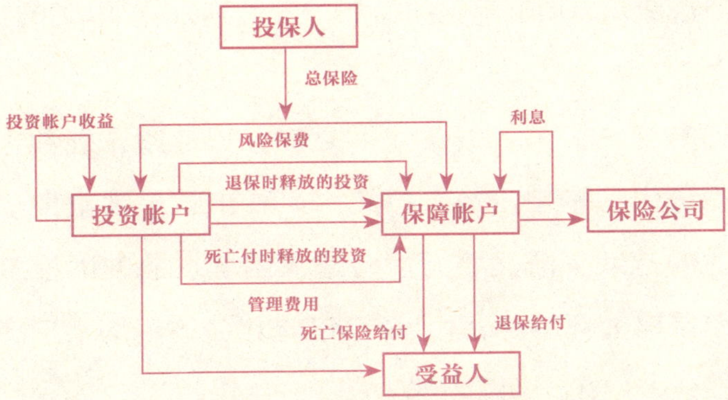

投资连结保险最早于20世纪50年代产生于英国，随后在欧美洲、亚洲流行起来，英美两国的投连险产品最具有代表性。在英国，投资连结保险被称为单位基金连结保险(unit-linked life insurance)，而在美国，被称为变额万能寿险(variable life insurance)。作为一种灵活的投资理财工具，自20世纪80年代以来，投资连结保险在西欧得到了快速发展，并在社保体制和家庭储蓄中发重要作用。在西欧国家，投资连结保险保费规模占寿险总保费规模的比例，已由1997年的21%上升到2004年的37.2%，投资连结保险产品的投资资产超过GDP的11%，同时超过居民家庭储蓄资产的1/3。在亚洲，投资连结保险起步较晚，主要在新加坡、中国香港发展较快。新加坡由于政府税收方面的优惠政策，投资连结保险增长迅速，1997年就达到了 32%的市场份额；香港的各大保险公司在1995年后大规模推广投资连结保险，到1999年其市场份额已攀升到34%；台湾地区在90年代末也开始出现投资连结保险。

1999年10月23日，平安保险公司的“平安世纪理财投资连结保险”问世，这是投资型寿险产品首次出现在我国保险市场。伴随着资本市场的起起伏伏，投连险在摸索着逐步走上了稳定、健康的发展道路。

2007年的股市暴涨，与之挂钩的投连险产品也出现迅猛发展，投连险账户数量从2006年底的33个，增长到2007年底的105个，增长了三倍之多。

进入2007年末，股市开始下跌之旅，投连险未能独善其身，与股市相关的进取型账户收益大幅缩水。股市的下跌推倒了投连险，而投资收益的持续下滑又将万能险逼入困境。此时的投资连结型寿险的收益率普遍大幅下降，由2007年的50%的平均水平降至10%以内，且大部分账户还出现了负收益。

至2013年末，投连险总规模达到739亿元。具体到各家公司来看，最早开展投连险理财产品业务的中国平安以绝对的优势居首，账户规模合计达320.28亿元；泰康人寿凭借其口碑甚好的投资收益水平，在账户规模排行中居次，规模合计119.77亿元；信诚人寿位列第三，账户规模57.50亿元，成为合资保险公司中投连险规模最大的公司。

表1：投连险账户规模排名前十的保险公司

公司名称	账户规模（亿元）	旗下账户数量（只）	规模截止时间
平安人寿	320.28	9	2012-12-31
泰康人寿	118.77	10	2012-12-31
信诚人寿	57.50	9	2012-12-31
招商信诺	31.75	21	2012-12-31
太平人寿	29.09	13	2013-6-30
瑞泰人寿	25.46	13	2012-12-31
友邦保险	25.10	5	2012-12-31
中德安联	22.85	7	2013-6-30
联泰大都会	20.62	8	2013-6-30
中意人寿	13.55	5	2013-6-30

2013年新上市且开始运营公布净值的投连险账户共计3个，均为弘康人寿发行的投连险账户，其中2个全债型账户和1个混合保守型账户。弘康人寿也开始了投连险投资范围的创新步伐，发行的产品成为2012年保险资产投资范围放开后将债权投资计划、不动产投资计划及债权类集合信托计划，纳入投连险产品投资范围的首家。

2.认识投连险的几个误区

（1）投连险不是传统寿险

与传统寿险的比较，投资连结保险是作为创新性寿险产品而发展起来的，它与传统寿险存在产品本质上的很大区别，主要有：

1）产品功能不同。传统寿险只提供一般寿险的保障功能，而投资连结保险提供保险保障和投资理财双重功能；传统寿险具有稳定的保险保障功能，相比较而言投连险的保障功能较弱，投资理财功能成为其运营的主要方向。

2）风险责任不同。传统寿险在签订保险合同时，根据情况设定利息率、死亡率和费用率，并以此来计算保险费，确定未来给付金额后，保险公司就承担了利率下降的风险、死亡率提高的风险和费用增加的风险，而投保人只要履行了按时交纳保费的义务，就可以在期满时得到固定的保险金额，完全不承担风险。投资连结保险的投资账户虽然由保险公司运作，但是资产投资所带来的风险完全由投保人承担。

3）投资回报不同。传统寿险的保险金额给付是固定的，而投资连结保险的给付金额随着账户价值的变动而变动。但是无论账户的投资业绩如何，一旦发生保险事故，给付金额不会低于预先确定的保险金额。

4）透明度不同。购买传统寿险时交纳的保费怎么运作，投保人是不清楚的，保险公司也没有提供专门的信息披露文件。而投资连结保险的信息披露类似基金，保险公司会定期公布月度报告、季度报告或者年度报告，并且账户的每日单位价格也可以通过网站、电话等途径查询，透明度极高。

5）现金价值不同。传统寿险在签订保险合同之时，其现金价值就已经确定。而投资连结保险的保单现金价值是产品下所有账户的资产价值之和，其现金价值每日波动，也无法预知某个时刻的保单现金价值。

（2）投连险不是分红险

投资连结保险与分红险的相同之处在于，都是投资型保险，除了具有保险保障功能之外，可以获得一定的额外收益，并且额外收益的数额不固定，随着经济形势和保险公司的经营绩效而定。投资连结保险和分红险的主要区别有如下几点：

1）投资风险的承担责任不同。投资连结保险的投资账户风险完全由客户自己承担，保险公司只是代其进行投资管理，而分红险的风险是由客户和保险公司共同承担的。

2）收益水平是否在事先确定。投资连结保险的收益率是不确定的，根据市场波动情况和保险公司的投资能力而定，并且不具有保底收益，在市场下行时期，也可能出现亏损；而分红险的分红也是不确定的，但具有保底收益。

3）保险费的缴纳方式不同。投资连结保险的保险费交纳非常灵活，保险公司允许投保人在签订合同时交纳规定的最低金额，余下部分可以分期交纳，并且投保人可以自由的追加保费和申请部分领取账户金额;而分红险是固定交纳保费，这点与传统寿险是一致的。

4）收益来源不同。投资连结保险的投资收益来源于账户的投资管理，即资产管理人在合适的时机对有价证券的买入卖出得到的收益；而分红险的收益来自于固定部分加上利差益、死差益和费差益，其中，利差益是指保险公司实际的投资收益率高于预计的投资收益率时所产生的盈余，死差益是指保险公司该险种被保险人的实际死亡人数小于预定死亡人数时所产生的盈余，费差益是指保险公司实际的经营费用低于预计的经营费用时所产生的盈余。

5）透明程度不同。投资连结保险的账户运作和费用收取都是很透明的，保险公司会定期公布报告或披露账户的各项信息；而分红险的管理运作和手续费收取是不公开的，透明度不高。

（3）投连险不是万能险

投资连结保险与万能险的共性表现在：都属于投资理财产品，都以有价证券为资金运用主要对象，都追求高额的投资回报率，现金价值与投资收益有直接关系。投资连结保险与万能险的主要区别有如下几点：

1）投资账户是否设置最低保证利率。万能险一般有最低保证利率，当实际投资收益率超过最低保证利率时，其超过部分由保险人和投保人共同分享。投资连结保险一般不设定最低保证利率，其账户价值直接通过账户拥有的资产来反映，投保人需要承担全部的投资风险。

2）在收益的统计上存在区别。万能险一般只公布已实现的收益，并进入投资账户继续增值。投资连结保险账户只评估当日账户资金的市值，是假定的评估收益，不计入投保人的投资账户。投资账户市值继续随投资市场的变化而变化，投资账户市值最终根据合同终止日的当日市值，再扣除相关费用后确定。

3）投资连结保险在各国都要受到证券交易法规的监管，而万能险不受证券交易法规的监管，所受到的销售监管也相对较低。一些国家允许万能险资金与其他保险资金混合运用，而对于投连险资金则要求与保险公司的一般账户绝对分开。由于保险公司在遇到财务困难的时候，对这些分离账户的资金没有处置权，因此，投保人对投资连结保险账户资产的所有权更加可靠。

（4）投连险本质上是基金，但就形式而言却不是基金

投资连结保险的投资账户类似于保险公司投资管理的基金，相对于基金中的投资账户是由基金公司管理的，投资连结保险的投资账户是由保险公司设立的资产管理公司管理。

投资连结保险与开放式基金具有很大的相似性，行业内形象地称其为“基金的基金”，其共同点表现在：

1）集合理财，专业管理。通过汇集众多投资者的资金，积少成多，可以发挥资金的规模优势，降低投资成本。专业投资团队拥有专门的研究人员和强大的信息网络，能够更好地对资本市场进行全方位的动态跟踪与分析。将资金交给专业的投资团队管理，使中小投资者也能享受到专业化的投资管理服务。

2）组合投资，分散风险。中小投资者由于资金量少，一般无法通过购买大量不同的股票或其他金融产品来分散风险，投资连结保险的投资账户与基金一样，通常会购买一揽子股票或其他投资工具，可以更好地分散风险。

3）追加与提取较为便利。客户可以根据需要，适时申请追加投资资金或者领取投资账户的部分价值，这与开放式基金的申购赎回机制原理是一样的。

4）信息公开透明。正常情况下，保险公司会在每个工作日对投资账户的价值进行评估，计算出该工作日的投资单位价格，并通过网站、报纸等媒体进行公布。开放式基金的信息披露制度与投资连结保险比较接近，而且更为完善。

虽然与开放式基金的产品特性具有极大的相似性，但两者之间

还是不具有替代性，投资连结保险还具备以下三个特点：

1）有多个不同风险收益水平的投资账户以供选择。客户可以根据自身的投资目标和风险承受能力，自主选择投资账户类型，分配投资资金比例；同时可以根据市场变化和自身需要，灵活调整个人资产在不同投资账户之间的分配，手续简便。通过一张保单，实现个人资产的灵活配置，例如当判断股市持续上升时，可将资产从债券型帐户转移到激进型账户；反之，当判断股市持续下跌时，可将资产从激进型账户转移到债券型账户。又如当接近退休年龄准备养老储蓄时，会更加关注资产的安全性，可将资产更多地转移到债券型账户、货币型账户等。

2）提供灵活的保险保障选择。客户可以根据自身需要，申请提高或降低保障额度，通过一张保单，兼顾投资与保障需求，提供多种功能；而开放式基金不具有保险功能，不能提供投资理财之外的服务。

3）注重长线投资，收益更加稳健。在产品设计上和投资运作上，保险公司注重保险资金的长期性和稳定性，注重长期投资，致力于为客户带来稳健的收益，而客户在购买投资连结保险产品时，也要树立起长期持有的投资理念。

3.投资连结保险的特点

（1）透明性强

投资运作的投资连结保险具有很强的透明性，主要体现在三个方面：一是保险人必须定期为投保人提供相关资料，以使客户能够更容易、更便捷地了解产品基本运作框架；二是投保人充分知晓自己所交保费的分配过程和结果；三是投保人有权定期了解投资情况，特别是投资单位价值。

（2）保险金额构成的特殊性

存在两种与传统寿险完全不同的死亡金额的确定方法：一是死亡

保险金额以保险金额和投资账户价值两者较大的为准;二是死亡保险金额以保险金额和投资账户价值之和为准。方法一的死亡给付金额在保单年度前期是不变的，投资账户价值超过保险金额后，随着投资账户价值变动，这种方法的优点在于被保险人的死亡保障不会低于预先确定的金额，同时降低了投保人的保险保障成本。因为随着被保险人年龄的增加，预期死亡率也升高，保险保障成本也相应上涨，特别是在高年龄段尤其明显。采用方法一，可以避免被保险人在需要养老时，反而要支付过高的保险保障成本。方法二的死亡给付金额随着投资账户价值而不断波动，但风险保额保持不变。这种方法的优点是便于客户理解，但在高年龄段，被保险人要支付较高的保险保障成本，这时一般需要提供转换年金的选择权，否则有可能出现投资收益不足以支付保险保障成本，而导致投资账户价值减少的情况。一般而言，在相同的条件下，采用方法一的保险金额比方法二高。两种方法是国际保险市场普遍存在的做法，在精算上没有本质区别。对于生存保险责任，一般给付投资账户价值。许多投资连结保险还允许投保人变更保险金额，以满足投保人不同时期的保障需求。

（3）保费交付的特殊性

与传统人寿保险相比，投资连结保险大多形成了相应的灵活缴费机制。从设计方式上看，主要有两种不同的方式:一是在固定交费基础上增加保险费假期，即允许投保人不按约定的日期交费，如有60天的宽限期；同时，也允许投保人在交纳约定的保险费之外随时增加支付额外的保险费。二是取消了交费期间、交费频率和交费数额的规定，即投保人可以随时交付超过最低数额的保险费，并按约定的计算方法进入投资账户。这种方式对客户具有最高的的灵活性，但保险公司对保费支付的可控性及可预测性降低了，同时对保险公司的内部操作系统也提出了更高要求。

（4）费用收取的多样性

投资连结保险和传统寿险的成本结构有很大区别。其根本原因是传统人寿保险的许多成本都是隐性的，而投连险的几乎所有费用都是明示的。投资连结保险的费用项目种类虽然比较多，但实际费用水平不一定比传统寿险高。传统寿险也要收取相似的或其他种类的费用，只是因为保险公司将其统一打包到保费中，投保人不清楚而已。投资连结保险费用的支付，主要是通过撤销投资单位的方式实现的。目前保险市场上的投资连结保险收取的费用类型包括:①初始费用。即初次销售保单时，保险费进入个人账户之前所扣除的费用。保险公司销售保单时，会有相当比例的开支用于代理人佣金、市场推广等，因此绝大多数的投连险都在保费中扣取一定数额作为初始费用后再转入投资账户，也有部分产品第一年的保费分配到投资账户中。②买卖差价。即投保人买入和卖出投资单位的价格之间的差价。对于使用买入价和卖出价作为投资单位价格的投资账户，由于保险费按买入价转为投资单位，投资单位在转回现金时则按卖出价变现，因此实际收取了两个价格间的差价，一般买卖差价为2%。③风险保费。即保单风险保额的保障成本。有的投资连结保险每月在投资账户中扣除与保险责任相应的保险成本，有的则将这部分费用在保险费分配进入投资账户前先行扣除。我国保监会规定，风险保费应当通过扣除投资账户单位数的方法收取。④保单管理费。即为维持保险合同有效而向投保人收取的服务管理费用。该项费用在首年度与续年度可以不同，一般每月在投资账户中扣除固定的金额。⑤资产管理费。根据投资账户的类型，按账户资产的一定比例收取，根据保监会规定，该比例每年不得超过2%。⑥手续费。即保险公司在提供账户转换等服务时，收取的用以支付相关成本的管理费用。⑦退保费用。即在保单中途退保或部分领取时收取的费用，用以弥补尚未摊销的保单获取成本。保险公司一般按投资账户价值的一定比例或固定金额收取退保费用。客户仅领取账户价值一部分时，一般也会收取一定的费用。通常，退保费用收取最高不得超过投保人投资账户价值或者部分领取对应的投资账户价值的10%，且随保单年度逐年递减。

4、投连险投资标的

根据保监会规定的投资范围和限制，投连险有如下几种投资工具：

（1）第一种是存款，包括银行存款、信托存款、邮政储蓄等。银行存款的存款利率、存款期限、结息和付息方式、违约处罚标准，均可以由双方协商确定。除此之外，投资连结保险的账户管理人也会投资于同业拆借市场和央行票据等。存款的流动性最强，安全性好，是投资连结保险账户必须持有的一类资产。

（2）第二种是债券，包括政府债券、公司债券和金融债券等。一般来说，投资债券风险较小，尤其是政府债券。债券无论是其盈利性、流动性，还是安全性方面，都比较符合保险资金投资的需要。2005年8月21日，中国保监会发布了《保险机构投资者债券投资管理暂行办法》，整合了现行保险债券投资政策，增加了短期融资券等新的投资品种，明确了债券及其发行人资质条件，实行了债券投资比例弹性控制。

（3）第三种是股票。股票投资由于其较高的收益率水平，在保险公司投资中占有重要位置，但在我国保险业发展初期，一直对保险资金的运用渠道实行严格限制。2000年允许部分保险资金通过证券投资基金间接进行股票投资试点，直到2004年才正式允许投资股票。不过，由于股票市场的动荡性，账户资金进入股市一定要将风险防范与控制放在第一位，否则操作不当会直接影响投资连结保险账户的收益率，可能引发退保风潮。从2007年下半年开始的金融市场动荡局面，就是一个生动的例子。

（4）第四种是公募基金，也是我国投资连结保险账户投资的最主要渠道。根据保监会在2003年颁布的《保险公司投资证券投资基金管理暂行办法》规定，我国批准设立的投连险账户投资于证券投资基金的比重，可以达到100%。由此表明，对于基金的投资比例几乎没有限制。

（5）第五种是不动产。不动产投资是将账户资金用于购买土地、房屋等不动产。此项投资的变现性较差，所以投资于不动产的比例需要严格限制。保险公司进行不动产投资，可以享受资产增值带来的收益，也可以进行物业出租管理。在实际运作中，有些保险公司建造或改造有潜质的物业进行出租。

（6）第六种是基础设施项目。基础设施项目投资的特点是投资大，收益长期稳定，管理简单，往往还能获得政府的支持，并有良好的公众形象。由于投资大，实际操作中往往采取控股或参股、信托的形式，在获得稳定收益的同时分散风险。目前，我国监管部门允许采用信托方式间接投资于交通、通信、能源、市政、环境保护等国家级重点基础设施项目。由于投资该项目占用的资金时间长，所以管理人将投资连结保险投资于基础设施的行为比较谨慎。

在投资账户的投资方向上，不同类型的投资账户所投资的工具也不一样，目前我国有指数型、激进型、混合型、债券型和货币型五种，激进型和混合型所占比例最大。投资连结保险有的只连结一个账户，如新华人寿的创世之约；有的连结多个投资账户，但一般不超过五个。在英国、美国等国家，一般连结十几个，甚至几十个基金。由于我国的投资连结保险受制于资金运用渠道和国内金融市场的发展，使得其灵活性的特点无法充分发挥出来。

5.如何选择投连险

对于令人眼花缭乱的投连险产品，应该如何甄别优劣？

注重售前售后的服务水平

保险公司的收益率虽然是一项重要指标，但是那只代表公司过往的收益水平，并不能代表公司未来的收益。对于投资者而言，保险公司筛选基金的水平和寿险售后服务水平的高低，才是最重要的。

巧用“定投”平滑风险

与其他的理财产品一样，投连险投资比较难把握的地方就是买点和卖点的掌握。正如对股市的涨跌难以准确预测一样，投连险也难以预测最佳购买时机。但是专家建议，投资者可以通过“定投”的方式熨平风险，绕开购买时点选择的难题。

所谓投连险“定投”，与基金定投的概念类似，投资者可以在固定时间、持续投入固定的资金建仓，达到分散风险的效果。目前，包括中德安联、信诚人寿、瑞泰人寿、友邦保险等保险公司，都已经推出了期缴投连险产品。市面上期缴产品的期缴方式已经多元化，客户可以选择月缴、季缴、半年缴、年缴等。通过进场时间点的分散，投资者可以熨平风险和成本，实现“逢低多买，逢高少买”的稳健投资目的，一定程度上避免高进低出的投资风险。

勿忘定期调整账户

对于保险公司已经按照风险高、中、低进行投资组合的账户，投资者不必过于频繁调整账户，可保持每半年进行一次回顾和调整。而对于仅仅按照投资品种设立的股票型账户、债券账户、货币账户，投资组合是完全由投资者自行配置的，投资者可每两个月根据市况做调整，使得风险偏好与资产配置相符合。

根据投资期限估算自身风险承受能力

对于短线投资，投资期在半年至1年的投资者而言，由于市场风险较大，将大量资产投资于股票并不适宜，但是对于那些投资期限在3年到5年以上的，投资者可以根据自身的风险偏好和风险承受能力，匹配一定比例的资金在股票中。

7.投连险二三事

1）股市周期中的投连险：55天下跌20%

进入2008年三季度，关于投连险的风波不断。由于账户大幅缩水，山东、天津投连险客户频频要求退保，投连险销售被保监部门紧急叫停。

本次统计中，牛市时涨得最快的账户也是如今跌得最快的：股票型账户、积极性型账户、偏股型账户和指数型账户均疯狂下跌。其中，中英人寿金芒果A指数型账户下跌21.13%、中意人寿积极进取型账户下跌15.18%，而刚出生不久的中国人寿精选价值账户竟然下跌19.29%。之前一直波动较小、收益较稳定的平衡稳健型账户，本轮下跌幅度也较大：中英人寿金芒果A平衡型账户下跌15.68%，稳健型下跌5.7%、泰康人寿泰康赢家平衡配置型账户则下降5.87%。

根据之前统计的数据来看，“生不逢时”是投连险全面亏损的重要囚素。

很多投连产品都是在2007年股指较高的点位时进入的，因此在资本市场动荡剧烈的情况下，一些账户几乎被击垮。例如中英人寿的B款成长型账户，设立时间是2007年9月18日，截至2008年10月25日，该账户的净值累计跌幅已达50%；2007年9月21日设立的海康保险创富优选精彩型投资账户，也遭受了同样的命运，跌幅曾达到了43%；而中意人寿三款投连产品均在2007年9月诞生，其中中意至尊积极进取型账户累计跌幅达46%。通过观察各家保险公司投连险收益率，发现在股指点位越高时设置的投连险偏股型账户，后来的净值缩水越严重。

还有一种现象，就是同一家公司的同一账户类型的产品，因为账户设立的时间不同，使得收益率大不相同。例如截至10月25日，信诚人寿的信诚投资积极成长型账户，累计收益率为-34.85%，其策略成长型账户，累计收益率为-25.72%，而其优选全债型账户累计正收益为7.52%。不同的时间做同样的投资策略，结果收益相差很大，原因就在于前两者的设立时间都是2007年5月18日，而后者的设立日期为2001年5月15日，那时上轮牛市还远远没有来临。

延伸阅读：带你走近保险产品

投连险只是纷繁复杂的保险产品中的一员，所谓保险是分散风险、消化损失的一种经济补偿制度。从经济角度看，保险是一种财务安排，是为了分摊意外损失、提供经济保障的财务安排，投保人交纳少量的钱购买保险，实际上是将其面临的不确定的大额损失转化为确定的小额支出。在人寿保险中，保险还具有储蓄和投资的作用，具有理财的特征。从风险管理角度看，保险是风险管理的一种方法，风险转移的一种机制，通过保险可以将众多单位和个人结合起来，将个体对应风险转化为共同对应风险，从而提高了对风险造成损失的承受能力。

保险分类简述

保险是家庭经济生活的稳定器，是家庭理财中最基础的避险工具。它在家庭理财中扮演的角色，如同现金一样，不可或缺。保险大体上可以划分为三类：社会保险、政策性保险和商业保险。

社会保险是在既定的社会政策的指导下，由国家通过立法手段对公民强制征收保险费，形成保险基金，用以对其中因年老、疾病、生育、伤残、死亡和失业而导致丧失劳动能力或失去工作机会的成员，提供基本生活保障的一种社会保障制度。

政策性保险是为了体现一定的国家政策，如产业政策、国际贸易政策，国家通常会以国家财政为后盾，设立一些不以营利为目的的保险。政策性保险由国家投资设立的公司经营，或由国家委托商业保险公司代办。这些保险所承保的风险一般损失程度较高，但出于种种考虑而收取较低的保险费，若经营者发生经营性亏损，由国家财政给予补偿。常见的政策性保险有出口信用保险和农业保险等。

商业保险可分为：人身保险、财产保险、再保险等。此处着重介绍人身保险。人身保险是以人的寿命和身体为保险标的的保险，当人们遭受不幸事故或因疾病、年老，以致丧失工作能力、伤残、死亡或年老退休时，根据保险合同的约定，保险人对被保险人或受益人给付保险金或年金，以解决其因病、残、老、死所造成的经济困难。按保险责任划分，可分为人寿保险、健康保险和人身意外伤害保险。人寿保险：简称寿险，是一种以人的生死为保险对象的险种，是被保险人在保险责任期内生存或死亡，由保险人根据契约规定给付保险金的一种保险。健康保险：是以人的身体为保险标的，以被保险人因疾病或意外伤害而导致的伤、病风险为保险责任，使被保险人因伤、病发生的费用或损失得到补偿的保险。人身意外伤害保险：是以人的身体为保险标的，以被保险人遭受意外伤害导致的残疾（或死亡）为给付条件的保险。人身保险的具体分类如下图所示：

- 人身保险
  - 人寿保险
    - 定期寿险
    - 终身寿险
    - 两全保险
    - 年金保险
  - 健康保险
    - 疾病保险
    - 医疗保险
    - 失能收入损失保险
    - 护理保险
  - 意外伤害保险

其中，年金保险因其在保险金的给付上采用每年定期支付的形式而得名，实际操作中年金保险还有每季度给付、每月给付等多种形式。养老年金保险可以为被保险人提供老年生活所需的资金。教育年金保险则可以为子女教育提供必要的经费支持。

保险选择原则

量力而行：这里指的是要对自己的家庭财务状况，做出客观合理的评估。能够根据当前的收入水平，预估未来的收入情况，计算结余。这样才能把握好自己购买保险的投入，确保不会出现无力支付保费或者保费投入比例不足的情况。

按需选择：这一点需要充分考虑好家庭可能面对的风险状况，来选择相应的险种。各大保险公司推出很多针对家庭与个人的商业险种，这些都只是适应部分人群而不是每个客户。例如家庭中男主人是主要收入者，且从事危险程度较高的工作，如高空作业，则此家庭的首要保险可能就是男主人的生命和身体的保险。

保障有先后：保险的保障原则是先大人后小孩，家庭主要收入者优先考虑。确定保险需求的首要考虑是风险损害程度，其次是发生频率。损害大、频率高的损害优先考虑保险。对一些较小的损失，家庭能承受得了的，一般不用投保。实际上保险一般都有一个免赔额，低于免赔额损失的，保险公司是不会赔偿的，所以，需放弃低于免赔额的保险。

合理组合保险项目：合理组合保险项目，并注意利用附加险。许多保种除了主险外，都带了各种附加险。当您购买了主险后，如果有需要，可顺便购买其附加险。这样的好处是：其一，避免重复购买多项保险；其二，附加险的保费相对单独保险的保费一般较低，可节省保费。所以综合考虑各保险项目的合理组合，既可得到全面保障，又可有效利用资金。

保险投资误区

收入稳定，不需要保险：人生风险无处不在，我们应做好防范抵御风险的准备。保险为大家提供了风险发生后的资金保障，保证自己和家人的生活质量不受影响。

有社保，不需要商业保险：社会保险的特点是低水平、广覆盖。社会医疗保险以约定的医疗费用为给付保险金条件的保险。一般仅按一定比例赔付规定范围内的医疗费用，其余的将全部由个人承担。商业保险的好处是补充社会保险的不足。保险消费者可以在自己的预算范围内，量力购买商业保险，以确保在真的发生重大保险事故时，不至于因社保的保障程度不够，而使自己和家庭陷入财务危机。

购买保险没有针对性：对自身及家人的情况和财务状况缺乏充足了解而盲目投保，将无法购买到合适的保险产品和适当的保额。消费者可以自行分析自己可能面临的潜在风险，或者参考专业人士的意见，有针对性地购买保险，以使得自己和家人获得充分的保障。

只看保险费用，不看保险合同：投保时未详细阅读保单和保险合同条款，没有按规定在保险合同和保单回执上亲笔签名，将会造成很多麻烦。消费者在决定投保之前，一定要在负责任的保险营销员的指导下，仔细阅读保险条款，以了解将要购买的保险产品的具体保险责任范围、免责条款等。也要明确自己的告知义务和签订合同的具体流程，以免给自己带来不必要的不便。

保单不需要定期“体检”：购买保险后未能谨慎保存保单、收据等重要资料，或未能对已有保单进行定期审核，以确定哪些保险应该终止，哪些应该增加保额；在没有新的保险保障前，轻率地解除已有的保险合同等行为，都是没有很好利用保险来为自己降低风险。

第十一章 信托理财

关键词：风险、通道、高净值人群

如何解读中国信托业的风险；

通道业务逐步萎缩直至消亡；

中国高净值人群财富高速增长。

1.什么是信托产品

如果你去银行VIP柜台，高级客户经理会向你推荐一些理财产品，除了银行理财产品，还有一些就是信托产品。如果你收到某个以“某某理财顾问公司”发来的邮件，向你推荐某个理财产品，这个产品可能是信托产品。如果你经常出入高尔夫球场，你也许会收到一些“某某项目”投资的广告，这个也很可能是信托产品。

那么究竟什么是信托产品？假如某个城市想建设地铁，需要几个亿的资金，这时政府需要到处找钱，它可以找银行贷款，它也可以向社会发行债券，它还可以找到信托公司去帮忙融资。如果信托公司觉得这个项目还不错，就会通过银行VIP柜台、高尔夫球场、电话邮件等各种方式去找那些手上有闲钱的富豪们借钱，借了钱之后，信托公司会给这些富豪写一张“欠条”，这张“欠条”就是“信托产品”。当“欠条”到期后，信托公司会把本金还给富豪们，然后把“欠条”约定的利息也还给他们。一句话说，“信托产品”就是一张信托公司帮忙借钱写下的“欠条”。

但是你千万不要小看这张“欠条”，盖楼、修路、造桥需要的几亿、甚至是几十亿资金都要靠它。信托公司是接受他人信任委托，代为经营管理财物或代为办理经济事务，为特定的人谋利益的行为，信托公司在这种当事人的关系中，处于十分关键的位置。他受人之托，又为人谋取利益，是两者的纽带或桥梁。信托公司通过办理自身业务和信托资金的运用，融通了资金，从而具有金融机构的性质，发挥着金融职能。他既为委托人服务，又为受益人服务，是信托关系中的主体。这种主体地位的确立是以营利为基础的，经办的事务必须是有偿营业信托。

信托首先诞生于英国，但发展于19世纪的美国。依赖于19世纪以来美国经济的发展，大型矿山、钢铁企业的建设和铁路、港口的开发需要相应的资金，信托机构作为金融中介机构发挥了巨大的作用。在日本，这一特点更为明显，日本在20世纪初经济发展相对落后，信托机构为日本的现代化筹集了大量的长期资金。

在美国的金融体系中，信托机构与商业银行享有同等地位。从资产拥有情况来看，美国的信托资产、银行资产和保险资产三分天下。

在国内，2001年是中国信托业发展里程碑式的一年，2001年10月1日《中华人民共和国信托法》正式施行。这部法律与2002年5月9日起施行的《信托投资公司管理办法》，以及2002年7月18日起施行的《信托投资公司集合资金信托业务管理暂行办法》，构建了信托业“一法两规”的基本法律框架。尤其是《信托法》以国家法律的形式在中国确立了信托制度，引导信托公司走上以真正的信托业务为经营主业的发展道路，成为信托业发展的里程碑，自此中国信托业全面步入“受人之托，代人理财”本源业务的坦途。2001年9月30日，经中国人民银行核准，中煤信托投资有限责任公司（现中诚信托公司）成为全国首家完成重新登记工作的信托投资公司。随后，信托市场好戏连台，投资型信托业务（如产业投资信托、创业投资信托等）、管理型信托业务（如年金信托等）、公益信托业务（如环保信托等）等纷纷出台。2005年末,领汇、越秀等房地产投资信托基金在港高调上市,引来资金与眼球无数,对于国内的金融业与房地产业同样产生了强烈的触动。事实上,国内以联华信托为代表的一批信托公司通过“联信–宝利–中国优质房地产信托投资计划”等集合信托产品，一直在该业务上进行探索与尝试。

2007年1月23日，中国银行业监督管理委员会以2007年第2号主席令，颁布了《信托公司管理办法》和《信托公司集合资金信托计划管理办法》（以下简称“新办法”）。“新办法”自2007年3月1日起施行。“新办法”使信托公司的功能定位清晰准确，突出信托公司经营特色，构建专业化经营模式，其变化不仅在于去掉信托投资公司名称中的“投资”两字，更重要的是引导信托公司将投资者定位转向高端理财客户，并积极拓展新业务。

中国信托行业经历了高速发展，管理资产从2007年到2012年间翻了近7倍，截至2013年三季度末，超过10万亿人民币。

目前，信托公司正在从原来简单的金融理财产品制造商逐渐向高端资产管理机构进行转型，各家信托公司都在开设财富管理中心，通过渠道建设来为高端投资者提供定制化的财富管理服务。

2.澄清信托产品的几个认识误区

（1）信托产品不是银行理财

信托产品和银行理财都是为了实现资金的融通，但是信托产品的发行人是信托公司，银行理财的发行人大多是银行。银行理财产品5万元就可以购买，但信托产品最少要100万起。银行理财产品的期限一般是1~3个月，而信托产品的期限基本在1年~2年，并且，信托9%~12%的年收益，也比银行产品5%的收益有更大的吸引力。

（2）从银行购买的信托产品不由银行担保

对银行来说，目前信托“刚性兑付”的义务方是信托公司。有信托公司兜底，风险基本可控，而银行推荐赚取的佣金是中间业务收入，推荐属于低风险、高收益业务，只要信托公司发行信托产品，就敢于推荐。在整个信托关系中，只有信托公司才是信托计划的管理人，需履行受托人义务，即以受益人利益最大化谨慎管理信托资产。而商业银行只是信托资产的托管人，其义务只是资产保管、交易监督、信息披露、资金清算与会计核算等，不对投资者承担因受托人过失的赔偿责任。

3.信托产品的特点

（1）风险非那么高

与其他金融机构比较，近几年来信托的风险应该是较小的。在金融危机肆虐的背景下，与公募基金及银行理财等代人理财渠道不断爆出的亏损相比较，信托的确让人更加信任。也正因为如此，信托被很多人称之为“高收益债券”。

以房地产信托为例，从房地产信托风险发生到投资者本金受损之间有几道防火墙：其一是融资企业无法偿还资金；其二是房地产接盘基金对于打折低价的房地产项目没有兴趣；其三是市场对于大幅打折后低价出售的土地和房产没有购买意愿；其四是信托公司及其股东无力偿还投资者损失。从目前的情况看，至少房地产市场的购买基础还在，因此即使发生单体风险，也是可以通过市场化手段化解的。风险还在第一道防火墙 —— 个别融资企业到期出现资金兑付困难而被迫转让项目，还到不了甚至依靠市场拍卖抵押物偿还投资者资金的地步。因此至少在目前，即使不考虑房地产市场回暖，距离真正发生房地产信托系统性风险尚有一段距离。所以，房地产信托并不是信托行业最大的风险。但是，目前在房地产信托领域所出现的一些现象，反倒更令人忧虑。

（2）投资期限长

很明显的一点是，投资者投资股票或基金，根据情况可以随时卖出或赎回，从而终止亏损减少损失。但信托产品的流动性较差，在信托成立之后，投资者在产品结束前基本无法退出，也没有渠道通过转让等方式分散风险。所以信托一旦发生亏损，所有的损失就是投资者的损失，投资者自身的决定权很低。从这里看，信托产品流动性问题是一个潜在的巨大风险。银行理财产品的期限一般是1~3个月，而信托产品的期限基本在1年~2年。

（3）投资门槛高

银行理财产品5万元就可以购买，但信托产品最少要100万起。现在，一般都要300万起售。

（4）收益高

信托9%~12%的年收益也比银行产品5%的收益有更大的吸引力。

（5）常有抵押和担保

信托的风险控制措施主要有：抵押、质押、担保和结构化设计等。有的产品只采用一种风控措施，有的产品同时采用多种风控措施。

抵押或质押：融资方将其动产或不动产(房产、股权等)抵押或质押给信托公司，若融资方无法按期支付信托产品的本金及收益，信托公司可以拍卖抵押或质押物，以保障投资人的利益。以房地产信托为例，房地产信托贷款的风险控制措施一般为土地或现房抵押；

担保：对于没有抵押(或质押)或者抵押率比较高的，信托公司往往会要求融资方对信托财产提供相应的担保。比如担保公司担保、第三方担保(融资方的母公司或关联公司)、公司法人无限连带担保等；

结构化设计：所谓结构化设计就是将信托收益权进行分层配置，购买优先级的投资者享有优先收益权，购买次级和劣后级的投资者享有劣后收益权。在固定收益类信托理财产品中，劣后级投资一般由融资方投资，信托期满后，投资收益在优先保证优先级受益人本金、预期收益及相关费用后的余额，全部归劣后级受益人；若出现投资风险，也先由劣后级投资者承担。

4.信托品种大观

按照投资方向分类：政府基建类、房地产、商业贷款及矿产为主，另外还有一种TOT。由于信托产品多以具体的投资项目作为投资标的，因此我们这里通过具体项目来介绍每种信托产品。

1）房地产型

以大业信托·寿光香堤雅苑项目贷款集合资金信托计划为例：委托人及受益人为合格投资者，受托人为大业信托有限责任公司，根据委托人指定的信托财产管理方式，受托人使用委托人交付的信托资金，以受托人名义用于向寿光中南的香堤雅苑项目发放项目贷款。信托规模为人民币2亿元，信托期限为2年。融资方为寿光中南地产，中南控股集团为融资方在本信托计划项下的到期支付义务提供无限连带责任保证担保。信托资金还款来源为融资方经营活动净现金流、担保人经营活动净现金流、处置变现抵押物。受益人预期收益为（1）100万≤委托资金＜300万，预计收益率为8.5%/年；（2）300万≤委托资金，预计收益率为9.5%/年。除中南控股集团的无限连带责任担保之外，寿光中南地产以其所名下寿光世纪星城项目用地的部分土地提供抵押担保，此部分抵押土地的面积为96782平方米，预评估价值为8876万元；南通中南新世界中心开发有限公司（以下简称“南通中南新世界”）以其名下的位于南通市崇川区桃园路12号501室的商场提供抵押担保，建筑面积9052.96平方米，评估价值31685.36万元；营口中南世纪城房地产开发有限公司（以下简称“营口中南地产”）以其名下的土地提供抵押担保，此部分抵押土地的面积为52338平方米，预评估价值为9421万元，故抵押物的总价值为49982万元，按照首期1.5亿元的信托规模，抵押率为30%（不含息）。（可参照下面交易结构图）

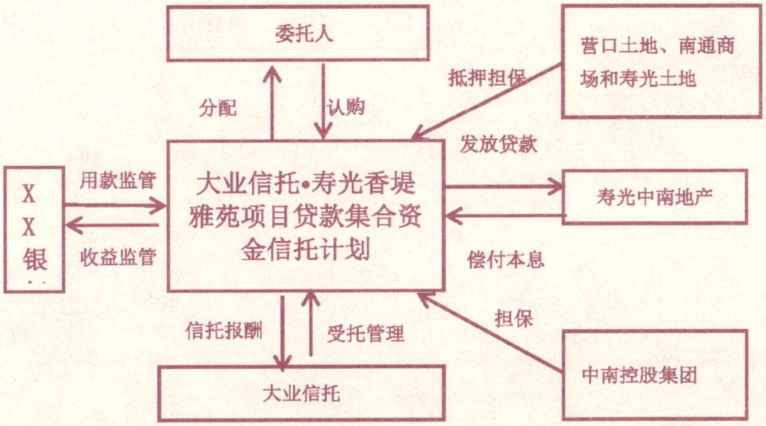

2）政府基建型

以中信·民惠9号长兴城建应收账款流动化信托计划为例：受托人为中信信托有限责任公司，本项目所募集认购资金用于支付信托项下优先级受益权的转让价款；长兴城市建设有限公司获取该转让价款后，主要用于画溪大道和城西路公铁立交工程项目。信托规模为人民币19000万元，其中9000万元在浙江省销售，认购金额100万起，信托期限为24个月。还款来源为长兴县政府的财政收入（人大已列入年度财政预算）；委托人回购资金，委托人资金来源政府回购项目、土地一级开发等经营收入及融资资金；保证人回购资金，保证人资金来源其城建项目、道路通行费、房屋销售、土地一级开发及融资资金；处置抵押物获取的资金；向第三方转让债权获取的资金。长兴县交通建设投资公司为该信托计划提供担保保证，若长兴县政府未能按照约定时点足额偿还债务，长兴城市建设有限公司回购相应债权。长兴城市建设有限公司将其持有的评估价值为59,134万元的一宗出让用地，为本项目提供抵押担保，全部本益抵押率为64.9%。在受益权转让款拨付至委托人前，将在中国人民银行征信中心应收账款质押登记系统内，进行应收账款转让的公示登记。（可参照下面交易结构图）

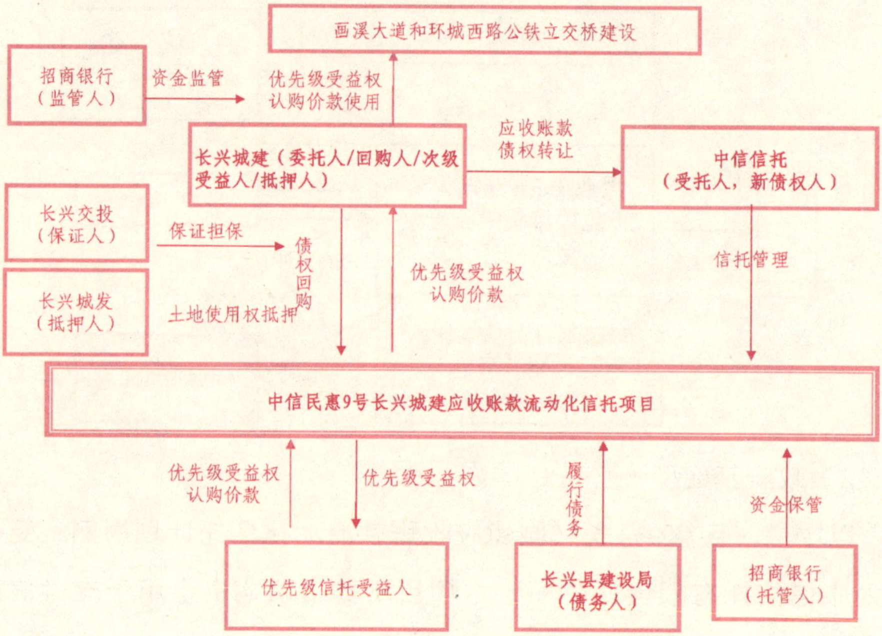

3）商业贷款型

以长安信托·凌达控股流动资金贷款集合资金信托为例：受托人为长安国际信托有限公司，信托期限为12个月，凌达控股集团有限公司为融资方，以其母公司浙江凌达实业有限公司持有的2,500万股绍兴银行股权作为质押，通过长安信托融资7,000万元，用于补充凌达控股的流动资金。凌达控股将按期还本付息实现信托计划退出。还款来源为：1.凌达控股的经营性收入和投资性收入（公司在2010年前参与的三处置业投资现正逐步退出）及筹资性收入（凌达控股为农行AAA+级）；2.母公司凌达实业的经营收入和投资性收入，以及凌达每年在绍兴银行、天津滨海农村商业银行上的股权投资收益。由浙江凌达实业有限公司为融资方履行还本付息义务提供连带责任保证，并办理强制公证手续。由凌达控股集团有限公司实际控制人凌国军、殷国萍夫妇为融资方履行还本付息义务提供连带责任保证，并办理强制公证手续。凌达控股集团有限公司的母公司浙江凌达实业有限公司以其合法持有的2500万股绍兴银行股权作为质押，估值为9775万元，质押折扣率为71.6%，或者为每股净资产的88%。当上月绍兴银行财报每股净资产X低于2.8元/股，则监控方会要求凌达控股追加质押物或补偿（2.8-X）*2500万元。（可参照下面交易结构图）

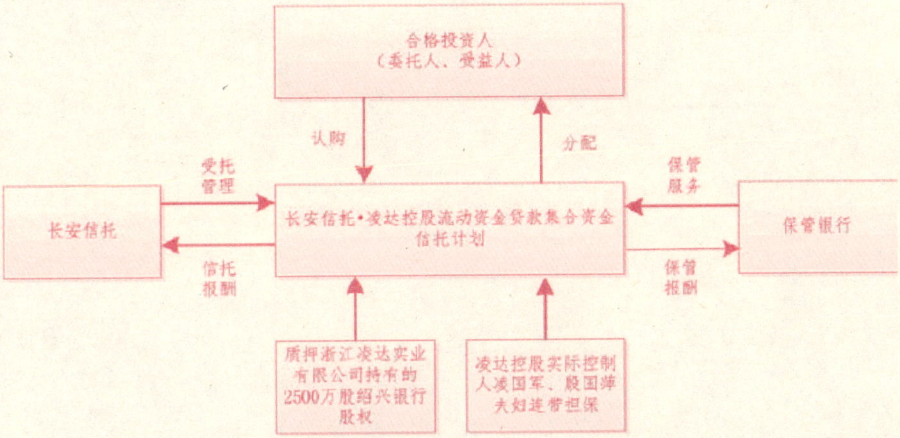

再以安信·上海环球海港综合经济开发有限公司股权投资集合资金信托为例：受托人为安信信托投资股份有限公司，信托规模为人民币3亿元。受托人安信信托所募资金的15,000万元用于向上海环球海港综合经济开发有限公司（以下简称“环球公司”）增资，增资后安信信托持有环球公司42.86%的股权，其余15,000万元用于向环球公司增加资本公积，资金最终用于支付奉贤区农民镇保及公司财务结构调整。安信信托同奉贤区公有资产公司签署《股权转让协议》，由奉贤区公有资产公司分期收购安信信托所持有的环球公司股权，收购价款包括投资本金和股权溢价款，股权溢价率为12%，共分15期支付股权转让款。奉贤区公有资产公司将分期收购安信信托持有的环球公司股权，共分15次支付股权转让款，避免集中还款的流动性风险。奉贤区人大常委会出具决议，同意并批准将上述股权收购款项，列入收购价款支付日期对应年度的财政预算（不迟于2016年）。奉贤区财政局对环球公司2013~2016年度经营性土地出让收入（每年不少于200亩）建立专门的土地出让价款归集账户，用于支付上述股权收购价款。（可参照下面交易结构图）

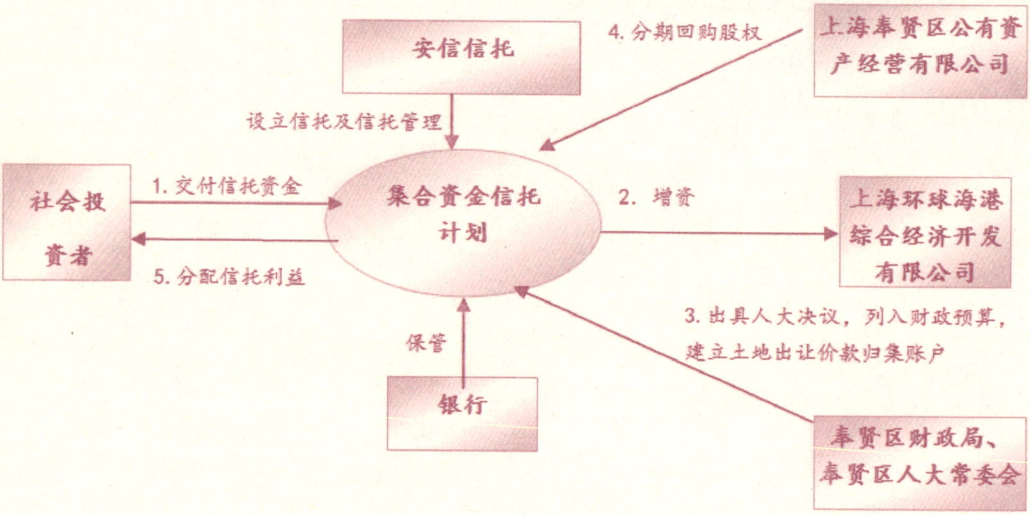

4）矿产型

“矿产信托风险比房地产信托低，收益与房地产信托相当”——这恐怕是2011年多数理财师销售矿产信托的话术，但矿产信托的风险就一定低吗？一般说来，矿产信托有三大风险，首先，矿产项目资产估值较为复杂，尤其是对矿产品位、矿产储量等的认定，即便是专业评估机构，对其估值的差别也较大，项目本身价值不确定；其次，矿产资源受国家政策影响较大，如当前受到节能减排等因素影响，部分小矿还存在着被合并或被收回的政策风险；最后，如果发生安全事故，矿场将被停业整顿，可能导致信托不能按期退出项目。非但如此，在实际操作中，我们发现矿产项目还有以下情况需要引起注意：第一，部分矿产权属不明，无法落实资产质押、股权过户等风控措施；其二，部分矿产业主社会关系较复杂，一旦矿产业主涉嫌民间借贷或其他犯罪，矿产将会面临较大的经营风险。

5）TOT

TOT是“信托中的信托”，英文全称是Trust of Trust，也就是专门投资信托产品的信托。它主要由银行、信托、券商发行，投资于阳光私募产品。其操作方式是在信托平台成立一个母信托，然后由母信托再选择已经成立的阳光私募信托计划进行投资配置，形成一个母信托控制多个子信托的信托组合品。因此，其业绩主要取决于子信托的投资业绩表现。

信托公司发行TOT产品（母信托），其风控措施除了包括所投资的信托产品（子信托）的风控措施之外，还包括发行TOT产品的信托公司的信誉担保。由于信托公司专业性强，对所投资的子信托产品的把控较好，所选择投资的信托产品风险性一般不大，再加上信托公司非常注重对自身信誉的维护和建设，信誉的破坏对信托公司来说是不能承受之重，对于可能出现的风险，信托公司本身也将作出相应的措施来应对。

5.如何选择信托产品

信托产品的优劣，可以信托产品的收益水平、融资项目的还款能力、信托产品的风险水平和信托公司的理财能力等方面进行评价。

（1）信托产品的收益水平

由于目前固定收益类集合信托产品在设计上以债权模式或者“物权+反购”模式为主，收益一般按照预期收益率兑付，故可以用其预期收益率来评判其收益水平。为剔除期限结构对收益率的影响，测评体系用预期EI值(预期收益率/同期限银行存款利率)衡量集合信托产品的收益能力。

（2）融资项目的还款能力

目前的固定收益类信托产品，基本上为项目融资模式，借款人或者项目本身的现金流或者利税前利润(EBIT)已知，测评体系用项目或者借款人的EBIT/信托产品兑付资金需求衡量项目还款能力。

（3）信托产品的风险水平

虽然目前固定收益集合信托有刚性兑付要求，但产品风险依然不容忽视。风险水平较低的产品通常收益较低，风险水平较高的产品通常收益较高，投资者应该规避风险高收益低的产品，以及风险不可控的产品。对信托产品的风控水平从两个方面评价，第一，项目或融资人自身是否有风险，包括政策风险、行业风险、财务风险、法律风险等；第二，信托公司为控制这些风险采取的风控措施或者产品设计是否得当，是否有效。

（4）信托公司的理财能力

信托公司的自身实力不仅代表了信托公司对项目的把控能力，而且涵盖了信托公司开发集合产品的经验、在产品出问题之后信托公司处置资产的能力、信托公司股东对其业务的支持等。所以，一家公司的综合实力如何，从某种程度上可以影响到信托产品的设计、运行和清算。

6.信托产品涉险二三事

（1）矿业信托30亿大单涉险

中诚信托一款30亿元的产品，因交易对手山西振富能源集团有限公司民间借贷问题面临兑付风险，成为了各方关注的焦点，也将矿产资源信托的风险提上了新的高度。矿产资源信托的标的企业往往在山西、内蒙古、陕西等矿产资源较为丰富的地区，但同时这些地区也是民间借贷的高发区，从这个角度上讲，矿产资源信托面临的由民间借贷引发的风险，恐怕比其他类型的信托产品要高一些。中诚信托的项目正是坐落于山西小城柳林，产品为中诚信托“诚至金开1号集合信托计划”，该款信托计划成立于2011年2月1日，募集规模达到了30.3亿元，其认购起点为300万元，存续期达3年，预期年化收益率为9.5%至11%，募集资金对山西振富能源集团有限公司进行股权投资，用于该公司煤炭整合过程中煤矿收购价款、技改投入、洗煤厂建设等。但是振富集团的实际控制人王平彦已被部分限制人身自由，而其背负的账外民间借贷则可能高达50亿元。振富集团名下的山西三兴煤焦有限公司的核心资产临县白家峁矿井，涉及多年的采矿权纠纷，因此一直未能开工。这些都对信托公司的风险形成了隐患。根据此前中诚信托公告，振富集团二季度有三起诉讼案件，均因帐外民间融资所引发。实际上，也就是民间高利贷。但是吕梁市公安局将其定性为非法集资，也就是非法吸收公众存款案，案件涉及总规模为41293万元。这涉及到中诚信托很有可能无法到期兑付的问题。传工行兜底中诚30亿矿信托窟窿，而业内另一个传闻则表示，振富集团的资产最终可能由华融资产接手处置。这一信托计划的处置还在进行中，目前尚无最后定论。中诚的这一产品，将在2014年到期。如果按照预期收益率兑付，届时将需要40亿元左右支付给信托持有人。

（2）天津信托疑涉上市公司关联交易

成立于2012年11月27日，总规模6个亿的“沐雪一号”信托计划，投资顾问为江苏沐雪，优先级委托人为中国银行上海分行，次级委托人为深圳凯雷股权投资基金（有限合伙）。湖北精九、广东鸿远则作为深圳凯雷的合伙人出现。实际上，“沐雪一号”在设计上采取了类似于“伞形”化的信托结构，叠加了双层的投资顾问，江苏沐雪聘请湖北精九、广东鸿远充当“第二投顾”，拥有部分信托资产管理的建议权。其中湖北精九、广东鸿远管理信托资产分别为3亿、1.2亿。具体模式为，湖北精九、广东鸿远向江苏沐雪发送投资建议后，江苏沐雪方面审核后再作为自己的投资建议发送给天津信托。此前，江苏沐雪和湖北精九签订的《投资顾问协议》中曾有如下规定：“乙方（湖北精九）如发生违反相关文件及本合同约定的行为，甲方（江苏沐雪）有权解任投资顾问。”而在这份协议签署后的几个月，单方面终止投顾聘任关系的权限约定就在实际操作中有了兑现。江苏沐雪方面透露，1月初，在调查了解到湖北精九的违规操作行为后，江苏沐雪方面曾口头警示，而湖北精九始终未做出调整，就此江苏沐雪方面暂停了湖北精九的投资顾问资格。当时，湖北精九对应的信托账户子单元资产，持仓接近2亿元，原本总数3亿元的指示权限仅剩下1.07亿元。按此说法，江苏沐雪停掉湖北精九的投资权限实为内讧闹剧的导火索，并揭开了更多局外之局。最初引发江苏沐雪注意的，是湖北精九和广东鸿远在信托计划成立后，频频买入两家关联上市公司股票的“蹊跷”动作。信托系统内部交易流水材料显示，从2012年12月27日“沐雪一号”成立当天，湖北精九便通过其掌握的信托子单元大笔买入和卖出多伦股份，截至2013年1月25日，湖北精九交易的子单元共计持有多伦股份1013.9万股。其间，多伦股份从5.64元/股上涨到6.66元/股。同样，2012年11月27日~12月3日，湖北精九还通过信托子单元，以4.89元/股的价格买入新潮实业2365.51万股，加上湖北精九一致行动人和原有持股，湖北精九方面持有新潮实业股份超过5%。值得注意的是，湖北精九的法定代表人是鲜栗，实际控制人为鲜勇，原实际控制人鲜言正是湖北精九通过信托子单元大肆买入多伦股份的董事长、实际控制人。2012年12月3日，鲜言把其持有湖北精九90%的股份转让给鲜勇。也就是说，鲜言利用自己一家公司掌握的信托资金，大量买入自己掌握的另一家上市公司股票。虽然借用了信托公司和另一家投资顾问的壳，但这中间是存在关联关系的，严格来讲这种操作是违规的。11月底买入多伦股份是相对的低点，很明显是为了托股价。多伦股份公告显示，鲜言2012年斥资3.4亿收购多伦投资，从而间接控制多伦股份，转让人正是与其一起掌控“沐雪一号”的广东鸿远的实际控制人李勇鸿。彼时，鲜言因为该交易还被证监会立案稽查。1月25日，江苏沭雪以湖北精九“涉及与上市公司多伦股份的内幕交易，违反此前签订的《投资顾问聘用合同》的约定”为由，发函终止了湖北精九的投资顾问资格。2月20日，天津信托公告，经投资人大会表决，“沭雪一号”成立不足3个月提前终止，成为“史上最短命阳光私募”。

（3）“阴阳合同”牵出信托灰色地带

2009年9月11日，安信信托与昆山纯高投资开发有限公司签订了《信托贷款合同》，约定由后者作为借款人向安信信托申请信托贷款，金额不超过2.3亿元，用于“昆山联邦国际”项目的开发和后续建设及财务结构调整。按照合同的约定，昆山纯高投资开发有限公司贷款本金分三次偿还，年利率10%，时限3年。同日，昆山纯高投资开发有限公司与安信信托还签订了《资金监管协定》，约定昆山纯高保证并承诺满足信托专户内最低现金余额的约定，若任一时间节点未获满足，则昆山纯高必须在3个工作日内予以补足，否则构成违约。由于昆山纯高支付合同还款准备金的逾期及信托专户最低现金余额的约定，安信信托宣布贷款于2012年9月18日提前到期。然而，信托兑付到期时，昆山纯高仍无力偿付，安信信托遂对昆山纯高提起诉讼。然而，双方对簿公堂时，昆山纯高认为信托应该属于财产权信托，不应当存在《信托贷款合同》，并指责安信信托出示的《信托贷款合同》是以合法形式掩盖了非法目的合同，而其中约定昆山纯高应该承担的罚息、复利、违约金等责任无效，抵押权和连带责任的相关规定也应该不成立。

法院在裁定中支持“昆山联邦项目”属于财产权信托，而这一认定将安信信托“阴阳合同”的做法暴露无遗。“安信信托将本应根据信托合同交付昆山纯高公司的信托资金，却与被告另行签订《信托贷款合同》以贷款方式发放被告，显然与信托合同的上述约定有悖。”此外，法院明确表示了，从安信信托的宣传资料看，并未将该信托贷款事宜向案外投资人披露，安信信托利用案外投资人的资金放贷为自己谋取利差的行为，与我国信托法有关受托人除依照本法规定取得报酬外，不得利用信托财产为自己谋取利益的规定相悖。“信托贷款一般是信托公司的自有资金，安信信托将这个信托计划归类于信托贷款明显不合适。另外，法院在裁决此类纠纷时，会考虑案外投资人的利益，而安信信托的做法就有点涉嫌违规。”北京一位律师认为，安信信托在签订《信托贷款合同》的时候，没有尽到信息披露的义务，而投资者的利益也得不到保障。“抵押权其实并没有争议，而这种信托公司风险设置的方式也是得到法院认可的。”阴阳合同在信托业内也不少，但是没有人投诉，也不会有大问题。在这种情况下，监管一般很难查到，主要是信托前期的谈判和后期沟通。信托公司在和融资方谈判的时候，融资方只会考虑信托融资的总成本，而利益分配和一些操作上还是会有很大空间。信托行业存在较多灰色地带，一些潜在的风险很难监管到。大部分的融资细节都是靠双方谈判，包括各类费用在内的标准都没有。如果信托不出事也没有任何问题，但是一旦有状况就很麻烦。

第十二章　艺术品投资基金

关键词：份额化

17世纪的法国艺术家库朗侯爵(Marquisde Coulanges)曾经说过：“绘画和金条一样值钱。”

1.什么是艺术品投资基金

2014年2月15日，培根画作《乔治戴尔肖像》以4219万英镑（约合4.26亿人民币）在佳士得拍出，动辄上百万，甚至上亿的艺术品交易令普通投资者望而却步，然而，艺术品投资基金为普通投资者投资艺术品开了一扇门。

所谓艺术品投资基金，是指根据风险共担和收益共享的基本原则，将投资者分散的资金集中起来，由基金托管人托管，由基金管理人运作，以艺术品投资组合的方式进行投资和独立核算，以获得投资收益的艺术品理财服务。

正像艺术家那份追求自由的气质一样，在基金这个大家族中，艺术品基金则继承了艺术家的这份自由气质。一方面艺术品不会像股票和债券那样分红付息，因此，它的价格不能简单地用数学模型来解释，这令它脱离了传统的金融辖区，投资者更多地是从市场情绪的角度来分析它的价值；另一方面，在政策监管上，它很少受到管制，并且不被要求披露信息。

那么，艺术品投资基金作为一种金融产品是如何被生产出来的呢？首先，基金运行方从艺术品投资顾问公司获得相关艺术产品资料，如计划投资的艺术产品板块、艺术产品的价格范围、计划投资的数量、预期升值的幅度等，来确定艺术品投资。基金运行方由此设定投资门槛、募集的规模、期限，然后就是形成艺术品投资基金招募书，最后才是向特定的客户进行艺术品投资基金的发售。在这个过程中，一般都由信托公司作为艺术品投资基金资金的托管机构，基金管理人与投资人之间是属于一种契约关系，其行为是通过契约(如信托契约等)来加以制约与规范的。

纵观世界艺术品投资基金的发展历史，西方真正意义上的第一支艺术品投资基金，当属成立于1974年的英国铁路养老基金会（British Rail Pension Fund）。当时的英国经济不太景气，通货膨胀较为严重，英国著名的铁路养老基金的股东们便想要一种新的投资方式，以求分散风险和实现资产保值增值。1974年底，英国铁路养老基金会在统计学家列文的建议下，开始进行艺术品投资，即每年以基金会可支配的总流动资金的5%为上限（相当于500万英镑）购买艺术品。先后购进了2400余件艺术品，耗资共计4000万英镑（约合1亿美元），最终获得13.1%的平均年收益率。在英国铁路养老基金运作的25年间，收益最高的三个门类分别是印象派、中国陶器和中国瓷器。其中，印象派,收益率为21.3%，扣除通货膨胀之后的收益为12.9%；中国陶器的收益率为15.8%，扣除通货膨胀之后的收益为8.2%；中国瓷器的收益率为15.4%，扣除通货膨胀之后的收益也为8.2%。

2000年在英国铁路养老基金的艺术品基金彻底清盘退出后，艺术市场又出现了新一波的艺术品投资基金的热潮。在这次浪潮中，艺术品投资基金也不断成熟。

在这次浪潮中，艺术品投资基金开始了由分散化到集中化和投资范围扩大的历程。

进入21世纪，在欧洲一系列大型艺术品投资基金纷纷出现，比如费恩伍德(Fernwood Art Fund)、纯艺术基金(the Fine Art Fund)、荷兰银行艺术品投资基金(ABN Amro)等。目前仅纯艺术基金（Fine Art Fund）还在运作，该基金雇用了多位艺术经纪人在全球购买潜力艺术品，并引入专业的投资手法，进行组合投资。分散化投资成为了这些基金的主要特点，为规避风险，同时又确保不错过各个艺术品领域的热点，该基金常按照3：3：2：2的比例购买印象派作品、古典大师级作品、现代艺术品及当代艺术作品。由于该基金运作稳健，操作灵活，这家在2004年才开始运作的艺术基金，到2006年底已经获利超过59%，被公认为目前全球最活跃最优秀的艺术基金。

随着艺术品市场进一步细分，西方的艺术基金纷纷放弃了多样化投资的道路,走向了集中化的道路,专注于某一类或者是某一地区的艺术品市场。尤其是2008年金融危机之后，全球范围内传统资本市场的不确定性加剧,这使得另类投资(Alternative Investment)热潮开始涌现,艺术品作为另类资产的一部分也引起了部分投资机构的注意。在2008年之后西方成立的艺术品投资基金中,除了单一套利型投资基金外,另外一种趋势就是更大范围的进行投资组合配置,将邮票、红酒、钱币、珠宝等收藏品也纳入到艺术品投资基金的范围之中,以求降低基金本身的非系统性风险。

在中国，近年来随着艺术市场的火爆，国人物质生活的富裕，艺术品投资基金成了国人投资的新领域，很多对艺术缺乏了解的投资者，也能享受艺术品投资带来的收益。中国国内最早的艺术品投资基金出现在2005年5月中国国际画廊博览会上，来自西安的“蓝玛克”艺术基金以50万美元的价格购买了当代画家刘小东的《十八罗汉》组画。从此，国内艺术品投资基金开始逐步出现，最初交易模式并不正规，只是少数投资人私下将资金交给有经验的艺术产品投资人进行投资。2007年，中国民生银行成功推出了“非凡理财—— 艺术品投资计划1号”，国内第一支真正意义上的艺术品基金诞生。民生银行是第一个吃螃蟹的银行，成为我国第一家被批准进入艺术品基金领域的银行机构。它面向高端客户发售，投资于中国传统书画和当代书画作品。2009年7月产品正常到期，年化收益率高达12.75%，远远超过其他同期银行理财产品。2010年初乘胜追击推出“非凡资产管理 —— 艺术品投资计划2号”，由于2007年推出的1号投资计划收益率良好，赢得市场青睐，全额售罄且提前一周结束募集。

2007年，中国民生银行发布的《艺术品银行业务发展研究报告》指出：“高收入阶层中有超过20%的人群有收藏的习惯。其中，艺术品价值大约平均相当于其全部资产的5%。这意味着，整个高收入阶层大约可以支付超过其财产1%的部分投入到艺术品收藏。假设全国个人储蓄总额16万亿元中，有50%属于高收入阶层，则意味着至少每年800亿元资金在理论上是可以用于投资艺术品的。”2010年3月，中共中央宣传部、中国人民银行、财政部等九部委联合印发的《关于金融支持文化产业振兴和发展繁荣的指导意见》要求：“适当放宽准入条件，鼓励风险投资基金、私募股权基金等风险偏好型投资者积极进入处于初创阶段、市场前景广阔的新兴文化业态。”事实上，艺术品投资基金正是助推艺术品市场发展的创新型文化产业投资基金。

2.艺术品投资基金特点

艺术品投资基金的主要特点是专业管理、抗通胀性、分散风险性，近年来，还有投资品类集中化的趋势。

1）专业化管理

艺术品投资基金的管理人员要么具有良好的艺术素养，要么拥有丰富的管理经验。由这些专业人士管理艺术品投资基金，可以大大降低自己的运作成本和投资风险。目前，中国艺术品基金很大一部分采取从拍卖行中买入作品的方式，在基金公司看来，从拍卖会中买入的作品真伪更有保障，拍卖是面向大众的，如果是赝品更容易被发现；其次拍卖有记录可以查询，也避免了画廊购买可能带来的质疑。如果通过画廊购买，价格高了，投资人会认为有暗箱操作，价格低了，投资人又可能怀疑买的是赝品。

2）抗通胀性

1961年,理查德·拉什的《作为投资品的艺术品》第一次对艺术品的投资收益进行了研究,试图解释20世纪50年代艺术品价格上涨的原因。而之后杰拉德·瑞林格又在《品味经济学》中对从1700年到1961年艺术品的历史价格进行了研究,其认为早期购买作品的欢愉已经被深思熟虑的购买行为所取代,并首次提出艺术品能够成为抵抗通货膨胀风险的工具。

3）风险分散性

在艺术品投资兴起的早期，人们错误地认为它是一种“劣质资产”。从1900年到1985年之间,艺术品的年收益率为5.2%,其波动率为37.2%,而股票市场的年收益率为5.7%,波动率为20.7%。从这个数据上看,人们也许会得出这样一个结论:相对于股票市场,艺术品投资的年平均收益更低,而波动性更高。对于理性的投资者来说，在给定平均收益的情况下，会选择波动性最小的投资品种。在这种情况下,艺术品由于相对于股票市场来说波动率更高、平均收益率更低，因此在早期被认为是一种“劣质资产”。

但是马科维茨的投资组合理论(ModernPortfolio Theory)为艺术品纳入投资组合带来了契机。是否将一项资产纳入投资组合关键，就是看单个资产之间的协方差,也就是各个资产之间的相关系数。

资产组合是一种通过组合不同性质的资产，比如说股票、债券、房产及艺术品来降低整体风险的策略。在理想的情况下，这种不同的投资产品还将具有相对于单个资产更高的回报率。其目的是为了分散非系统风险对投资组合的影响，使得投资产品不受到市场负面消息的影响而产生价格变动。这些风险能够通过在投资组合中持有彼此间关联度较低的有价证券而被分散。许多研究表明，长期来看，不仅不同流派的艺术品和股票、债券及其他的资产之间的相关性很低，甚至是负相关，甚至是不同流派之间的作品有时候也是不相关的。费恩伍德(Fernwood)验证了这个理论，他推进了艺术投资进入了主流的金融投资领域，利用有效边界分析，来说明这种投资的优势。通过从1978年到2003年这25年的统计，费恩伍德认为从统计学上来说，最佳的资产组合是35%的股票、45%的债券和20%的艺术品。这样的组合不仅领先于10年期债券，同时也将整个资产组合的风险水平降至了7.7%，这是所有资产类型中最低的风险。其得出结论“由于艺术品和其他类型投资门类的相关程度极低，整个资产组合的有效性可以通过对艺术品进行投资，得到极大的提升”。

由于不同风格的作品之间的相关性也不尽相同，这给艺术基金的发展提供了动力。艺术共同基金将大量的资金投资于不同风格的艺术品，以期望增加投资组成的多样性。对于个人投资者来说，成功地将他们的艺术收藏进行多样化是比较困难的，在收藏的前提下平衡风险也是很重要的。在一个艺术品的投资组合中，也有可能通过选择不同的艺术家，不同的流派，以及不同市场类别和具有高风险高回报的可替代性市场，来分散风险，比如一些研究已经表明荷兰古典绘画大师作品和法国印象派绘画作品及18世纪的家具之间，存在着很低的相关性。

4）集中化投资

2008年金融危机以来，新建立的艺术基金纷纷采用先进的集中化操作，并从早期的多样化艺术投资策略转向了集中化程度更高的投资策略，比如说专注于特定的媒介，比如影像基金(WMG Photography Collection)；或者专注于某一特定地区的作品，比如说纯艺术基金的中国艺术品基金(The Chinese Art Fund)、中东艺术品基金(The Middle East Fine Art Fund)等。

3.艺术品基金的运作模式

我国艺术品基金市场仍然主要以简单的一买一卖的方式运作，相比之下，国外的艺术品基金运作模式更为复杂，相信在未来，这些模式很可能成为国内艺术品竞相效仿的模板。下面就带你看看国外艺术品基金是如何运作的。

总的来看，目前国外艺术品投资基金的运作模式主要有三种：艺术品组合投资模式、艺术家信托投资模式和艺术品对冲投资模式。

1）艺术品组合投资模式

就目前国外艺术品投资基金的运作模式来看，包括美国艺术基金（American Art Fund）和中国投资基金（China Investment Fund）在内的大部分艺术品投资基金的投资周期为5~10年，其收入来源主要是管理费用，一般按投资总额1.5%~5%的范围收取，如果年收益率超过6%，还会有一个从超额利润中提取20%的分红。艺术品组合投资的模式多样化，投资手法各具特色，投资范围也不尽相同。例如英国美术管理服务有限公司（Fine Art Man age ment services Ltd.）执行总裁霍夫曼（Hoffman）管理的美术基金，将投资范围锁定在古典艺术、现代艺术、当代艺术和印象派艺术这四个领域，其投资比重分别为30%~35%、15%~20%、35%~50%和15%~20%。2004年，英国美术管理服务有限公司从几个国家的投资者手中募集了约3.5亿美元，个人投资者初始投入资金的门槛为25万美元。自美术基金成立以来，年平均投资收益率高达58%。经过最初的3年锁定期后，投资者就可以在市场上自由买卖基金份额。在随后的3~7年时间里，美术基金将向投资者提供每年10%~25%不等的年复合投资收益。美术基金向投资者收取0.25%的认购费和2%的管理费。基金解封以后，当年平均投资收益率超过6%时，美术基金还能提取一定比例的分红。另外，独树一帜的基金模式还有美国非门乌德艺术品投资基金（Fernwood Art Investments），该基金旗下拥有两大基金，各以1亿美元为募集目标。其中的一个基金以每2年为一个投资周期，接受投资者的委托从事艺术品投资；另一个基金则以50%的资金购买艺术品，另外50%的资金则用于提升这些艺术品的知名度，从而直接或间接地抬高这些艺术品的价位。

2）艺术家信托投资模式

艺术家信托的一大特点就是投资艺术家，例如美国的艺术家共同信托（Artist PensionTrust）和艺术经纪人基金（Art Deale: Fund）。目前艺术家信托投资基金中最为成功的非艺术家共同信托基金莫属。艺术家共同信托基金是世界上第一家专门针对新生代艺术家和著名艺术家，以“以物代币”为特征的中长期信托投资计划。艺术家共同信托由总部设在纽约的共同艺术公司（MutualArt）创办，现已建立纽约、洛杉矶、伦敦、柏林、北京、墨西哥城、圣保罗、孟买、曼谷、伊斯坦布尔等共10个信托中心。每个信托中心都会通过自己的艺术家遴选委员会精心挑选本地区的250名艺术家，成立本地区的艺术家共同信托。艺术家共同信托参考了社会保险的运作模式，将艺术与金融有机地结合在了一起。艺术家共同信托的投资者是艺术家，但艺术家共同信托需要艺术家提供的并非资金，而是作品。在加入艺术家共同信托的20年中，艺术家每年都要向艺术家共同信托提供1件自己的作品，然而，艺术家共同信托并不支付现金购买这些作品，艺术家仍然拥有这些作品的所有权，只是把这些作品的经营权委托给了艺术家共同信托。艺术家共同信托的专家团队具体负责这些作品的销售。按照他们的信托投资计划，准备在10年以后才将这些作品推向市场，但销售时机将视艺术品市场的具体情况而定，以实现投资收益最大化的目标。当艺术家提供给艺术家共同信托的某件作品被销售以后，艺术家本人将获得销售收入的40%，另外的40%将划入艺术家共同信托的集体公积金账户，剩下的20%则作为艺术家共同信托的管理费用。每一位参与艺术家共同信托的艺术家都可以从集体公积金账户中分享一份均等的投资收益。艺术家共同信托的优势在于：第一，艺术家既可以获得当期收人，又可以分享未来的收益;第二，艺术家可以通过投资组合来规避自己作品的市场风险;第三，艺术家共同信托可以最大程度地整合资源，高效运作。

3）艺术品对冲投资模式

艺术品对冲投资模式也是艺术品投资基金的大胆创新。世界上第一支艺术品对冲基金一艺术交易基金（Art Trading Fund）是由英国美术投资咨询公司（Artistic Investment Advisers）推出的。据艺术交易基金的创始人之一威廉姆斯（Williams）介绍，“艺术品交易基金已经与10位成名的艺术家签订了协议，专门为其创作作品，基金有权利优先购买这些艺术家的作品，预计基金1/3的收益将来自这些在世艺术家。余下的收益则来自于一般的艺术品买卖，印象派、后印象派、现代及当代艺术都会有所涉及，且油画、素描、水彩和雕塑等多种形式亦包括其中，选择范围极为宽泛。”当然，艺术交易基金的最大特色还在于它采用对冲的方式来规避艺术品投资风险。艺术交易基金从证券市场上选择那些与艺术品市场关系密切的股票，例如苏富比公司（Sotheby's）或者历峰集团（Richmond）之类的奢侈品公司，并买下这些股票的看跌期权。这样的话，如果艺术品市场下跌，这些股票也会下跌，艺术交易基金则可以将这些股票以期权限定的价格卖出，从而使艺术品跌价的风险得到对冲。虽然这种做法还算不上真正的对冲基金，因为苏富比拍卖公司的股票走势并非完全与艺术品市场走势同步。苏富比拍卖公司股票价格的下跌，很可能是由于非艺术品市场因素，例如整个证券市场的下跌或者苏富比拍卖公司本身的经营问题。艺术交易基金通过对冲交易规避艺术品投资风险的思路，确实让人耳目一新。据威廉姆斯透露，艺术交易基金的长期计划是开发一种类似于道·琼斯指数的艺术品指数，分别反映艺术品市场上不同板块的走势情况。在此基础上，投资者可以进行对冲交易，规避投资风险。作为一种衍生工具基金，艺术品对冲基金的出现，不仅增加了一种新的艺术品投资渠道和风险规避方式，而且体现了艺术品金融化趋势的新方向。

4.走进我国艺术品投资基金

2008年7月，和君咨询集团旗下的北京和君管理咨询有限公司与北京西岸圣堡国际艺术品投资顾问有限公司分别作为执行合伙人和投资管理顾问，发起募集和君西岸经典油画投资基金。“和君西岸”艺术基金是严格依照我国的《有限合伙企业法》组建和运作的一个有限合伙企业，由“和君咨询”和“西岸圣堡”作为执行合伙人，对这个基金履行“投资管理人”的职能。这只私募基金的募集对象仅限于家族资产超过1亿元的个人及经营表现不俗的企业。基金认购价格为1.03元／单位份额，自然人最高认购500万元，最低为200万元；法人最高认购800万元，最低为300万元；产品期限计划为2年，每年度初提取出资产总额的2.5％作为投资管理费。其年化收益率保守估计有50％～60％，乐观估计可达100％以上。该基金一推出，便受到金融界和资本界的认可和热捧，一家深圳公司甚至有意愿购买所有的基金。目前已募集达到5000万元，远超过原计划的3000万元。由于出资参与这个基金的有限合伙人门槛很高，必须身价过亿才具备认购这个基金份额的资格，使得参与“和君西岸”的所有合伙人形成了一个“财富俱乐部”，大家一起进行艺术品投资，同时还一起分享智慧与财富人生，探寻事业上的联手合作。“和君咨询”所拥有的国内咨询界和投资界老牌公司的信誉，加上“西岸圣堡”作为国内最专业和市场经验最丰富的一家西画经营公司，是吸引这个艺术基金组建起来的重要因素。

2010年7月，德美艺嘉艺术基金在北京歌华艺术交易中心正式发布，该产品是德美艺嘉与兴业银行、北京歌华文化创意产业基金联合打造的以上海世博会上参展作品为主要收藏对象的艺术品基金，基金的投资标的是国内顶级的油画和油画艺术家的代表作品，通过国内外渠道向全球发行，其发行规模预计达到2~3个亿。

北京邦文当代艺术投资有限公司，是中国首家艺术基金公司，2011年计划募集10亿元，其中包括银行艺术品理财基金、艺术品集合信托基金、艺术品私募基金三种产品。“邦文传家宝集合信托基金”和“邦文华西艺术基金”这2支基金共1.6亿元的募资。前者为集合信托，募得6000万元；后者为有限合伙形式的私募基金，也是国内第一支过亿的艺术品私募基金。

上海信托香花石系列·中国新绘画艺术品投资信托计划（简称“香花石”），于2011年4月12日成立，成为上海信托业第一个艺术品“阳光私募基金”。“香花石”一期募集资金近1亿元，由上海国际信托、上海证大文化发展有限公司、工商银行合作开发。

深圳杏石投资管理有限公司，2011年连续发行“杏石系列”

有限合伙私募基金（每期发行1000万~2000万元不等），并与中信信托、工商银行、潍坊银行等金融机构合作发行“中信系列”集合信托（包括发行中的“中信墨韵1号”和计划发行的“中信文道2号”），总体募资规模约为3亿元，主要投资于近现代书画。其中“杏石系列”募资2亿元；“中信墨韵1号”募资4000万元。

第十三章 黄金基金

关键词：中国大妈、量化宽松

信心比黄金更重要。

1、黄金基金的定义

“盛世收古董，乱世藏黄金”，黄金是一种贵金属，具有价值和使用价值的双重属性，人们在历史上赋予了它货币等多重职能，马克思在《资本论》里写道：“货币天然不是金银，但金银天然是货币。”

黄金基金主要投资于与黄金相关公司的股票及黄金本身，这些基金的业绩紧随黄金的当前价格。大部分黄金基金投资于美国、加拿大和南非等国家的与贵金属采掘和生产相关的上市公司。不像传统的权益类基金那样，黄金基金其年收益率的波动会比较大. 有时候它表现很差，但有时候表现很强。比如在上世纪80年代初期，当黄金的价格快速上升后，很快就陷入了一个猛跌的过程。

你也许听过实物金条投资和纸黄金买卖。买卖实物黄金盈利低，其风险也低；炒作纸黄金，赢利相对较高，但风险较大。实金的维护成本较低，而合约标准的纸黄金维护成本更低，而且没有税收。

而黄金基金将黄金作为其主要的投资品种，这种基金的价值变动也有此类似的特性。黄金基金是一种非常理想的投资保值产品，因为黄金基金的保值原理多是利用它与其他资产在绝大多数情况下的反向关系。例如当证券投资蒙受损失的时候，如果资产组合中包含有黄金品种，则常常可以通过黄金品种的增值获得总资产的保值。我国证券市场在2008~2012年的四年间，一直呈现总体下跌的趋势，而这四年间，国际黄金市场则一直呈现走高的趋势。

在美国，相比于传统股票和债券型基金，黄金基金的规模相对较小，但像其他投资基金一样，黄金基金也是一种利益共享、风险共担的集合证券投资方式，即通过发行基金的单位，集中投资者的资金，由基金托管人托管，由基金管理人管理和运用资金，以投资黄金或其他贵金属及其生产等相关产业的证券为主，谋取资产的增值。目前，美国黄金基金主要投资标的是全球主要黄金生产国和开采、冶炼、销售黄金的上市公司，投资工具则包含股票、债券、股票期权等。

美国的几个比较大的黄金基金都在大范围内投资以分散风险，一个典型的黄金基金会投资于全球各地市场，北美、南非、澳洲、欧洲等地是它们的主要投资场所，近几年随着新兴市场的不断出现，在中国、拉美、俄罗斯等地的投资比例也在不断上升。当然，黄金基金也会将一部分仓位分给黄金以外的其他贵金属，他们通常将超过八成的资产比例投资在黄金相关的行业领域，剩下的投资在白金、金条、钻石和白银等贵金属上面。

展望未来，国际黄金价格很有可能展开大幅波动的走势，美国巨额财政赤字、朝鲜半岛的稳定问题，以及伊朗核问题等国际政治事件的发展方向，是决定国际价格波动的最不确定因素。在国内股市持续低迷的情况下，黄金类投资品种无疑成为一个崭新的投资亮点。

2.黄金货币职能的演变

经过数百年的历史检验，虽然黄金已经从长期的本位币角色中淡出，但仍然被作为一种公认的金融资产活跃在金融投资领域，充当国家或个人的储备资产。黄金的非货币化发展过程并未使其完全退出货币领域。用黄金进行清偿结算，实际上仍是公认的唯一可以替代货币进行往来结算的方式。

在人类文明进化史上，黄金地位的演变经历了几个重要时期：

（1）19世纪之前黄金被皇权贵族垄断的时期。

（2）金本位制。是以黄金作为货币金属进行流通的货币制度，它是19世纪末到20世纪上半期，欧美资本主义各国普遍采用的一种货币制度。全世界共有59个国家实行过金本位制，金本位制具有自由铸造、自由兑换、自由输入输出这三大特点。

（3）金块本位制和金汇兑本位制。这是被削弱了的国际金本位制，是黄金紧缺和纸币发行泛滥之间妥协的产物，规定了纸币的含金量，但实行有条件的兑换，从而限制了流通中的黄金需求。

（4）布雷顿森林体系下的美元 —— 黄金本位，实质是以美元和黄金为基础的黄金汇兑本位制。美元成了黄金的“等价物”，美国承担以官价兑换黄金的义务，各国货币只有通过美元才能同黄金发生关系，美元处于中心地位，起世界货币的作用。

（5）布雷顿森林体系崩溃后黄金非货币化时期。20世纪60年代，在各国政府和市场力量为了避免出现美元危机和保证财富保值而纷纷抛出美元的压力下，美国政府承诺的美元同黄金的固定兑换率日益难以维持，到1971年美国政府被迫放弃按固定官价美元兑换黄金的政策，各西方国家的货币也纷纷与美元脱钩，金价进入由市场自由浮动定价的时期，布雷顿森林体系彻底崩溃。1976年，国际货币基金组织通过的《牙买加协议》及两年后对协议的修改方案，确定了黄金非货币化。但是，黄金的非货币化发展过程并没有使黄金完全退出货币领域，依然保留了部分货币职能。

（6）黄金对抗信用风险的功能无可替代。黄金的重要性更多地体现在其非货币化时代黄金金融属性的强化。1999年，欧元货币体系诞生，在欧洲15国中央银行的声明中，再次确认黄金仍是公认的金融资产，明确黄金储备占该体系货币储备的15%。与此同时，黄金仍是世界各国中央银行重要的储备资产。2007年1月5日，美国外交关系协会国际经济部主任本·斯泰尔，在英国《金融时报》发表了《数字黄金与货币制度的缺陷》一文，该文强调当今世界的货币体制是全球化进程中最薄弱的环节，强调解决之道就是黄金的重新货币化，在现代技术条件下，使用电子黄金作为支付手段。2008年1月7日，英国金融时报发表了黄金是一种新的全球货币的评论员文章，这是近年来欧美主流媒体中呼吁黄金重新货币化最直白的一篇檄文。文章认为，黄金价格近来的暴涨反映了投资者对当前国际金融形势的紧张情绪，黄金不是一种商品而是另一种货币。2011年3月26日，中国黄金协会副会长兼秘书长张炳南曾公开表示，投资者拥有的包括银行的存款、股票、债券、钞票在内的几乎所有金融资产，实际上都是一张借据，只有黄金对抗信用风险的功能无可替代。

3.黄金价格的历史走势回顾

黄金非货币化四十多年来，世界黄金市场包括现货市场和衍生品市场，发展都很迅猛。同时，受各种投资因素的影响，黄金价格波动幅度也明显加剧。由于1971年以前在美国官定1盎司黄金兑换35美元标准的新金本位制，黄金价格一直比较稳定；1971年布雷顿森林体系崩溃后，黄金价格开始进入剧烈波动时期。

分析20世纪70年代以来的黄金价格走势，美元与黄金脱钩以后，黄金的美元价格大幅波动的几个时期如下：

（1）20世纪70~80年代是黄金近十年的牛市。发生中东地缘政治危机，伴随中东产油国两次大幅度提高油价，出现石油危机，直接导致西方工业国普遍出现成本推动型通货膨胀，特别是1979年下半年，由于发生“美伊人质”事件、前苏联出兵阿富汗等，全球黄金需求在短期内大幅增加，国际投机资本异常活跃，推动了黄金价格暴涨，仅几周时间，1盎司黄金连突500美元、600美元、700美元关口，创造了历史记录。

（2）20世纪80年代至2001年，出现了20年的黄金熊市。由于布雷顿森林体系瓦解导致黄金非货币化，加上电子化发展突飞猛进，黄金作为国际清算方式的作用下降；也由于储备成本较高，很多国家的央行下调黄金在储备中的比例。特别是20世纪90年代以后，部分国家央行抛售黄金成为金价下跌的重要因素。同时，世界格局基本稳定，经济低通胀高增长，也是黄金价格总体下行趋势持续20年的重要原因。

（3）2001年，震惊世界的“9·11”事件后，黄金牛市重现。全球股市大幅下挫，地缘政治动荡，汇率变动机制复杂化，黄金市场再次得到资本转移的青睐。同时，受国际资源生产力限制及持续高涨的价格影响，全球经济发展面临诸多不确定因素，美元贬值和经济不稳使投资者的避险需求高涨，这种“淘金热”使金价出现了阶段性的上扬。

（4）2010年，世界经济再次迎来了考验，美国次贷危机余波未平，欧元债务危机硝烟再起，全球经济“二次探底”，为黄金价格持续走高创造了基本面。前期各国政府、央行提振经济的刺激计划及石油等大宗商品供应紧张，导致全球流动性大肆扩张，美元贬值，油价上涨，通胀压力日趋扩大，黄金再次成为投资者资产选择的对象。

国内黄金市场的发展始于2002年10月30日，上海黄金交易所正式成立，2003年8月，中金黄金、山东黄金先后在上海证券交易所上市，黄金类股票板块逐步形成；2008年1月9日，上海黄金交易所黄金期货正式推出；2008年11月20日起，上海黄金交易所对个人客户开始开放Au99.95实物黄金交易；2011年1月13日，国内第一只黄金基金 —— 诺安全球黄金基金成立。随着黄金投资品种的日益丰富，如何有效地在加速发展的黄金市场中投资，已成为当前投资界普遍关注的热门话题。

3、黄金基金是一种特殊的共同基金

近几年来，黄金基金能够取得高于其他互利基金和市场平均回报的能力，经常成为传媒的头条新闻和追踪对象。在世界政治、经济格局不太明朗的情况下，黄金等贵金属基金作为保值、规避风险的一种重要工具，正在成为投资者投资于黄金基金的一个重要原因。世界政治及经济的不确定性令黄金基金逆股市下滑之势而上，成为美国投资市场上少有的几个亮点之一，投资者纷纷将资金投入黄金市场避险，从而使黄金基金渔翁得利。2002年，美国股票市场持续不景气，而黄金基金收益却高达62.2％。在过去的3年中，黄金基金平均累计投资回报率超过了50％。有关黄金基金的业绩表现，有各式各样的研究。虽然各类黄金基金有不同的风险因素和回报记录，但总的来说，黄金基金近5年来作为一个整体投资工具，其平均回报率的确比其他基金或者以S&P500指数反映的股票市场要高。

对投资业绩的研究表明，黄金基金的回报波动率非常大，且与其投资策略的进取性有关。投资策略越进取，风险越大，回报的波动性也越大，再加上黄金本身的价格波动性也非常大，进一步加大了黄金基金的风险因素。黄金基金与黄金等贵金属开采企业的股价表现密切相关，与世界金矿的现行储量、新发现的潜在金矿密切相关。黄金基金属于股票型基金的一种，波动性约为黄金现货价格的三倍，单买黄金基金是危险的，但与全球景气循环类股搭配组合后，却是十分的安全。

投资黄金的主要好处在于实现投资的多元化，由于市场风险日增，现在多元化投资比以往任何时候都要重要。黄金价格的变动方向通常与其他资产无关，如果是市场震荡极大的情况下，可能还会呈现正好相反的走向。无论是9·11恐怖攻击、美伊战争、或以巴冲突、中东危机，只要全球股市受创，黄金基金却可以获利。

4、黄金基金特点

黄金基金作为以黄金为主要投资标的的共同基金，与其他行业基金有所不同，这主要是因为黄金是一种特殊的商品，它不但有商品的功能，同时还有货币的功能、投资和投机的功能，因此其价格会受到非实际需求的影响，波动幅度会比较大。

资产类别分散化：黄金长期以来都是作为一种重要的资产配置手段，其具有极强的流动性，从某种意义上讲是通货的替代品。特别是在市场震荡不定和市场出现大危机的时候，黄金显示出了无与伦比的优势。

规避通货膨胀的风险：历史上，每次通货膨胀周期到来的时候，股票市场和债券市场都会下跌，而黄金市场上黄金价格却不断上升。因此，黄金是一个好的避风港。

流动性较弱：最好应该把黄金基金当作一种长期的配置来分散组合风险，而不仅仅是短期的套利。许多基金具有较高的赎回费用，平均赎回费用在1.6％左右，而股票和债券型基金的赎回费用通常在0.5%左右。因此从投资者成本考虑，黄金基金的流动性不如股票和债券型基金良好。

抗通胀性：在规避通货膨胀风险方面，黄金基金能帮助投资者规避通货膨胀风险。从历史上看，黄金比美元的保值效果更好。美元在通货膨胀时贬值比较厉害。

收益波动大：由于黄金基金不是直接投资在真正的黄金条块上，而是投资在黄金企业的股票上，并且黄金基金的价格波动一般是金价的2~3倍。只要金价小幅上涨，黄金基金就能获得较高的投资收益。当然，黄金基金的风险性也偏高，所以黄金基金也与高科技基金一样，被划为风险较高的投资工具，只适合投资经验丰富或敢于冒险的投资者。

全球化投资：按资产配置的情况来看，黄金基金需要在全球分散风险和寻求投资机会，它投资于全球黄金市场及黄金股票，一般在美国、加拿大、非洲这三个黄金资源比较丰富的国家有比较大的投资比重，拉美、欧洲、澳大利亚也有一些。而其他的互利基金不一定要全球投资来分散风险，普通的互利基金会通过市场配置来分散风险。当然也有一些全球权益类和债券类的基金。

受国际局势影响大：黄金同时也是投机者非常喜欢的一种金融产品，每当有战争和政治危机的时候，黄金价格都会飙升。当投机者预期到此类时间会发生时，投机者做出快速的反应，在黄金市场上快进快出以获取短期收益，黄金基金的收益情况受到全球政治经济的影响，特别会受到美元强弱的影响。每当美元贬值，黄金基金的表现都会出现好转，而其他的互利基金主要是受到行业供求及整体经济形势的影响。

5、案例

在2013年国内春节休市期间，国际黄金价格上演了一场“大跌秀”，市场看淡黄金走势的观点也日趋增强。2011年初诺安全球黄金基金推出时，曾是炙手可热的基金品种；如今，黄金主题基金似乎面临尴尬境地。不过，接受《中国证券报》记者采访的基金经理表示，黄金价格短期受一些对冲基金减持的冲击很明显，但站在目前的时点来看，半年之后的黄金价格则非常乐观。“黄金基金去年业绩平淡，不是我们近期的推销重点。”日前，一家基金公司人士向《中国证券报》记者坦率地表示。他透露，公司其他多支基金今年以来业绩快速上涨，已跻身同类基金排名前列，公司为宣传这些基金“忙并快乐着”，但黄金基金相形之下就被边缘化了。从今年的业绩来看，该公司的黄金基金相比2012年底，其实也略有上涨（最新净值仅截至于2013年2月8日），但在整个2012年，其为投资者贡献的收益寥寥无几，原因就在于随着金价波动，基金净值全年呈现明显的“N”态势。目前，国内已有数只黄金主题基金，包括诺安全球黄金、易方达黄金主题基金、汇添富黄金及贵金属基金、嘉实黄金基金。此外，还有一些商品主题基金及自然资源基金，也部分地以境外黄金或黄金ETF为投资标的。从这些黄金主题基金的业绩来看，2012年全年，除一支基金投资收益达到4.5%之外，其余收益都在正负一、二个百分点之间波动，可谓平淡无奇。有基金业内人士告诉《中国证券报》记者，贵金属价格本来就波动剧烈，2012年度也是起伏不定，多数黄金基金在四季度都出现了6%~7%的跌幅，这就导致了去年投资收益无法结出硕果。黄金 ETF 乐意低位建仓，目前国内两家基金公司正在酝酿推进黄金 ETF，金价破位向下的形势他们也考虑过。一家基金公司人士告诉《中国证券报》记者，金价下跌更能提供比较好的建仓良机。“我们内部讨论认为，今年年内，投资黄金还是有赚钱机会的，尽管目前的市场形势似乎有些不利。”另一家公司的人士这样说道。他同时表示，未来的客户对于黄金ETF“买不买账”，一则要看他们是哪种层次的投资者，二则看他们的配置需求强烈与否。“老百姓仍然有抵御通胀、配置资产的需要，要不然就不会有那么多人去银行买纸黄金了。”与此同时，一位重点关注海外市场和大宗商品的 QDII 基金经理认为，站在目前的时点上看，他们对于半年后的金价持非常乐观的态度。“很多人都担心美联储量化宽松预期生变，但我们认为2013年美国经济仍处在缓慢复苏的进程中，加息的概率极小；另一方面，增量黄金的开采成本已达到了1500美元/盎司，面对这个现实，金价还能跌多少呢？”这位基金经理反问道。

全球最大的黄金ETF —— SPDR持仓量从去年10月22日的1337吨下降至今年10月21日的871吨，降幅达到35%，持仓量下降至数年来最低水平。持仓价值也从742亿美元降低至369亿美元，持仓价值缩水超过50%。截至2013年9月，全球黄金ETF超过100只，美国市场种类最多且规模最大，共设立18只黄金ETF，管理资产超549.33亿美元，占到全球总规模的70%以上。而中国的两只黄金ETF —— 华安易富黄金和国泰黄金也于今年8月上市交易，但是规模尚不足5亿美金。

利得财富
leadbank.com.cn
长久信赖的财富伙伴
2014最佳高端影响力品牌
中国独立财富管理机构TOP10
高端私人理财专家
√ 全系统投资风险评估
√ 订制化资产配置方案
√ 多方位存续管理体系
√ 独家明星理财产品
帮助您实现每年资产持续增值10%
官方微信号：leadcf
分公司：上海 | 北京 | 杭州 | 苏州 | 宁波 | 南京 | 常州 | 无锡 | 青岛 | 大连 | 深圳 | 广州 | 厦门
www.leadbank.com.cn
400-033-7933

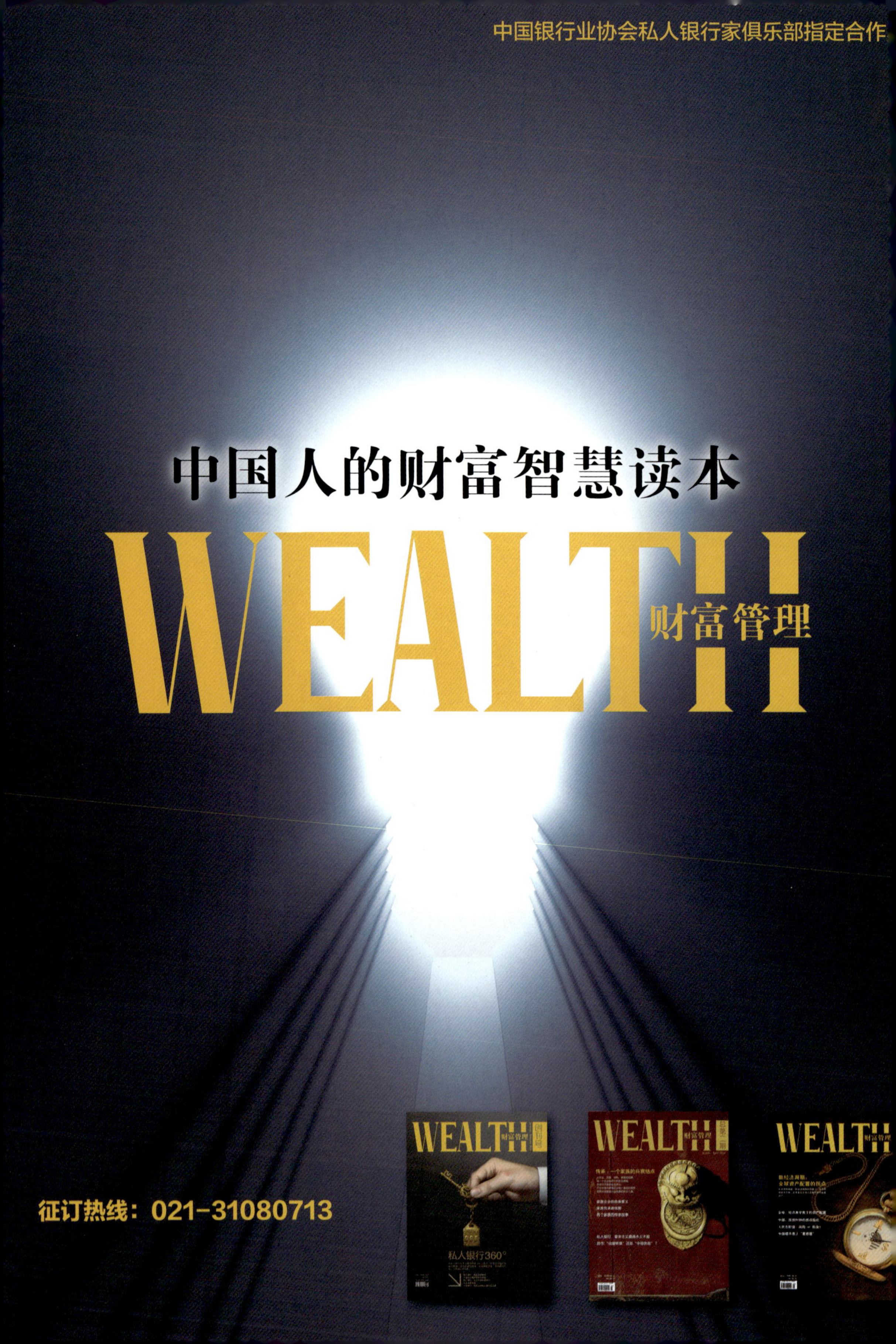

中国银行业协会私人银行家俱乐部指定合作
中国人的财富智慧读本
WEALTH
财富管理
征订热线：021-31080713
私人银行360°

第十四章 P2P

关键词：人人贷

P2P在2013年就像洪水来袭一样。

P2P意为点对点（Peer to Peer），P2P金融是一系列类似跳蚤市场的资金借贷平台。P2P金融相比传统金融最大的区别，就是小额、分散与透明，这背后体现了P2P金融最本质的基因，利用互联网节约信息交流的成本，使得原本经济上不具有可行性的活动成为现实，对传统金融来说有一定的竞争，但更多的是补充和完善。

P2P借贷平台的一般流程如下：

借款人发布借款需求，公开招标→理财人竞相投标→借款人招标成功→借款人获得借款→借款人按时还本付息

P2P借贷平台就像淘宝一样，为供需双方建立了一个C2C的交易平台，区别在于淘宝上交易的是普通零售商品，交易双方关注的是商品的性价比；而P2P平台上交易的标的是资金，而资金的价格是利率，资金的品质则是单笔贷款的信用风险。虽然形态不同，但是性价比的评估方面，两者却非常类似，淘宝上的商品价格是透明的，同一件商品，10块钱就是比11块钱便宜，但两者的品质孰高孰低，差别有多大，却不甚透明，没法很好地量化。同样道理，资金的价格大家都看得到也看得懂，15%的利率就是比10%的利率更有吸引力，但背后的风险就很难判断，所以我们接下来的讨论会把主要精力放在P2P借贷的风险方面。

站在一个投资者的角度，首先是判断P2P这种模式是否靠谱，其

次是选择平台，再其次选择投标种类，最后选择具体的借款人。

行业概要

判断P2P投资是否靠谱，第一个问题就是平台是否真实存在，第二个问题是P2P借贷是否合法，投资的本金与收益是否受法律保护。

第一个问题很好理解，有别于传统的银行理财产品，借助遍布全国的银行网点开展业务，P2P平台普遍没有线下营业厅，大部分业务都在互联网上开展，投资者看不到实体门店，自然心理上缺乏安全感。这跟早期的网购是一样，消费者需要多次体验，才能提高对网上购物的信任感，开始只买小额的商品，随后逐渐升级，现在连大件的家用电器，消费者也不排斥网购。信任的建立，需要时间，也需要制度。

第二个是合法性的问题。目前P2P平台主要面临的问题是是否先吸收资金再用于放贷，其主要涉及的是非法吸收公共存款的问题。关于“非法吸收公共存款或者变相吸收公共存款”的认定主要有下列四个条件：

（1）未经有关部门依法批准或者借用合法经营的形式吸收资金；

（2）通过媒体、推介会、传单、手机短信等途径向社会公开宣传；

（3）承诺在一定期限内，以货币、实物、股权等方式还本付息或者给付回报；

（4）向社会公众即社会不待定对象吸引资金。

目前大部分P2P平台都是合法合规的，也有一些P2P平台游走于非法集资的边界，只要不出大问题，监管部门也是睁一眼闭一眼。

2013年7月初，中国人民银行在北京举行了网络信贷专题座谈会，央行副行长刘士余和多家P2P贷款服务平台的代表参加了该座谈会。在会后，央行向各家P2P平台发放“网络金融发展状况调查问卷”，该问卷从P2P平台的经营情况、业务模式、操作流程等方面着手，全面“摸底”整个P2P行业，未来这些调研将最终形成行业报告上报给国务院。这表明政府已经开始考虑将P2P借贷平台纳入监管，这会规范各个平台的业务，可能会带来一定的约束；如果其法律地位得到承认，将为全行业带来良好的发展契机和更为广阔的发展前景。

央行还在《2013年第二季度中国货币政策执行报告》中，首次专题探讨互联网金融，报告指出，“互联网金融业在资金需求方与资金供给方之间提供了有别于传统银行业和证券市场的新渠道，提高了资金融通的效率，是现有金融体系的有益补充。”

平台特征

一个P2P平台的好坏，主要取决于以下三个因素：活跃度、不良贷款率和违约补偿机制。

活跃度就像一支体温计，时刻衡量着P2P平台的健康状况，尤其是孕育初期，如果活跃度一直低于某一阀值，那么这个平台很可能会胎死腹中。提高平台活跃的方法多种多样，主要有花钱打广告导入流量和送钱给投资者两大类。前一种很好理解，后一种主要是以秒还标的形式出现，稍后会详细介绍。

风险控制

在有了第一批客户，吸引了足够的流量之后，平台最需要做的是留住客户。而留住客户的关键，是平台的资产质量，也就是平台上的贷款利率，是否充分反应了其背后蕴含的风险，直观的表现就是加权平均的收益率与坏账率是否匹配。对于投资者来说，由于可以分散投资，真正值得关心的不是绝对的坏账率，而是收益率与坏账率直接的差值。

所以，一个P2P平台要想长远的发展，最需要关注的如何甄别和剔除骗贷者，限制信用资质不合格的借款人进入平台。还是拿淘宝做比较，活跃度意味着人气和商机，更多的买家会吸引更多的卖家，更多的卖家能提供更多的商品和服务，反过来吸引更多的买家，供需双方共同促进市场的发展。而卖假货的不良奸商的出现，则会扰乱市场秩序，破坏买卖双方之间艰难建立起来的信任，因此打击假货对淘宝的发展至关重要。P2P平台采取合理的措施保证资产质量，也是同样道理。

甄别的方式主要有线上和线下两种模式，从时间角度来看，有事前、事中与事后三类。

线上模式是指通过对借款人过往信用记录进行数据分析和数据挖掘，判断借款人未来偿债的可能性，最后给予一个合理公允的评级，投资者参考借款人的评级，考虑是否投资。美国最大P2P借贷平台Lending Club采用的就是这一模式。

线下模式是指当面审核借款人的身份和其他基本资料，确保借款人信息真实可靠，降低交易风险。国内的宜信，主要采用这一模式。

与线上模式相比，线下模式需要花费更多的人力物力，为什么国内的P2P平台很多采用线下模式？这与我国的国情有关。在美国，借款人可以在线申请贷款，不需要到传统的金融机构办理繁琐的手续，而像Lending Club和Prosper这样的借贷平台，也可以通过客户的社会保险号码等身份信息直接到征信机构去查询，获取借款人的历史信用记录及信用评分，借款平台可以此对借款人进行风险定价。而中国，各大商业银行共享一个征信系统，并不对外开放，P2P平台无从获取。阿里金融尚可从淘宝、天猫、阿里巴巴的海量交易记录中挖掘出有用的信息，形成一个内部的征信体系。普通的P2P平台，尤其是刚成立不久的平台，真的很难开展线上的风险控制。

从时间上看，刚才讨论的是放贷前的信用分析，以及放贷之后的信用情况跟踪，除此之外，还有一个事后惩罚的机制。美国的信用体系相对成熟，大部分信息都能联网查到，如果有过违约记录是一件非常严重的事情，会对未来的生活带来很大的影响。较高的违约成本，可以减少小额贷款的违约概率。

违约大致分为两类，一种是恶意骗取贷款的主动违约，一种是确实还不上；更多的人选择违约，是介于两者之间的理性选择。站在违约者的角度，他选择违约，一定是违约的收益大于成本，收益主要是不用还钱，成本是以后不能借钱，收益简单明了，咱们着重分析成本。如果是在传统的商业银行借款，由于全国商业银行共享一个征信体系，一旦在某一家银行违约，就会留下记录，那下一次即使在其他银行申请贷款，也会受到影响。而在P2P平台，由于尚未信息共享，即使在某个P2P平台发生违约，借款人还可以去另一个P2P平台借款，而且不影响借款人在中央银行征信系统中的信用记录。可以说，违约成本确实比较低。如果未来P2P借贷平台可以接入中央银行的征信系统，或者退一步成立一个P2P行业共享的征信体系，借款人的违约成本将会上升，全行业的信用风险也会下降。

风险资金池

如果违约事件发生，P2P平台是否存在类似信托的“刚性兑付”机制？答案是否定的，但也不是完全没有。通常，平台会对每一笔贷款成立一个风险资金池，用于补偿投资者由于违约造成的损失，以资金池额度为限。通常平台会将中介服务费全部投入风险资金池，一般只占贷款本金的2%。这样的补偿，对投资者来说是杯水车薪，但是背后的影响还是非常巨大。如果平台将每一笔贷款的服务费投入风险资金池，那么平台与投资者的利益就能保持一致，因为一旦发生违约，平台将无法从这一笔贷款中获得任何收益。这样的机制，可以督促平台更好地履行尽职调查的义务。

除了活跃度和不良贷款率这两大因素，其他细节也很重要，比如交易的便利性，流程的透明性，用户的口碑。这些不仅能提高用户体验，而且反过来可以提高平台的活跃度，降低不良贷款率。

产品分析

同一平台上的产品，也是参差不齐，不能一概而论，得看具体交易品种。常见的品种主要有五类模式：传统的P2P模式、债权转让模式、优选计划、秒还标、净值标。

传统P2P模式：P2P平台完全充当中间人角色，撮合借贷双方达成交易，平台本身不作为资金的需求方或供给方参与借贷活动。

债权转让模式（宜信首创）：P2P平台作为专业放贷人，先行放贷给资金需求方，再将债权转让给投资者。这种模式的优点是借款人能够在更短时间内募集到所需资金，对借款人更有吸引力。同时，这一模式一般同线下模式结合，P2P平台作为专业放贷人，为借款人的资质做了一定程度的背书。当然，其缺点也源于此，这样的交易结构，平台与借款人的利益比较一致，如果平台不能做到中立，必然会对投资者造成不利影响。再往坏处想，如果平台把钱放贷给资质较差的借款人，然后再转售给投资者，平台赚手续费又不担风险，完全有动机虚增借款人的评级。把手续费收入存入风险资金池，可以一定程度上减少平台作弊的动力。在比较极端的情况下，同样是发现借款人很大程度上会违约，债权转让模式下的P2P平台，更有动力把这笔贷款推销给投资者，不然本金带利息都烂在手里了。

此外这一模式割裂了投资者与借款人之间的联系，严格意义上并不能称之为P2P，更接近天猫那样的B2C。目前，P2P网站的还款情况并不透明，有关坏账率的统计数据可信度有待考量。

长远地看，这一模式只是国内信用体系尚未完善的过渡性产物，不论从线下的人力成本，还是从交易结构与信息透明度来看，都不具有持续的竞争力。但是当前的信用环境下，这一模式有其旺盛的生命力。

优选计划（人人贷首创）：由人人贷公司最先推出，由P2P平台帮投资者管理资金，选择投资标的，其交易结构类似银行理财产品，差别在于投资标的限定在平台上发布的贷款。

这一模式的出现，方便了那些没有时间投标的投资者，是“理财懒人”的福音。但这一模式在带来方便的同时，也存在一定的问题，资金从投资者划到平台，再由平台选择合适的借款人，这中间有一段时间资金是沉淀下来的，优选计划资金账户的归属上，值得商榷。

秒还标：秒还标并非真的这一秒借钱下一秒就还钱，而是募集一定金额，满标后自动还款。P2P平台推出秒还标的动机和逻辑，就跟团购网站推出0元团购一样，给客户发放福利，吸引客户体验，提高平台的活跃度。原本是一种宣传营销的手段，但是大规模的秒还标使产品发生了变异。首先，秒还标能虚增交易量，降低坏账率等风险指标，造成平台的虚假繁荣。其次，其发标人几乎都是P2P平台及其关联者，而且能在短期内聚集大量资金，存在金融诈骗风险。

俗话说羊毛出在羊身上，秒还标的产生并非基于真实的资金需求，而是发行人的营销推广手段，最终还要通过其他服务收入赚回来，如果秒还标所占的比例过高，P2P平台很难持续经营。

《中国P2P借贷服务行业白皮书》公布的数据显示，2012年度P2P全行业98亿累计成交量中，有36%的成交量是有秒还标、净值标、周转标、债务重组标等非常规借款标构成。部分平台的该项指标甚至超过了自身成交量的一半，需要引起注意。

净值标：是指发标人以自己在P2P平台上的净资产的一定比例作为担保，向投资者借款。净值标最初的目的是满足投资者临时周转的需求，往往要求发标额度小于客户的净资产，或者不超过净资产的90%。

净值标看似有担保，其实蕴含巨大风险，这源于其理论上可达到的杠杆率非常之高。举个例子，按照90%的标准来计算，净值额度=待收本金×90%-待还本金。投资者小李初始投入100万在平台上放贷，他第一次能借入90万，再将这90万继续放贷；第二次能借入81万，再将81万继续放贷；继续循环借贷，理论上100万的初始资金，可以撬动1000万的资金，这就是10倍的杠杆。一旦所有1000万贷款中，有10%违约，小李就血本无归了，如果违约超过10%，小李就负债累累。

加杠杆是有成本的，成本就是借入资金的利率，这样做的收入来自新资金继续放贷的利息收入，于是乎净值标真正的玩家，扮演了“黄牛”的角色，利用信息不对称频繁地借入借出，赚取利率价差。

净值标最大的隐患，来自过长的信用链条，一旦其中一个环节发生违约，同一链条上的人都会受到波及，而投资者是无法判断自己身处哪一条信用链上，完全有可能自己上家的上家的上家违约了，自己也跟着遭殃。投资者觉得“躺着也中枪”，其实是“常在河边走，哪能不湿鞋”。

选择借款人

借款人的选择没有统一的标准，但有两个大致的原则，一是有能力还款，二是有还款的意愿。

还款能力主要跟借款人的收入水平挂钩。

还款意愿的考量要站在借款人角度，分析其违约的成本与收益。P2P借款的金额通常不大，借款人选择违约，不是因为真的拿不出那么多钱，而是违约的成本很低。退一步说，如果违约的成本很高，借款人从别处借钱，也会把P2P平台的贷款给还上。征信体系不完善是整个行业面临的问题，相对而言，公务员、事业单位员工等固定职业者，更加重视自己的信用记录。

当前P2P平台的信用记录还限定在平台内部，考虑到未来与传统商业银行的征信体系对接的可能性，借款人在选择违约之前应该三思而后行。

当然不论多么精挑细选，坏账还是在所难免，所以投资的时候，还是要做好分散风险，不要对单个借款人出借太高的金额。

最后谈谈P2P金融的价值和现实意义。

P2P金融=小额贷款+互联网金融

小额贷款之所以是一种金融创新，是因为传统的商业银行每一笔贷款都需要层层审批，单笔贷款的金额过低，产生的利差收入不足以覆盖审批花费的人力成本。此外，小微企业和个体户风险承受能力偏低，容易发生违约。互联网思维和大数据技术的普及，降低了单笔贷款的审批成本，分散了投资者的风险，使得小额贷款真正具有可操作性。

从这个角度来看，P2P借贷平台并没有跟银行抢生意，而是做了原来银行做不了的事，是对传统金融的补充和完善。

P2P借贷平台在风险可控前提下发展壮大，不仅有其经济意义，还有重大的政治意义，有助推动金融的“民主化”进程，让更多普通百姓可以参与直接融资。借助互联网较低的交易成本，碎片化的资金需求与理财需求都能得到满足。

顺着这个逻辑，政府应该鼓励和引导P2P行业健康发展，而不是盲目打压，目前政府的态度还是比较积极的，希望P2P能为国民经济做出一份贡献。

第十五章　比特币

关键词：BTC、挖矿

金融泡沫还是未来货币？

1.什么是比特币

今年比特币这个话题特别热门，时不时从新闻媒体上看到这个名词，那么比特币是什么东西，由谁发行，跟Q币有啥区别，能用来买啥？带着这一系列问题，我们接下来简单地探讨一下比特币到底是什么。

另一方面随着比特币币值大起大落，针对比特币的投资活动也日趋活跃，国内也成立了比特币投资基金，如何投资比特币，投资前景如何，这些都是我们关心的话题。

比特币是一种用软件产生的电子货币，它并不由中央银行发行，而是使用遍布整个P2P网络节点的分布式数据库来记录货币的交易，并使用密码学的设计来确保货币流通各个环节的安全性。

根据比特币创始人中本聪(2009)的描述，一个虚拟硬币可以被定义为一个数字签名链。每名货币的拥有者（Pi）有一对密钥：一个公钥和一个私钥。这些密钥保存在一个本地文件中，因此，丢失或删除这个文件将意味着失去了与它相关联的所有比特币。

比特币用公开分布总账摆脱了第三方机构的制约，中本聪称之为“区域链”（block chain）。用户乐于贡献出CPU的运算能力，运行一个特殊的软件来做一名“挖矿工”，这会形成一个网络共同来维持“区域链”。这个过程中，他们也会生成新货币。交易也在这个网络上蔓延，运行这个软件的电脑争相破解不可逆密码难题，这些难题包括好几个交易数据。第一个解决难题的“矿工”会得到50比特币奖励，相关交易区域会加入链条。随着“矿工”数量的增加，每个谜题的困难程度也随之提高，这使每个交易区的比特币生产率维持约在每10分钟一枚。

抽象地介绍比特币的定义，很多人还是觉得云里雾里，那咱们就从具体的交易环节开始讲。咱们日常的涉及货币的交易（有别于远古时代的物物交易），要么用实物现金，一手交钱一手交货；要么是类似转账的电子货币，买家拿货，卖家的账户上加上一笔数字。抛开交易的物品不管，单就货币而言，要么是现金从买家转移到卖家手上，要么是买家账户上减少一定金额，而卖家账户上增加相同的金额，或许还有一定比例的手续费。

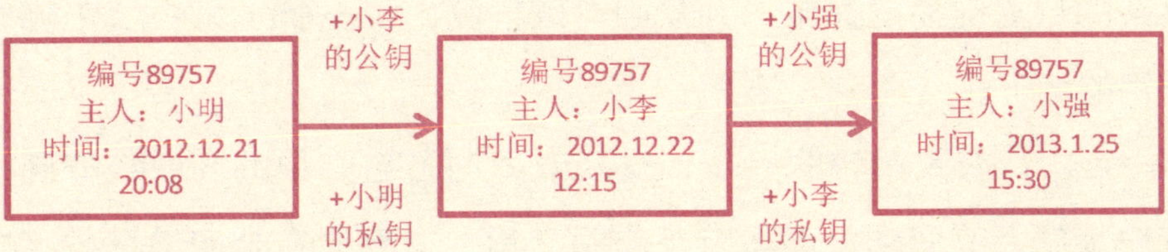

在上图中，可以找到从一个节点到另一个节点的交易链简化示意图。图中所示的虚拟货币是同一个，但是在不同的时间点。要启动交易，下一任主人小李先把他的公钥发送到上一任主人小明，小明用自己的私钥获得签名的权限，签上小李的公钥，然后再广而告之，于是一笔交易完成了。每一个比特币都记录了其所有的交易经历，任何从一个所有者到另一个的转移，都会成为代码的一部分。比特币的存储方式，使新的所有者成为唯一有权使用它的人。

所有签署的交易会被发送到网络（进行广播），这意味着所有的交易都是公开的交易，虽然没有关于当事人的信息被披露。系统要解决的关键问题是避免重复消费，即如何防止复制或伪造一枚比特币，特别是考虑到没有验证交易的中介。解决方案基于“时间戳”这个概念。这是一个在线的机制，用以确保一系列的数据自某个特定的时间点以来，已经存在且未被改动，而只有这样才能进入散列。每个时间戳在其散列中加入以前的时间戳，从而形成所有权链。新的交易被传达后，网络可以验证它们。验证交易的系统被称为“矿工”，稍后会详细介绍矿工。

咱们拿人民币转账跟比特币转账进行对比。

第一、人民币的账户是用户在银行开立的账户，各个商业银行在央行下属的结算中心进行交割；而比特币是一种去中心化的货币，比特币的账户是自己电脑文件里的一个公钥，不需要向任何机构申请开户。一个没有中心节点的“银行”是怎么让大家信任并工作起来的呢？答案是，这个P2P网络上每个节点都记录了BTC诞生以来的每笔交易的详单，并从中可以推测出每个BTC唯一属于哪个公钥的名下。

第二、人民币转账完了，交易双方与各自开户的商业银行确认账户金额上的变动；而比特币交易之后，交易会在全网络进行“广播”，请所有人做个见证。

大家可能觉得比特币交易的整个过程比较麻烦，而且储藏持有也比较麻烦，于是第三方交易平台应运而生。其中的最具代表性的是MT.GOX，巅峰时期的交易额市场占比达到90%，主要为客户提供储藏、交易、兑换等一系列服务，降低交易成本，减少交易过程的信用风险。

讲完了交易，往上游讲，就得聊聊发行机制了。还是对比人民币，看看咱们钱包里的人民币，每一张纸币最醒目的位置都写着中国人民银行。没错，现代社会每一张纸币都是该国中央银行印刷发行的，背后体现了央行的信用及民众对政府当局的信心。

可比特币是哪国央行发行的？哪国都不是。比特币就像古老的货币 —— 黄金，一直埋地底下，咱挖或者不挖它，黄金都在那里，不悲不喜。人家挖金子早期靠铲子，后期靠大型机械，那比特币怎么挖啊？又看不见摸不着。其实啊，每个人只要有一台电脑，下载个客户端，再运行一些专用的软件，让电脑自个在那儿不停的计算，比特币就能挖出来，当然跟挖金子一样，这是个概率事件，有时候几分钟就挖到了，有时连着几天颗粒无收；而且随着时间的推移，挖出同样比特币所需要的时间会越来越多，也就是挖矿难度越来越大，这就是比特币设计的独特之处，至于为何，暂且按下不表。

先讲讲怎样才算“挖到”比特币了？“挖矿”的过程，其实是一个解题的过程，找到一个无意义的值，用来保证block的hash值满足“比某个特定值小”的这个要求［具体公式SHA256(SHA256(version + prev_hash + merkle_root + ntime + nbits + x) < TARGET，找到符合条件的x，就算挖矿成功］。按照规则，你可以凭空地在block里加一条交易信息，没有来源，只有目的地址，表示这个是生成这块block所得的奖励。所谓的“挖矿”就是生成这种block的过程。“挖矿”的过程就是一个试错的过程，一个接一个地把数值带入公式，看是否满足条件，如果计算机的每一次代入计算的速度快一点，大概率上就能更快地挖出比特币，当然也有运气成分，运气好一试就对，也不是不可能，只是概率基本为零。直观地讲计算机运行速度越快，那大家纷纷提高计算机性能，比特币不就越来越多了，“比特币通货膨胀”看似不可避免。别急，回想一下刚才提到的比特币设计的独特之处，其实是源于那个“特定值”，如果这个“特定值”变小了，挖矿难度自然就提升了，而这个“特定值”是与整个计算机网络的计

算能力相匹配的，这使每个交易区的比特币生产率维持约在10分钟一枚。而且挖到1个矿（block）奖励的比特币，每达到21万个区域（block），奖励就减半，从50比特币减到25，再从25到12.5（注：1个比特币可以无限拆分），一直持续下去。这样到2140年，比特币将达到预定的2100万枚上限。

比特币有三大优点：

（1）发行数量不受人为操控，不会产生通货膨胀。由于没有具体的发行机构，发行速度又有自动调节机制，不会像美元、人民币这些信用货币一样，发生通货膨胀，货币贬值。

（2）交易过程保护用户隐私。比特币的公钥不与实际使用人进行身份绑定，从比特币的交易记录上不能查出资金背后的使用者。

（3）交易费用低。因为不需要第三方，交易手续费大大降低，只有0.01比特币。

从广义上讲，比特币能为不可预测的政治风险如主权没收、过高的税收及出入境资本管制等提供安全屏障。

主要缺点有三：

（1）操作不易。尤其对于电脑小白来说，别说是挖矿了，就是普通的交易转账，也颇费周折。

（2）政治风险。真是成也萧何败萧何，交易过程保护了用户的隐私，从另一个方面看，也是为洗钱提供了便利。一旦政府追查起来，账户依然有可能被冻结，这也是有先例的。

（3）技术风险。黑客是比特币挥之不去的阴影。2011年6月20日交易平台Mt.Gox被黑客攻击。黑客攻破了Mt.Gox的账户系统，入侵了一个拥有大量比特币的用户账户，并将其所持有的比特币在Mt.Gox系统上以0.01$/BTC的超低价格抛售，引起了全世界的BTC爱好者的一度恐慌，大约在30分钟之内，Mt.Gox注意到了这个问题，并迅速停止了交易，随后采取了数据回档的操作，挽回了部分损失。据称，黑客通过交易总共窃取了25000个单位的BTC，大约价值50万美元。之后交易平台升级了安全系统，在其中加入了动态口令（One-time Password），还支持智能手机与电脑绑定等。从目前的结果来看，这种升级暂时是成功的，该平台之后没再遇到过大规模的黑客攻击。

比特币最大的特点，既是优点也是缺点，那就是币值波动剧烈，而且波动的方向很难预测。

2、比特币是货币还是投资品？

一种货币的需求大致分为三类：交易需求、投机需求和储藏需求。

比特币币值不稳导致交易需求萎缩，投机需求旺盛，反过来使得比特币币值波动更加剧烈。

储藏需求是基于两方面考虑，一是安全性，规避政治风险；二是价值，比特币发行上限为2100万，不存在普通政府信用币都会面临的通货膨胀导致币值下降的问题。

创造比特币的极客们希望它成为一种没有通货膨胀的货币，结果最近一年比特币兑换美元的走势告诉我们，其实它是个投资品，而且是高风险高收益的投资品。

今年年初比特币快速升值，引来诸多关注之际，保罗·克鲁格曼就曾出来评论：我们对一个货币体系的要求并非让持币者变富；我们要货币体系实施交易，让整个经济变富。比特币所发生的情况根本不是这样。

比特币火箭般速度升值，持有比特币的投资者只会持币观望，或者获利了结，很少有人会拿比特币去消费。最后，没有人真的拿比特币交易生活所需的物品，交易需求让位于投机需求。这一点类似黄金白银，不同之处在于黄金白银具有较强的储藏功能，而比特币的价值还未深入人心，此外比特币币值波动频繁，很难衡量其内在价值。退一步说，储藏需求其实是把时间拉长的投机需求。

总的来说，比特币的投资属性高于其交易属性，与其说是货币，更像是黄金这样的投资品。

3.价值源泉

交易者相信的是数学算法，而不是央行。他们相信自己的比特币资产，也不会因为第三方例如央行的超发货币救市，而遭到意外的贬值。

货币主义学派曾主张，为了防止货币成为经济混乱的原因，最优的货币政策是按单一的规则控制货币供给量，其货币增长速度等于经济增长率加上通货膨胀率。比特币从某种程度上符合这一要求，但又存在不小的差别。单一货币规则下，货币币值稳定，保持一个温和的通胀率；而比特币的货币供应增速低于整体经济增长的速度，而且两者之差会越来越大，这一特征决定了比特币的通缩属性。

4.投资风险

政治风险：一些比特币交易平台上存在洗钱、逃税等非法交易，涉及毒品、枪支等地下经济活动，有一定的政治风险。目前Mt.Gox已经被招安，在美国货币监管机构FinCEN注册，开始接受其监管，其影响在于：1）比特币已经被美国官方作为“货币”对待；2）Mt.Gox不得不定期向FinCEN汇报比特币的兑换情况。

技术风险：比特币的发行基础在于算法，如果算法被破解，那比特币将一文不值。这方面风险很难衡量，但一旦发生将是毁灭性的，试想如果黄金可以由沙子简单加工获得，那黄金还有价值吗？当然这类风险发生的概率肯定非常之低，否则黑客们也不用去攻击交易网站了。

账户安全性：曾经发生过黑客入侵比特币网站，盗取用户比特币的事件。

流动性风险：相比较黄金交易，比特币每天的交易量依然非常低，如果大量买入或卖出比特币，一来可能缺少交易对手方，二来会影响比特币的币值。

5.投资现状与展望

投资普通的货币，只能投资二级市场；投资黄金白银等贵金属，基本也是在二级市场，理论上也可参与一级市场，只是门槛较高，今年初就有不少淘金客去加纳淘金。从这个角度上讲，比特币更接近黄金，既有二级市场，也有一级市场。

比特币的二级市场，就是在各类比特币交易平台用普通货币兑换比特币，然后持有比特币静待升值再抛售获利。比特币的一级市场，指“矿工”通过“挖矿”获得奖励，再把比特币拿到二级市场抛售。

首先来谈谈二级市场，比特币是一种去中心化的货币，进行商品交易的结算时，不需要第三方参与。但是把比特币作为一种商品来看（例如外汇和黄金），就涉及到寻找交易对手方的问题，所以还是需要一个交易平台，减少交易成本。

目前最大的比特币平台是Mt.Gox，曾经80%的交易都在Mt.Gox上发生，Mt.Gox的角色类似做市商，双边报价，收入来自买卖差价，一般占交易金额的十万分之五，非常低廉。

下图是比特币诞生以来的历史价格数据：

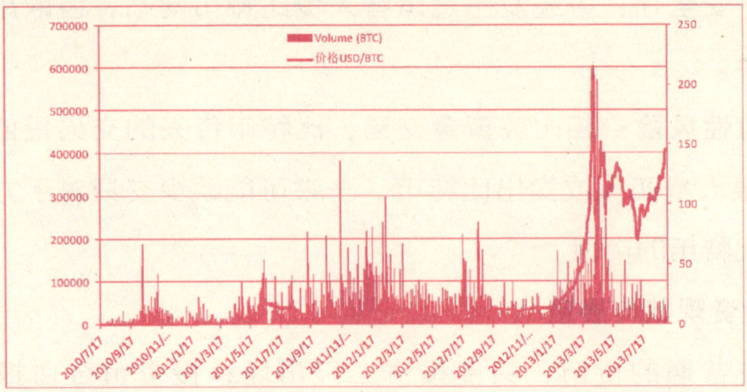

我们可以看到，2010年诞生半年之内，比特币价格一直在低位徘徊，成交量貌似还行，但如果折算成美元就非常低了。2011年上半年，随着媒体的广泛报道，比特币概念迅速普及，比特币出现了一波急速上涨行情，最高摸到31.9USD/BTC，直到6月份出现了黑客事件，大家纷纷恐慌性抛售。此后很长一段时间，比特币价格都在10USD/BTC以下，直到2012年8月才再次突破10美元大关，然后又开始一轮波澜壮阔的大行情，特别是从2013年1月中旬的14美元飙升到4月10日当天最高点266美元，短短三个月上涨将近20倍。物极必反，4月10日当天，比特币摸高之后随即大跌，收盘184美元，随后开始了3个月的震荡下行，7月下旬触底反弹，目前又升至150USD/BTC左右。

以下是各交易平台9月3日的实时报价：

市场名称	最新成交价	买一价	卖一价	最高价	最低价	成交量	手续费
MT.GOX	$146.40	$146.40	$146.40	$148.91	$142.20	12915.49326752BTC	0.20%
FXBTC	¥796.79	¥796.79	¥795.5	¥800	¥792.47	572.1403BTC	0.30%
796交易网	$147.60	$147.60	$147.80	$149.98	$145.45	13214.08BTC	0%
OKCOIN	¥799.0	¥798.92	¥799.85	¥805.92	¥795.09	2970.745BTC	0.20%
比特币中国	¥796.98	¥795.01	¥796.98	¥805.00	¥790.00	3657.20500000BTC	0.30%
BTC100	¥792.888	¥792.888	¥801.888	¥806.000	¥788.000	1601.102BTC	0.30%

通过回顾比特币诞生以来的历史价格波动，只能用三个字来形容，那就是玩心跳！比特币可以在短短三个月内增长20倍，瞬间带来巨大的财富，也可以在短短一个月内跌去60%，这绝对是高风险高收益的投资，有什么方法可以稳赚不赔呢？

一级市场为我们指了一条明路！

炒过A股的人都知道，股市有风险，入市需谨慎。但如果你拿的是几毛钱一股的原始股，那就有恃无恐了，差别只在赚多赚少。A股的一级市场尚有证监会监管，比特币的一级市场没有监管部门审核，取而代之的是计算机算法。只要比别人更早一步找到符合条件的一组代码，就算发现一个block，然后得到25个（之前是50个，现在已减半）比特币的赏金。整个过程与“淘金”很像，但又有不同。

之前介绍“挖矿”环节的时候，提到“挖矿”的难度与整个计算网络的计算能力成反比，大家快不是真的快，关键是你得比别人快，其本质就是一种军备竞争。最初“冷兵器时代”的竞争在CPU的性能，后来大家发现显卡的性能更为重要，再后来有人开发出一种专门用于“挖矿”的计算机，被称为“矿机”。原来一个普通的电脑爱好者，安装一些相应的组件，就能轻松挖到比特币；后来挖矿的人越来越多，僧多粥少，挖矿难度逐渐提高；再后来，“矿机”的出现，进一步提高了“挖矿”的门槛，“矿工”们从此进入飞机大炮的“热兵器时代”，“散户们”被挤出一级市场。一个“小散户”在自己家借助电脑挖矿，成了一件非常不经济的事，刨去电费，挖矿的收益是负的。

在“冷兵器时代”散户们需要考量的，是比特币的收益能否覆盖电费、计算机折旧等开支；而到了“热兵器时代”，情况就相对复杂了。

“矿机”也有上下游，上游是自己开发制造“矿机”的公司，下游是购买“矿机”，参与“挖矿”的公司或个人。

上游的成本主要来自人力成本和机器组件的成本，比如芯片。“矿机”的价格是上游的收益，也是下游的成本。在这一波比特币淘金热中，“矿机”供不应求，上游公司处于强势地位，“矿机”的价格越炒越高。

“矿机”的买卖还有一个特点，那就是“期货”模式，就像小米手机，从预售、接单到生产，再到交货，前后需要几个月时间。往往这几个月当中，比特币价格会发生剧烈的波动，矿机购买者以当前价格预期到货后的收益，可能面临巨大的市场风险。另外一个风险来自发行机制，确切地说，这是大概率时间，已经不是风险可以定义的，那就是全网络计算能力的提高，“挖矿”难度越来越高。

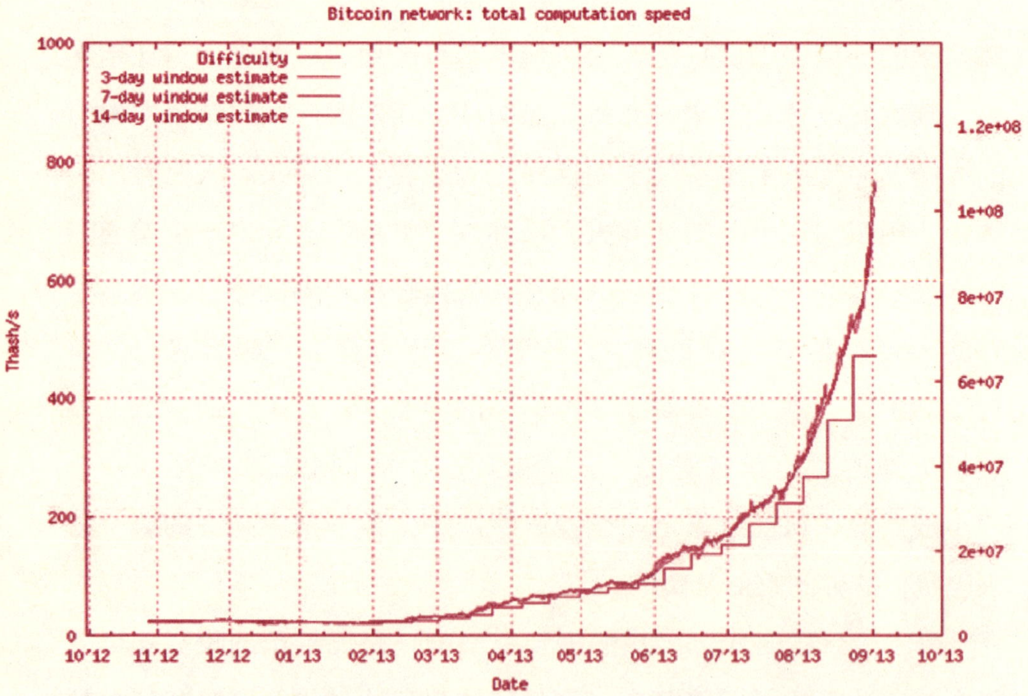

2013年3月以来，全网络计算能力呈指数上升，光是最近三个月就增长了8倍，挖矿市场的下游参与者日子也不好过了。随着时间的

推移，上游的“矿机”生产商也会受到影响。

其实“挖矿”的上游生产商也分一级和二级。以Lan为例，Lan是国内较早投入做比特币挖矿机的人，由于地处深圳，当地有极佳的制造资源。Lan需要做的工作并不复杂，最重要的是能从一级生产商 Avalon 那里拿到芯片。一旦芯片到手，经过工程师测试组装，大约一两周即可完成整机测试，然后生产，整个流程的技术含量并不高。这些二级生产商面对一级生产商并没有议价能力，会率先受到影响。

在这一轮波澜壮阔的比特币大牛市之后，我们可以清晰地看到潮水退去的痕迹，二级市场最早受伤，其次是二级“矿工”，再然后才是“矿机”生产商，沿着产业链逐步向上延伸。整个比特币产业链的兴衰全系于二级市场，谁也不能独善其身，差别只在时间先后。所以如果打算投资比特币，首先得对比特币二级市场的价格走势有个基本的研判。

很遗憾，到目前为止，尚未出现一种模型可以给比特币进行定价，也没有一个可靠的标的物可以作为其“价值锚”，就像美元之于黄金那样。前两轮比特币上涨的直接原因，都是来自媒体的广泛报道，很多新的投资者涌入比特币市场推动币值上涨。比特币市场容量很小，截至世界标准时间(UTC)2013年9月4日15:42:36，比特币存量为1165.3万，以100USC/BTC换算成美元，只有11亿美元。

正如本章标题所言，未来的黄金抑或虚拟的泡沫。民众对科技、算法、网络的信任，和对各国货币当局的不信任，是比特币的价值基石。未来几年，比特币的上涨是个大概率事件，只是涨多少合理，谁也说不准，短期投机风险非常大，长期来看还是有其投资价值的。

笔者对于比特币的走势还是相对乐观，

未来比特币的交易需求会进一步萎缩，储藏需求会上升，由此带来的长期趋势性的币值上涨，所衍生的投机需求，在经过几轮全民科普和价值抬升之后，会逐渐回复理性。

未来比特币的定位和发展方向就是世界通用的网络版黄金。

第十六章 第三方理财

关键词：诺亚财富、景淳国际

大资管时代的高净值人群财富管理

1.什么是第三方理财？

如果你从祖父那里继承了一笔不菲的资产，你开始忧虑这些资产贬值怎么办？最好的方法之一就是找一家第三方理财公司，让理财规划师帮你做一个财富规划，从你工作到退休，再到遗产分配和设立家族信托。当你的财富发生重大变化时，理财规划师会像私人医生一样帮你做出财富管理决策，因此，理财规划师也常常被称为“财富医生”。乍听起来，第三方理财公司和为高净值客户服务的私人银行很像，那么第三方理财公司是私人银行理财吗？

当然不是，而第三方理财公司是一种新型理财业务模式，是在传统金融机构之后出现的，是独立于金融机构的，不隶属于包括商业银行在内的任何金融机构，具有第三方的特性，第三方理财公司也常常被称为“第三方理财”。现有的银行等金融机构的理财部门，也可以根据客户提供的情况，出具一些方案和规划，配置理财产品，但往往会流于形式，趋向于大众化、制式化，不能根据客户的具体情况，进行主动分析和做出合理的调整。而个性化的专属理财服务，则是第三方理财公司业务的最大特点和亮点。

通常的情形是你来到一家第三方理财，可以首先选择和聘用独立理财顾问，有经验的客户经理或理财顾问，他们帮助你进行资产状况和家庭理财需求分析，并对你进行风险评估，进而测试出你的风险承受能力和风险偏好。帮你设定理财要达到的目标，并通过科学的家庭理财需求分析，找到你的真实理财需求，制定专属你的理财方案，然后利用多家金融机构的产品为你进行资产组合配置，利用各种适合的投资工具，帮助你的资产获得价值最大化。所以，第三方理财公司在交叉销售金融产品上是有很大优势的，第三方理财公司的核心价值就是金融产品的综合运用，综合理财。而传统金融机构的理财业务是把金融机构的利益置于客户之上，他们过度追求强调金融机构自身盈利模式。第三方理财公司与金融机构在服务理念有着较大的差异，同时在理财业务开展模式上也有很大的不同。第三方理财公司在这些方面都更受客户的欢迎。

在美国，第三方理财公司已经形成了自己清晰的目标市场定位，他们都有自己擅长的客户群体，并致力于为这些客户提供最好的理财规划服务，在运作流程上也是非常完善的。有客户来到公司，首先由有经验的客户经理来负责接待，接下来指定一个专员负责与客户签约等事宜；同时，专家团队里的投资分析师会对投资的大方向、投资环境做一个分析和判断，理财规划师会根据分析师的报告和结合客户的实际状况、实际需求，制定符合客户需求的、量身定制的、专属的理财规划方案，最后由交易部门和服务部门在客户授权的范围内，完成交易，并有高品质的动态跟踪服务。他们给到客户的是真正的全方位理财规划服务，是站在客户立场上量身定制的，可能会伴随客户家庭几十年甚至几代人的。

尽管我国的第三方理财市场还处于初级阶段，但也不乏几家规模较大、采用发达国家成熟运作模式的第三方理财，其中，相对有名气的是诺亚财富、展恒理财、景淳国际等公司。大部分是从理财产品代销机构转型而来，比如展恒理财；也有的是从专业金融机构理财部门转型而来，比如诺亚财富。这些第三方理财公司已经从以前单纯的基金推荐发展到包括公募基金、券商集合理财、保险等一揽子产品的全面理财，投资选择可横跨银行、保险、证券、信托等。另外，我国第三方理财公司还会不定期地举办一些活动、讲座，邀请投资者参加，如新产品的发布信息，风水课、宝石鉴赏等寓教于乐的专题活动；还有一些第三方理财公司会为高端客户提供出国旅行、游艇会、高尔夫赛等活动。除此之外，一些机构十分重视打造一个类似“富豪”概念的圈子，为会员提供学习交流氛围。

我国居民手中的货币财富积累越来越多，一个很好的经济指标就是M2，M2 通俗地讲就是市场上可以用来购买商品进行投资的货币供应总量。1998年到2013年的15年间，我国M2从10万亿达到100万亿人民币，增长了近十倍，说明居民个人财富得到了巨大增长，未来5年也将是中国理财市场发展的“黄金五年”。

2.对第三方理财公司的认识误区

理财服务理念不同于现在市场上的理财主要分为两大类，一类是指建立在证券、基金、信托、银行等大型金融机构内部的理财中心、理财事业部、财富管理中心、私人银行等等，也就是传统金融机构的理财。

另一类就是指社会上独立的法人公司，也就是常说的第三方理财公司理财。这种服务是由独立的第三方为客户提供，是基于中立的立场服务。第三方理财公司是不代表任何金融机构，也不隶属于任何一家金融机构的某个部门。我国的第三方理财公司，服务范围涉及非常广泛。它可以根据客户需要设计产品组合，满足客户个性化理财需要。它们会根据客户的风险偏好，财务状况配置资产，设计理财规划方案。第三方理财业务的最大特点就是能站在客户的立场上，独立且中立地为客户提供私密专属的理财规划方案，还能够客观地为客户提供理财咨询和理财建议等服务。

第三方理财业务由于不受任何金融机构的管理和限制，所以能够根据客户的真实需要和市场的环境变化为客户提出合理的投资理财建议，帮客户制定真正符合客户利益的投资组合方案和选择金融产品。

而现在传统的一般金融机构的理财部门，本质就是这家金融机构的辅助销售部门，比如以银行为例，很多银行的理财部门都与零售业务相并行，通过理财经理的沟通引导，以销售更多的银行理财产品为目标，因为他们都是银行的职员，有总行或分行的业绩考核，有时季末或年末为了充报表，充业绩，发行不到一个月甚至一天的理财产品，其实客户资金在由长期资金拆分为短期资金时，利益也会受到影响。由于传统金融机构的理财业务是为销售金融产品服务的，它是建立在金融公司金融产品的基础上，而不是关心客户是否真正需要，是否符合客户的利益，它们的主要目的就是销售本金融机构的金融产品或产品的组合，所以它们是将金融机构的利益置于客户利益之上的。

与银行不同，第三方理财的客户资源是一点点开发出来的。第三方理财的客户经理通过有针对性的分析潜在客户，将最合适的产品推销给最合适的客户。第三方理财公司是站在客户立场上的，它的盈利是与客户的最终收益率相关的。它们提供的理财方案往往会涉及众多机构的多项金融产品。第三方理财机构进行理财服务的出发点就是要站在客户的角度，设身处地为客户着想，使客户的资产保值增值，考虑怎样综合运用这些金融产品、理财工具，能为客户获取最佳的利益。第三方理财公司的服务已经是由以产品销售为导向的模式，转换为以服务客户为导向的模式，并可以提供满足客户不同人生阶段的不同需求的全方位金融理财服务；同时，第三方理财公司还非常注重与客户建立长期稳定的关系。

总之，第三方理财公司由于其第三方特性，可以改变和优化传统金融产品的售卖模式，弥补国内金融分业经营的弊端，形成了以客户利益为核心的中立理财服务理念。而这种忠于客户利益的服务理念，更受客户的欢迎。

3.第三方理财的特点

（1）独立性

业务开展的独立性不同。金融机构在开展理财业务时，其工作人员只能按金融机构的规定去做，销售统一的金融产品或者是预先设定好的组合方案，是不能按照市场的原则，客户的需要，为客户制定专属的产品和适宜的组合方案，因为在这些机构内部是有固定的要求，产品的推出与销售、推销策略等等都是有固定的模式，当然这样做是能够保证金融机构长期的利益最大化，而不是客户利益最大化。而第三方理财公司具有较强的独立性，它在开展理财业务时，不受任何金融机构的管理和限制，能够独立客观地根据客户的需要和市场的变化，进行科学地分析，作出符合客户利益的投资理财建议。第三方理财公司可以根据需要选择多家金融机构的理财产品，为客户提供价值最大化的投资理财规划方案。所以，在开展业务的时候，第三方理财公司在独立性上是有很大的优势。

（2）丰富性

理财规划范围不同。第三方理财公司的理财产品、理财工具更加丰富。而传统理财服务的理财工具相对比较单一，且由于受到分业经营、分业监管的限制，没有完善的产品线，没有能力为客户做全方位的理财规划和资产配置。第三方理财机构就可以为客户提供全方位的理财规划服务，且在理财规划方案和资产配置方案中使用的金融产品，可以包括国内大多数金融机构的理财产品，还可根据客户的需要为客户进行海外市场的金融产品投资。理财产品范围的扩大和理财工具的丰富，有利于为客户进行科学的资产配置，帮客户有效地规避风险，实现客户理财愿望。

（3）个性化

业务开展模式不同。传统金融机构一般都是先制定好理财产品或组合投资产品，然后再发售给客户。客户在购买这些产品时，其实都是按同一模式去买，没有人会根据客户的具体情况和实际需求给他配置产品。而在第三方理财公司，首先客户有理财需求来到公司，公司会指派一位有经验的客户经理与其交谈，客户经理对客户自身的资产情况进行分析，风险偏好进行评估，测试出客户的风险承受能力，再根据客户的需求做出客观分析和风险评估报告，为客户科学设定理财的目标，根据客户的需要，制定投资组合，选择投资理财工具，进行合理资产配置。在第三方理财公司，可以根据客户需要，为客户量身定制理财方案，这是与传统金融机构理财的业务模式很不同的。

（4）费用高昂

第三方理财所具有的“第三方”特征，使它可以独立于金融产品开发者，以向客户收取会员费为盈利模式，当然，每年的会员费也不菲，最高档的会员会费上万元，低的一年也得几千。第三方理财公司的理财产品不是自己提供，来自于很多传统金融机构，包括公募基金、私募基金、信托等。

在美国，独立第三方理财公司主要分为这样的收费模式，一种是按向客户收取费用的形式，另一种是按向机构收取费用的方式，在这两种模式中向客户收费占据了主要的部分。美国一些有名气的独立的第三方理财公司的理财师，一般都有自己的长期固定客户，并始终如一地为他们做好理财方面的相关服务。

4.第三方理财公司种类

目前，在国内的第三方理财公司，根据它们的运作形式、服务类型及主要产品形式等，主要分为四大类，有保险类、基金类、综合类及产品评价类。

（1）保险类

华康、世德贝等是保险类第三方理财公司所有，华康专注于寿险业务，欲打造保险行业的“沃尔玛”。此外，华康采用了“伙伴代理制”，其盈利主要是向客户提供保险产品，并向保险公司收取佣金，目前是“全国最大的保险中介分销网络”。

世德贝复制瑞典经验，即理财规划+投资咨询。世德贝在中国的业务主要集中在私人财富管理和保险咨询方面。它向客户提供免费的咨询服务，然后推荐金融机构的相关理财产品，并向金融机构收取佣金。

（2）基金类

基金类第三方理财公司有德圣、晨星等。

德圣以投资者为买方的基金研究中心，采用会员制，收入主要来自投资者。此外，德圣收入来源也包括为代销机构提供基金业务培训，以及为机构提供投资咨询服务系统的收费。

晨星是基金类里的海外模式，秉承为基民服务，让机构买单的理念。晨星在中国，一方面为普通投资者提供免费的基金评级服务；另一方面则成为机构投资者和中介客户的信息及分析工具提供商，并向他们收费。

（3）综合类

综合类第三方理财公司有诺亚、康宏等。

诺亚像独立的类私人银行，目标客户锁定于百万阶层的富人群，通过理财顾问免费为客户做个性化的理财规划，赚取金融机构产品的佣金。由于目前国内金融机构，如银行、保险、基金、券商等受政策限制，不能混业经营，所以它们为客户提供的理财服务，很多只能局限于其自身产品。而诺亚作为第三方理财机构则可以为客户提供很多服务，包括全方位的理财规划服务，家庭基本保障规划服务，子女教育费用的规划服务，未来退休养老方面的规划，以及财富的管理和传承方面的服务等。

康宏公司是综合类第三方理财的海外模式。盈利模式是通过理财顾问免费为客户做理财规划、选择合适的产品，从而赚取供应商支付的占产品销售额1.5%~4%的佣金。在商业模式上，康宏这家香港最大的第三方理财公司，并无出众之处，它领先对手的关键是，近1500人大规模的理财顾问团队，而制定合理的理财激励机制则是它的成功秘诀。

（4）产品类

产品评估类的第三方理财，著名的是普益财富。

普益财富推出普益标准，向投资者出售服务终端，收取服务年费。2007年成立的普益财富，它的起点很高，与西南财经大学信托与理财研究所的研究团队进行了整体“联姻”；它的目标也不低，要做中国理财市场权威的数据服务与评价机构，为理财市场的参与者提供独立、客观的第三方服务，是个名副其实的“学院派”理财产品测评机构。

5.如何选择第三方理财公司

（1）了解这家公司的强项

国内第三方理财的业务侧重点不同，决定了它们各自有各自的优势。

展恒理财

从服务模式来看，展恒以专家理财、投资顾问服务为主。以服务模式说，展恒理财主要重视的是面对面的服务，公司网站作为一个宣传公司、展示业务的媒介，通过专业的金融数据整理、分类统计、深入分析、详细诊断、理财学堂等一系列的措施，打造良好的公司形象。以网络平台宣传的方式吸引客户，到实际理财办公地点去体验，即到展恒理财的理财营业中心，一对一地接收理财师的周到服务，根据客户能够承受的风险压力、投资理财目标及资产状况，来提供最适合的解决方案和最佳的投资组合与理财产品。在营销模式上，展恒力图占据研究主导，打造品牌吸引客户，已自主研发推出“展恒五星基金评级”、“展恒基金投资专家系统”等。展恒理财已经推出了自己的会员卡，会员卡分为银卡、金卡、白金卡、钻石卡四个等级。从最基本的为客户量身定制基金投资组合建议书、为客户发送会员周刊、提供基金月度研究报告，到钻石卡客户拥有专职理财顾问及理财助理、在公司指定的代销机构开户并进行投资。由于一对一服务模式对理财师数量的要求，展恒理财将钻石会员总数量控制在不超过所有会员总数的10%。展恒主要发展北京市场，在健翔桥、国贸、航天桥、望京、上地开设了5家理财分中心。2007年7月份，展恒与香港的同类机构——康宏理财建立合作，为会员开通了投资海外基金市场的直通车。展恒自己宣称，管理资产50多亿，拥有资金量在200万以上的客户千余人。

诺亚财富

诺亚财富前身是湘财证券财富管理中心，2005年正式独立出来，做第三方理财。诺亚的目标是为国内富人即“几百万元的高净值”的个人提供360度全面的、多角度的综合理财规划服务。公司现有几十位资深的不同行业为背景的理财精英，提供各种家庭理财产品的服务，还有相关不动产等的服务。诺亚最初并不向客户收取服务费，而是从代购的金融产品中，跟金融机构分成。规模逐渐做大之后，它开始推出季度卡，收取会员费。2007年，诺亚财富推出了收费的诺亚财富卡，3个月1000元的紫金卡，可以享受9项理财服务；12个月3000元的象牙卡，可以享受比紫金卡更多的专属服务。在营销模式上，诺亚财富力图占据渠道拓展优势，认为越早进入市场并占据市场，对客户资源积累至关重要，因此在得到红杉资本的投资资金后，开始在全国重点城市开设分支机构。博金投资是一家国际理财公司在中国开设的分公司。博金在1996年成立于澳大利亚，目前旗下管理资产超过140亿美元，客户量达60万。在澳州拥有980个分支机构，1400多名授权顾问。上述机构做的都是顾问式营销服务，服务对象主要是流动资产在50万元以上的中高端客户。像诺亚财富，对客户按照个人资产设了三档：100万、300万和1，000万，年服务费在从几千到上万都有。他们越来越注重理财产品库的建立，都宣称自己有非常厉害的数据分析系统，有着由高素质的专业理财师构成的研发团队，通过跟踪理财产品的管理过程，分析在特定市场环境下各类理财产品的收益率，再根据会员的资产状况和需求，组合制定理财方案。这在一定程度上也减少了机构对于单一理财师的依赖。现阶段，我国主要还是以顾问式营销服务模式为主导，维持在为已有的并且制定好的理财规划和方案的层面上。而纵观国外，独立机构的理财业务已经转变为个性化、专业化更强的“私人财富管家”模式，同时对客户有长期利益的保证，在服务质量上更优。

景淳国际

这是最近崛起的独立理财顾问公司，即第三方理财公司，其以香港为总部，立足于沪港国际金融中心，并积极拓展北京、深圳、广州、湖北、杭州等城市的网络。放眼环球，透过专业的理财顾问团队，综合银行、保险和资产管理业的经验，依靠前瞻性分析，审时度势，把握市场上不同金融产品机会，以独立的身份作出最全面、最严谨的客观评估,协助客户把财富硕果延续下去。

从服务模式来看，景淳国际以专家理财、理财顾问服务为主。为香港及大陆高净值的个人（或家庭）进行面对面的服务，根据客户能够承受的风险压力、投资理财目标及资产状况，提供360 度全面的、多角度的综合理财规划服务，提供最适合的解决方案，提供最佳的理财产品组合的服务。

在产品、服务及分析决策上，专业的研究及顾问团队，紧贴国际金融市场，产品接触的范围包括香港、美国、英国、欧洲各国、澳洲、金砖四国等。对于财富管理顾问团队而言，均为本科及以上学历，不少专业顾问更额外持有多个公认的专业资格，如认可财务策划师(CFPCM)、特许金融分析师(CFA)、金融风险管理师(FRM)、美国注册财务策划师RFP或国家理财规划师（ChFP）等。

景淳国际为贴身服务客户、打造公司品牌，在理财顾问管理模式上，IBM为景淳国际私家定制了“自动化PAD系统”，该系统理财顾问层面的基本功能如下：

学习培训文件：每当公司有新的理财产品资料时，PAD会自动获取到统一的培训文件让理财顾问及时、详尽地了解到最新信息并进行学习，利于理财顾问增加专业知识，开展业务。

接收推送消息：公司会通过消息推送的方式将信息传达到每一位理财顾问的PAD上，让理财顾问不会错过任何一个重要消息，包括行业新闻、公司活动、公司政策等。

落实潜在客户跟进计划：对于每一位潜在客户，PAD会给出建议跟进安排及提醒，理财顾问可根据提醒内容按时完成拜访任务。

采集客户信息：电子采集客户信息，并直接用于之后的理财规划书制作。客户将在PAD上录入自己的基本信息，录入后将由PAD

传至后台系统备份。

电子签名：对于保密协议、风险偏好测试结果等电子文件，客户经确认后，将在PAD上电子签名以表示对文件内容的认可。

制作理财规划书：在采集完客户信息后，理财顾问通过PAD中设定的理财规划书制作流程，完成理财规划。PAD内设养老金、教育金、定期定投等计算工具，亦会根据客户录入的信息自动演算出客户的年结余、投资比率、现金比率等，即使新任理财顾问也能马上学会计算。此制作系统大大节省了理财顾问制作理财规划书的时间。

向客户讲解规划书：客户在PAD上查阅对其建议的现金流规划、保障规划、投资规划，理财顾问会同时给出专业解释。电子版理财规划书有较好的保密性，即使客户没能成功签单，也不必担心公司专业的理财规划书内容外泄。

制定客户回访计划：对于已签单的客户，PAD会自签单之日起自动生成出需要回访的时间，当回访时间临近时提醒理财顾问回访。

该系统的后台管理功能，有理财顾问管理、渠道管理、安全控制、数据统计挖掘等功能，能有效协助理财顾问迅速提高专业水平，规范客户服务流程，提高客户服务品质。

（2）选一位好的理财规划师

良好的人品及职业操守：客户是理财规划师的“衣食父母”，理财规划师应以客户的利益为服务中心，时时刻刻为客户着想，而不是以单一向客户推销产品为目的。此外，保守客户的个人秘密也是重要的一方面，理财规划过程中涉及到很多客户隐私，作为客户的私人理财顾问，应严守机密。

丰富的金融、投资、经济、法律知识：理财规划师应是“全才+专才”这就是说理财规划师应系统掌握经济、金融、投资、法律知识，在某些方面又是专才，如保险、证券等方面又有特长。

丰富的实践经验：理财规划是一门实践性很强的业务，理财规划师不仅要“能说”，还要“能做”，只讲理论是不能帮助客户达成理财目标的。因此，实践经验是否丰富是客户选择理财规划师的一个重要标准。

相对的独立性：在银行、证券、保险公司工作的理财规划师，在为客户进行理财规划的同时，或多或少都有推销产品目的，这是客观存在的问题。但推销产品应以客户的利益为出发点，不应是“为推销而理财”。今后社会上会出现很多“独立的理财公司”，这些理财公司的独立性较强，不依附于某些金融机构，他们是从客户的角度出发，帮助客户选择投资产品，实现客户的理财目标。

良好的个人品牌：今后社会上一定会出现一批具有良好口碑的名牌理财规划师，客户选择这些名牌理财规划师应该会得到更优质的服务，信誉是理财规划师赖以生存的重要基础。

同时一个优秀的、成功的理财规划师，一定是一位极具责任感的人。提姆·柯契斯是柯契斯–菲茨财富管理公司的创始人，他如今经营的柯契斯–菲茨独立第三方理财公司，在财富管理方面做得卓越而优秀，是同类中的翘楚，是美国第三大理财公司，麾下的管理资产达到近20亿美元。与那些动辄拥有成千上万雇员、成千上万富裕客户与成千上万亿美元管理资产的大金融机构相比，柯契斯–菲茨独立理财公司就像是黄金地段上的高档精品店，为本地高端客户提供更为个性化的服务，而那些大金融机构则更接近无所不在、无所不能的沃尔玛连锁超市。在美国，数千个独立理财规划和财富管理公司已成为一个新兴的独特行业。拥有30多年从业经验的提姆，在美国和世界范围内都被尊为金融理财业元老，不仅因为他有丰富的执业，更在于他为这个行业的发展，包括专业化、国际拓展和社会责任方面所做出的贡献。柯契斯曾任国际金融理财标准委员会（FPSB）主席、国际 CFP 理事会主席、美国CFP标准委员会主席。当前提姆关注的热点，一是在金融理财慈善基金会框架下从事公益事业。他曾任该基金会的主席，旨在支持和推动业内人士贡献出自己的时间与术业专攻，主动为处在困难之中、又无力负担专业理财服务的弱势人群 —— 如“9·11”恐怖袭击死难者的遗族，以及在“卡塔丽娜”和“丽塔”飓风的灾民 —— 提供公益性的金融理财服务，堪称“金融理财红十字会”。二是致力于在国际范围内推广CFP专业认证，出任中国金融理财标准委员会国际专家咨询委员会主席。“越南战争期间，我正就读于密歇根大学法学院，当时很多具备我这种教育水准的人都想尽办法逃避兵役，但收到征兵令时，我决定自己应该尽一个公民的法定义务，于是应征入伍，还曾因在战斗中负伤而荣膺紫心勋章。这么说实在有点自吹自擂，但我认为自己有着很强的责任感。如果我能够为这个我所深爱的事业，以及在这项事业中追随我的人们留下什么遗产的话，我想那会是我的责任感：对我的公司、客户、同仁，乃至整个行业的责任感。”卓越优秀的理财规划师提姆这样描述自己对金融理财行业的影响。

6、美国的第三方理财公司

美国第三方理财公司发展模式，因为美国金融市场比其他国家，尤其比中国要完善、成熟的多，从而美国的第三方理财公司发展对其他国家具有很大的借鉴意义。柯契斯–菲茨财富管理公司是美国非常优秀的第三方理财公司，位于美国的加州旧金山市。该公司主要目标人群为旧金山的财富较高的一类人群，并为他们提供综合且全面的金融理财服务。公司目前为其客户打理、运作的种类资产总规模达到数十亿美元之多。从运作打理资产规模的角度看，在美国全国理财公司中，该公司名列前三位。该公司的客户门槛较高，需要有五百万元以上的可支配资产，才能成为公司的客户。此项要求比其他金融机构对其客户的标准要高出不是一点点。收入来源主要有两项。一是理财规划服务收费，这是比较小的一部分，按计费小时、项目固定费率或年度固定顾问费收取。通常第一年的费用会高一些，大约在两万美元左右，因为在起始阶段，公司需要投入很多精力了解客户、为客户制定全面的理财规划。规划制定后，每年的收费会大幅降低，可能只要几千美元。除了这项收费，他们还有为客户管理资产组合收费，收费标准为：首先在五百万美元及以下水平的，每年的服务收费比率为0.85%；其次在五百万美元以上一千万以下的部分，按0.5%作为收费比率；超过一千万美元部分按0.3%来收费。当前，柯契斯-菲茨财富管理公司有数十名雇员，有一多半的人员为客户做直接的各项理财服务，工作人员大多是相关专家或是行业内很有经验的员工，蒂姆-柯契斯自己不仅是该企业的首席执行官，同时也作为金融理财师积极参与到客户服务中。公司现在所拥有的重要客户约有数百人，其中在任或公司退休后的高级管理的人员大概占有七成左右，还有三成左右是白领或金领，有会计师、律师及金融分析师等。有八成以上的客户居住在旧金山湾区，另有一部分住在南加州洛杉矶及附近，其他客户在美国其他各地，重点地区是在纽约市。这在美国的理财行业中是不多见的，主要是由于绝大部分理财公司一般情况下，仅向当地的居民提供相关服务。这就是柯契斯-菲茨，美国成千上万家小规模独立金融理财和财富管理公司中较大的一家。其公司网站上将公司的业务归纳为“个人化的投资管理，与战略性、持续不间断的综合理财规划的天作之合”，这就将理财规划和财富管理合二为一，这两者本来就是一个硬币的两面，密不可分。综合理财规划的目的是制定个人财富战略，要制定这样的战略，需要分析税务、保险，分析客户需要存多少钱、花多少钱、积累多少财富，以便支付子女的教育费用，并为客户退休后能够安享晚年做好准备。这些方面构成了客户个人需要达到的理财规划目标。定义了你的目标后，柯契斯-菲茨再针对这些目标做出解决方案，这就是理财规划。规划制定出来后，下一步就是将规划付诸实施，即为客户构建并管理投资组合。理财规划好比一项工程的前期设计。工程设计师想要设计好一座桥梁或是一栋高楼，必须考虑好建筑的结构，分析不同建筑的力学问题，而且还要充分熟知不同建设材料的特性，还要了解各类建筑的不同制度要求，在此基础上才可能设计出令人满意的作品来。而与工程设计师相比，理财师的工作范围更加广。设计师一般把设计图纸交给甲方就完成他的任务了，通常不会去亲自组织相关人员和施工单位来建设项目。而理财师则既是设计师又是施工方，而且要负责建设项目的养护工作，要陪伴客户一生的金融理财需求的各种情况及方面。所以说，为了能够给客户提供更好的服务，要求公司每个专业人员不单单具有丰富的专业知识，而且还需要熟知社会知识，例如客户死后的遗产财产如何处理等，及其他由美国繁琐的税法所催生的各种稀奇古怪的安排，并要同客户的律师和会计师通力合作。这样的服务模式的好处在于：首先，它综合了顾问服务；其次，它是客观的服务且与客户没有利益冲突；再次，它可以完整地实施投资策略。所以，独立理财公司深得客户喜爱。

第十七章　互联网金融

关键词：余额宝、阿里小贷

谁动了我的奶酪；

比尔·盖茨曾说过："传统商业银行如果不改变,就将是一群行将灭绝的恐龙。"

1.什么是互联网金融

"互联网金融"是互联网技术与传统金融相结合的新兴产物,英文名称是Internet of Finance,简称IOF。这一概念最早出自IT行业，是指以互联网为载体,通过在线结算、移动支付、云计算等新兴科技手段提供的结算、理财、融资等金融服务。在目前互联网金融服务的实践中,通常是非金融业的第三方机构作为互联网金融公司,向公众提供金融服务的行为。你可能还听到过"金融互联网"，它主要是指银行等传统金融机构在互联网的冲击下，不得不对自身发起互联网技术的革命。

无论是"互联网金融"还是"金融互联网"，在互联网时代，金融的本质没有变化，就是让资金从盈余者手里到需求者手里，然后在约定的条件下收回资金、获得收益，同时利用各种手段将各自的风险降到最低。资金融通的基本渠道是两条，一是以银行为中介，投融资双方分别与银行发生关系，银行承担相当的风险，也可能获得可观的收益，这常常被称为"间接融资"；二是以资本市场为平台，投融资双方直接见面，牵线搭桥的人是投行等机构，这也被称为"直接融资"。"间接"和"直接"两种融资方式形成了银行主导型和市场主导型两种模式。

无论是余额宝还是阿里小贷，在互联网金融的滚滚浪潮中，发挥的仍然是金融的属性，余额宝开启了银行存款协议的“团购模式”，更加方便地让银行从存款者手里获取资金，而不用再设立人工成本高昂的营业网点，余额宝可以被看作是互联网金融进一步提高了间接融资的效率；阿里小贷则利用大数据，更为精准地判断风险，并打造资金投放的网络资本市场，让融资者更为便利地找到资金，这可以看作是互联网金融对直接融资的颠覆。

早期的互联网金融服务是由于电子商务的需求而产生的，其主要业务模式为第三方支付。随着电子商务市场的不断发展，特别是在C2C的模式产生后，在网络结算中，消费者因无法在订购商品时直接确认商品质量、款式等要素，在订购时付款存在风险；而销售方在未收到货款前发货，则存在坏账风险，因而消费者及销售方均倾向邀请双方均可信赖的第三方，作为中介参与交易，对交易资金进行监督和保管，PayPal等在线支付系统便应运而生。

我国的互联网金融服务起步于2003年。阿里巴巴集团可谓一枝独秀，从最初的阿里巴巴B2B电子商务平台，到淘宝网C2C网上交易平台，再到支付宝、余额宝、阿里小贷，一直引领着我国互联网金融服务的趋势。

2.互联网金融二三事

1）第三方支付：支付宝

互联网在线支付是基于个人电脑、平板电脑、智能手机等通讯设备的基础上，通过有线或无线通信技术传输的货币价值的结算方式。在线支付模式进一步加速了金融脱媒，这颠覆了长期以来形成的商业银行是主要支付中介的地位。

目前，支付宝已经能够提供代购机票或火车票，代缴水、电、煤气、电信等公用事业费用，代理保险和基金、代购彩票等多种支付结算服务,对商业银行的传统优势业务形成了有力的竞争。随着互联网第三方支付平台交易量、虚拟货币发行量不断扩大,第三方支付已经成为一个庞大的产业。中国人民银行为约200家第三方支付企业颁发了支付业务许可证。2012年，我国第三方互联网在线支付市场交易规模达3.8万亿元。

2013年，支付宝宣布为所有快捷支付用户免费投保,具体举措为用户使用快捷支付网上付款如发生被盗意外,平安产险均将给予100%赔付。这是国内第三方支付行业首次引入保险机制，以保障用户的资金安全。

2）互联网理财：余额宝

亲，要买基金吗?

2013年6月13日，天弘基金与支付宝合作推出“余额宝”业务，这是一个值得纪念的日子，堪称“互联网理财元年”。

10块钱也可以转入“余额宝”，与此相比，公募基金传统渠道最低100或1000的认购金额就不那么亲民了。目前国内最大的公募基金公司华夏基金用了10年的时间，将资产规模做到近2000亿元，而截至2014年2月26日，余额宝用户数超过6000万，市场估计其规模已近5000亿元，余额宝在7个多月的时间里创造了两倍于华夏基金的市场规模。

余额宝何以有如此巨大的魔力，令饱食终日的银行业和它的小伙伴们都惊呆了，下面就带你扒一扒余额宝到底是什么。

在购买旅游景点的门票时，旅游团所购买的团体票往往比个人票要便宜很多。同样，银行也将存款分为两大类，一类是针对个人储户的“个人票”，即普通储蓄，比如一年期定存的利率通常在4%以下，并且一年内你还不能动这笔钱，否则你只能享受到连0.5%都不到的活期存款利率，这也就是我们平日去银行柜台办理的储蓄存款；还有一类是针对机构客户的“团体票”，即协议存款，这类存款的利率通常在5%以上，并且还可以随时转让变现，相当于活期存款收益的10倍。余额宝正是作为一个“旅游团”，开启了银行存款的“团购模式”，如果你是支付宝的用户，就可以有权利购买一张享受高收益的“团体票”。

再来说说余额宝的风险。如果你问余额宝有风险吗？我只能告诉你，有，但是非常非常低。余额宝无法兑付的风险就在于银行对他发行的“团体票”不予认可的情况下，这也就意味着银行离倒闭不远了，即余额宝的无风险是建立在银行资金运用的无风险性这个伪命题的前提假设上。你可能会认为，我国的银行都是政府在兜底的，怎么可能会出问题。但你要知道，余额宝正在一点一点侵蚀银行存款量，并抬高存款利率，也就是我国银行业赖以生存的收入来源。各种来自中央允许银行倒闭的传言也并非空穴来风，一旦银行出现大面积坏账，国家保兑付的首先是散户。在美国，发生银行倒闭时，国家只会为10万美元以下的存款买单，这个时候购买“团体票”的你就会面临余额宝变为坏账的可能，这就是余额宝的风险。

上面讲的“余额宝”的风险可能让你有些后怕，下面说点轻松的话题，余额宝给我们理财带来了哪些便利。从T+2到T+0是余额宝带给我们最大的便利，传统货币基金申购T+1 日起计息，赎回T+1 日后到账，余额宝本身也是一支货币基金，借助互联网，真正意义上实现了T+0的普及。你不仅可以用“余额宝”为淘宝买单,还可以网上缴纳水、电、煤气等在公用事业费用，这正是互联网金融带给我们的生活服务便利。

随着余额宝将货币基金通过互联网金融化之后，后继者紧随其后，一场互联网巨头牵起的金融战争正在货币基金领域悄然酝酿。

表 互联网巨头们的金融角逐

	余额宝	现金宝	活期通	百度百赚	腾讯现金宝
合作的互联网企业	阿里巴巴	网易	腾讯微信	百度	腾讯
托管银行	中信银行	工商银行	建设银行		汇丰银行
对应基金	天弘增利宝货币市场基金	汇添富现金宝货币市场基金	华夏现金增利货币市场基金	嘉实活期宝货币市场基金	众禄现金宝货币市场基金
基金公司	天弘基金	汇添富基金	华夏基金	嘉实基金	众禄基金
资产管理规模（亿元，2013 年末）	1955	121	437	3.4	12.3
起投金额（元）	1	0.01	100	1	1000
账户资金上限（元）	1000000	N/A	N/A	N/A	N/A
赎回便利性	1. 支付宝账户支持“T+0”2.两天（单笔小于五万）；两个工作日（单笔大于五万）；两小时（一天内五万，移动银行）；实时转账（支持中信银行等3家银行）	"T+0"：支持工行、农行、招商银行、建行、邮储银行等15 个银行实时转账	"T+0"：支持工行、农行、招商银行、建行、邮储银行等19 个银行实时转账	快速赎回："T+0"有较多限制普通赎回："T+1" 支持交通银行、农行、中国银行等9 大银行	快速赎回："T+0"实时赎回，不支持平安银行和中信银行普通赎回："T+2（工作日）"支持工行、招商银行、农行等16 个银行
近三个月年化收益率（到1 月19 日）	5.48%	5.72%	5.24%	6.8%（平均收益率，12/19/2013–1/30/20 14）	4.8%(截至1/30/2014）
结息	每日复利	每日复利	每日复利	每日复利	每日复利
计息起始日	1."T+1"日到账开始计息（工作日三点前）2."T+2"日到账开始计息（工作日三点后或非工作日）	1."T+1"日到账开始计息（工作日三点前）2."T+2"日到账开始计息（工作日三点后或非工作日）	1."T+1"日到账开始计息（工作日三点前）2."T+2"日到账开始计息（工作日三点后或非工作日）	1."T+1" 日到账开始计息（工作日三点前，非周五）2."T+3"日到账开始计息（周五三点前）3.周二到账（周五三点后或周末）	1."T+1"日到账开始计息（工作日三点前，非周五）2."T+3" 日到账开始计息（周五三点前）3.周二到账（周五三点后或周末）
赎回时收益结算日	赎回之前"T–1"日为结算日	"T–1" 日为结算日（于三点前赎回）"T+0"日为结算日（于三点后赎回）	赎回之前"T–1"日为结算日	赎回之前"T–1"日为结算日	"T+0"日为结算日（于三点后赎回）周一为结算日（周末赎回）
信用卡支付	可用支付宝进行信用卡支付和自动还款	40 个银行的免费实时信用卡支付和自动还款	12 个银行的免费信用卡支付（1–5 天），支持工行卡自动还款	N/A	N/A
普通投资	N/A	支持18 个银行的普通投资	N/A	N/A	N/A
按揭付款和车贷付款	只适用于光大银行	可通过与收款银行绑定的银行卡的快速提款实现	与活期通绑定的银行卡可进行还贷，可设置每月自动还贷	N/A	N/A

银联转账	用银联卡在ATM 机取款	可免费从A 卡转至现金宝，再转至B 卡	同左，现金宝改为活期通	可通过将银联卡设置为取款接收卡进行转账	N/A
其他	支持支付宝的水电煤气费、电视费和话费支付	对所有汇添富基金享有6 折认购费率	N/A	N/A	N/A
移动客户端	支付宝软件	现金宝	活期宝	百度理财	众禄基金（只支持安卓）
微信平台	可通过天弘基金进行每日收益查询	微信平台公共账号是汇添富基金	微信公共平台是华夏基金	微信公共平台是嘉实基金	微信公共平台是众禄基金

3）供应链金融：阿里小贷

金融的作用在于解决投融资过程中的信息不对称、契约不完备两大难题，互联网最大的特点在于提高了信息的传播、采集及处理效率，互联网金融正是充分发挥了互联网的这一优势，探索解决投融资过程中的信息不对称、契约不完备两大难题。

阿里选择了传统银行业没有涉及，也不愿涉及的小微企业贷款，传统银行对于小微企业的贷款往往因为这类主体财务制度不健全，贷款金额小，贷款风险较高，业务利润率较低而望而却步，而小微企业的信贷需求一直是全球市场的重要内容。阿里小贷运用电商、支付等大数据，颠覆了传统信用评级模式，充分使用淘宝网多年积累下的客户信息，包括产品销售信息、客户信用评价信息、收入成本信息、商家行为信息等内容，这些信息相比于企业的财务报表更加可信，并成为阿里小贷的信用基础。

截至2013年6月30日，阿里巴巴的小额信贷业务，已累计为超过32万家电商平台上的小微企业、个人创业者提供融资服务，累计投放贷款超过1000亿，户均贷款4万元。